正说大清十二帝

刘亚玲 ◎ 编著

当代世界出版社
THE CONTEMPORARY WORLD PRESS

图书在版编目（CIP）数据

正说大清十二帝 / 刘亚玲编著 . -- 北京：当代世界出版社，2017.9
ISBN 978-7-5090-1262-8

Ⅰ.①正… Ⅱ.①刘… Ⅲ.①皇帝—人物研究—中国—清代 Ⅳ.① K827=49

中国版本图书馆 CIP 数据核字（2017）第 215454 号

正说大清十二帝

作　　者：	刘亚玲
出版发行：	当代世界出版社
地　　址：	北京市复兴路 4 号（100860）
网　　址：	http://www.worldpress.org.cn
编务电话：	（010）83908456
发行电话：	（010）83908410（传真）
	（010）83908408
	（010）83908409
	（010）83908423（邮购）
经　　销：	新华书店
印　　刷：	北京时捷印刷有限公司
开　　本：	710mm×1000mm　1/16
印　　张：	17
字　　数：	226 千字
版　　次：	2017 年 9 月第 1 版
印　　次：	2017 年 9 月第 1 次
书　　号：	ISBN 978-7-5090-1262-8
定　　价：	39.80 元

如发现印装质量问题，请与承印厂联系调换。
版权所有，翻印必究；未经许可，不得转载！

前 言
PREFACE

在封建社会，一个王朝的家天下，随着腐朽没落而被另一个家族取代成为了历史的规律，"千秋万代，世世相袭"的家天下愿景，只是岁月长河中的一个笑话。大明王朝仅延续二百余年，取而代之的是白山黑水的一个满族家族。大清帝国的历史由此拉开了帷幕。

清朝统治者为满族爱新觉罗氏。1616年（明万历四十四年），努尔哈赤建国称汗，国号大金，史称后金，定都赫图阿拉（今辽宁省新宾县境内），后迁辽阳、沈阳。1636年皇太极改国号为大清，称帝。1644年，李自成率领的农民军攻陷北京，明崇祯皇帝自杀，李自成在北京建立了大顺政权。清军说降吴三桂，在他的带领下入关打败李自成农民军，随后多尔衮迎顺治帝入关，迁都北京。三百多年后，辛亥革命爆发。清帝溥仪于1912年退位，清朝灭亡。清代自入关后，共历十帝，统治中国近三百年。

清朝是中国历史上的最后一个封建王朝，它创造了很多辉煌成绩，在其统治前中期，封建统治制度趋于完善，国力得到了发展，使中国成为当时世界上数一数二的超级大国。在文化领域产生了王夫之、黄宗羲、顾炎武及戴震等杰出思想家，曹雪芹、吴敬梓、孔尚任及石涛等著名文学艺术家，史学硕果累累，考据学派名家辈出，并出现了《四库全书》等官修大型丛书。科技领域也出现了无数成果，其中建筑成就相当突出。但是清王朝也给中华民族带来了抹之不去的伤痛，在它统治的后期，政治腐败，外敌入侵，八国联军横行于中华大地，一个个丧权辱国的条约，给炎黄子孙们留下了永远的辛酸和屈辱。

清朝，一个辉煌与屈辱并存的王朝，一个处在历史转折时期的帝国，它最终没能把握住历史的机遇，倒在了历史的洪流中。这个爱新觉罗家族统治的时代，见证了中华民族的荣辱兴衰，清朝近三百年的历史，是一个跌宕起伏的时代，从辉煌的巅峰到腐朽的谷底，大起大落。

《正说大清十二帝》，以爱新觉罗家族的兴衰为纲，细说一个家天下的是非成败，分析历史的必然与偶然，让读者领略变迁幕后的故事。

目 录
CONTENTS

第一章　努尔哈赤　万世人极　首奠基业 ·············· 1
　　1. 利益高于一切，联姻拉拢 ······················· 2
　　2. 为权力囚死胞弟 ······························· 10
　　3. 建八旗，实行专权统治 ························ 16

第二章　皇太极　开疆辟土　为入主中原奠基 ········ 19
　　1. 争权力，巧设计废太子 ························ 20
　　2. 远大是图，建立清朝政权 ······················ 24

第三章　顺治　为情皈依　英年早逝 ················· 29
　　1. 叔兄争权，皇位从天降 ························ 30
　　2. 清算皇叔罪行，独断朝纲 ······················ 34
　　3. 重用汉官，巩固大清江山 ······················ 38
　　4. 传子不传贤，染"天花"获皇位 ················ 42

第四章　康熙　雄才开盛世　伟绩铸丰碑 ············· 47
　　1. 除权臣，延续家族权力 ························ 48
　　2. 维护中央集权，平定三藩 ······················ 55
　　3. 拉拢汉族士人，开考"博学鸿词" ·············· 59

4. 维护国家统一，收复台湾 ································ 65
5. 抗击沙俄，奠定帝国东北版图 ··························· 71
6. 平定准噶尔叛乱，维护国家统一 ······················ 78
7. 多子非福，精心选择皇位继承人 ······················ 82

第五章 雍正 铁腕帝王 一代名君 ························ 85

1. 迎难而上，铁心反腐败 ································ 86
2. 扫除执政障碍，辣手除兄弟 ··························· 90
3. 巩固皇权，翻脸无情除亲信 ··························· 95
4. 改革赋役，保障国库收入 ······························ 102
5. 争取民心，解放"贱民" ································ 107
6. 推行保甲，加强约束 ···································· 114
7. 设祠堂，将统治深入民间 ······························ 117
8. 兴文字狱，加强思想统治 ······························ 120
9. 秘密立储，保权力顺利交接 ··························· 123

第六章 乾隆 早年建功盛世 晚年骄奢转衰 ········· 127

1. 改革包衣，促进满族发展 ······························ 128
2. 改革皇庄制度，促进生产发展 ························ 133
3. 因地制宜，解决西南民族问题 ························ 137
4. 平定金川，开黩武邀功先河 ··························· 142
5. 平定叛乱，维护边境安宁 ······························ 146
6. 大兴文字狱，禁锢世人的思想 ························ 152
7. 取缔"邪教"，维护统治秩序 ··························· 155
8. 宠信和珅，败坏帝国吏治 ······························ 163
9. 传位不交权，帝国遍烽火 ······························ 167

第七章　嘉庆　大厦将倾　难挽狂澜　　171
　　1. 杀权臣，新皇登基树权威　　172
　　2. 勤于政务，积弊太深无力回天　　175

第八章　道光　以俭德著称　守其常而不知其变　　181
　　1. 父亲猝死，有惊无险接权力　　182
　　2. 提倡节俭，因小节害大局　　186
　　3. 平叛固边陲，天朝颜面无存　　190
　　4. 禁烟失败，民族国家蒙羞　　193
　　5. 因循守旧选择接班人　　196

第九章　咸丰　苦命天子　在位多蹉跎　　199
　　1. 力图革兴，罢免穆彰阿　　200
　　2. 闻风而逃，酿华夏千古奇耻　　204
　　3. 沉迷美色，为中华民族埋下祸患　　208
　　4. 判断错误，辛酉政变遗祸无穷　　210

第十章　同治　傀儡皇帝　因病早亡　　215
　　1. 权力争夺，母子反目　　216
　　2. 同治中兴，老迈帝国不甘挣扎　　220
　　3. 英年早逝，荣辱成败归空　　223
　　4. 病危之际，母亲夺权　　226

第十一章　光绪　维新为兴国，慈禧手中囚　　231
　　1. 年幼进宫，在痛苦中成长　　232
　　2. 皇帝行大婚，还政起风波　　236
　　3. 革新挽败局，失败困瀛台　　239
　　4. 奋起宣战，太后用新政　　242

第十二章　溥仪　末代皇帝　普通公民 ………………………… 249

 1. 顽童登大宝，祖宗基业堪忧……………………………… 250

 2. 袁世凯弄权，溥仪被迫退位……………………………… 253

 3. 皇帝梦成空，身陷牢笼成阶下囚………………………… 256

 4. 昨日皇帝，今日公民……………………………………… 260

第一章　努尔哈赤　万世人极　首奠基业

　　努尔哈赤，明嘉靖三十八年（1559年）出生在建州左卫苏克素护部赫图阿拉城（辽宁省新宾县）的一个满族奴隶主家庭。明万历十一年（1583年），努尔哈赤不屈奋起，以父、祖"十三副遗甲"起兵，"自中称王"。他率领八旗子弟转战于白山黑水之间，临大敌不惧，受重创不馁，以勇悍立威，受部众拥戴，历时30多年，统一女真各部，推动了女真社会的发展和满族共同体的形成。万历四十四年（1616年），在赫图阿拉建元称汗，国号大金（史称后金）。努尔哈赤兵势渐强，势力日增，万历四十六年（1618年）以"七大恨"祭天，誓师征明，开始了建立清王朝的艰苦创业。与明将袁崇焕在宁远交战中，大败而回并受伤，于天命十一年（1626年）八月死去，终年68岁，葬于沈阳城东，称之"福陵"，庙号"太祖"。

1. 利益高于一切，联姻拉拢

努尔哈赤出身于一个奴隶主家庭，其家族的势力并不足以支撑他在权力斗争中赢得优势，只有争取到更多的人或者拉拢更多的人才能增加自己的实力和势力，而在那样一个时代，拉拢人的一个流行方法就是联姻，婚姻可以让两个家族迅速走到一起，彼此支持，相互声援。至于婚姻本身的幸福与否，在利益面前，常常是被忽略的。

努尔哈赤一生娶了十六个妻子。除了第一个妻子佟佳氏，其余十五个妻子都与战争、政治有关——或者是战利品，或者是贡品，或者是政治交易品。努尔哈赤缔结的婚姻中，最值得记述的是与海西女真叶赫部的两桩婚姻。

万历十六年（1588年），努尔哈赤三十岁。这一年他娶了两个妻子。该年四月，海西女真哈达部贝勒的儿子歹商送其妹阿敏赴努尔哈赤处完婚。

这是明朝的主意。哈达部忠顺明朝，明朝为了支援哈达部，牵制努尔哈赤，力促这段姻缘，一方面使哈达部与努尔哈赤联姻结势；一方面通过哈达部加强对努尔哈赤的控制。努尔哈赤深知明朝用意，但他正处在统一建州女真的关键时刻，更欲借此将触角伸向海西女真。于是，他做出从命明朝的姿态，亲至哈达迎亲。努尔哈赤想获得的是哈达的势力与明朝的满意，而不是新娘。后来这位哈达那拉氏只被封为侧妃，没有为努尔哈赤生下一男半女。

该年九月，海西女真叶赫部贝勒纳林布禄送其妹孟古赴努尔哈赤处完婚。

早在努尔哈赤从李成梁麾下逃到叶赫时，叶赫贝勒杨吉努尔哈赤（杨加努）即看中了胆略过人、相貌非凡的他。为在女真各部相互残杀的混战中寻求可靠的帮手，杨吉努尔哈赤执意要将自己的女儿许配给努尔哈赤，他对努尔哈赤说："我有二女，待次女长成，幸与君结秦晋之好，为君持巾栉，乃我平生之愿。"

努尔哈赤与杨吉努尔哈赤处境相似。杨吉努尔哈赤提亲，正中努尔哈赤下怀。但杨吉努尔哈赤次女只有两岁，须"待长缔姻"。他急不可待，道："何不即将大女许我？"

杨吉努尔哈赤道："我非难舍大女。君非常人，恐大女福薄配不上君。小女姿色端丽无双，德言仪功婉娩绳矩，既有奇相，且识见不凡，安可妄与人？今妙选凤卜，乃天作之合啊！"

努尔哈赤大喜，当即过聘定亲。这是努尔哈赤聘定的第一女。

努尔哈赤在基本统一建州各部后，作为远交近攻策略的步骤之一，迎娶了叶赫那拉氏孟古。孟古时年十四岁，努尔哈赤此时已是拥有六妻五子二女的大家长。但叶赫那拉氏以她的美貌、聪慧、善良赢得了努尔哈赤的心，成为努尔哈赤最心爱的佳偶。她神情端庄，清心玉映，待人宽厚真挚，从不为逢迎所喜，从不为诽谤所怒，从不接近小人，从不干预朝政，只是全心全意地侍奉努尔哈赤，虔恭中馈，如鼓琴瑟，与努尔哈赤朝夕相伴了十五年，为努尔哈赤生养了他"爱如心肝"之子——皇太极。努尔哈赤敬之如宾，爱之弥深，除却军国大事，一时一刻也不愿离开她。但叶赫嫁女，却只是为了缓兵和牵制。从骨子里，他们已视努尔哈赤为敌。

万历十九年（1591年），海西女真叶赫部来使，直接要求努尔哈赤将部分土地划分给他，遭到拒绝。努尔哈赤和海西女真叶赫部的矛盾进一步激化。努尔哈赤清醒地知道，战火的蔓延，已使他和叶赫成为了不共戴天的仇敌。十年前，正是叶赫部首领纳林布禄，纠集九部联军前来犯境讨伐，企图一举吃掉他。失败后，又阳奉阴违，不断联合反对力量阻碍他的统一大业，甚至挑衅地将立誓许配给他的女子改嫁蒙古。看来，在走向统一的道路上，叶赫是一块不得不搬掉的拦路石。

万历二十一年，也即皇太极出生的第二年，历史上有名的古勒山大战爆发。以海西女真叶赫部首领布斋、纳林布禄为首的九部联军遭到惨败，努尔哈赤之妻孟古的哥哥布斋在战场上被杀，战后叶赫请求归还布斋之尸，努尔哈赤残忍地"割其半归之"。孟古的另一个哥哥纳林布禄受到巨大的刺激与耻辱，昼夜啼哭，不吃不喝。努尔哈赤此役共斩敌四千，获马三千、甲一千，威名大震。从此，兵锋所向，势不可挡。

万历二十五年，海西女真以叶赫部为首的扈伦四部，慑于努尔哈赤之威，遣使建州，欲与努尔哈赤联姻盟好。来使道："我等不道，兵败名辱，自今以后愿复缔前好，重以婚媾。"

叶赫部布斋三子布扬古情愿将妹妹，亦即努尔哈赤之妻孟古的外甥女，送给努尔哈赤为妻；而布斋、纳林布禄之弟金台石，亦即努尔哈赤之妻孟古的又一位哥哥，情愿将女儿许给努尔哈赤次子代善为妻。

努尔哈赤十分重视这件婚事，因为这件婚事表明海西女真以叶赫部为首的扈伦四部承认了努尔哈赤称雄女真的地位。他郑重地以鞍马、甲胄等物作为聘礼送往叶赫，并杀牛宰白马与四部歃血会盟。叶赫部布扬古许给努尔哈赤的这个妹妹，便是名扬遐迩的叶赫美女东哥。在努尔哈赤之前，东哥已两许于人。

万历十九年，海西女真扈伦四部之一哈达部贝勒歹商慕东哥艳名，首先向叶赫提亲。东哥的父亲叶赫部贝勒布斋和她的叔叔纳林布禄应允了这桩婚事，让歹商前来迎娶。但这是在扈伦四部纷争的背景之下，歹商不知这是一场骗局,东哥也没有料到父亲和叔叔将自己作为了钓饵。歹商在迎亲途中被叶赫伏兵乱箭射死。叶赫部贝勒布斋和纳林布禄从此坐稳了海西女真扈伦四部的头把交椅。

万历二十一年古勒山大战之前,扈伦四部会盟与努尔哈赤抗衡。其间,扈伦四部之一乌拉部贝勒满泰向叶赫提亲,欲为其弟布占泰聘娶东哥。东哥之父布斋为巩固四部联盟,接受了乌拉部的聘礼,许诺了这门婚事。东哥的婚姻第二次成为政治工具。

当年九月,布占泰以叶赫女婿的身份,率三千乌拉兵参加了九部联军。不料,他在古勒山一战中当了俘虏,被留居建州三年,万历二十四年七月方返回乌拉。未及迎娶,转过年来,东哥之兄布扬古又将东哥许给了努尔哈赤,不但接受了努尔哈赤所下聘礼,而且与之盟誓。

事不过三,这已是东哥第三次政治婚约、第三次要被当作商品而出卖。只是不久,叶赫部便撕毁了与努尔哈赤订立的婚约,金台石将女儿嫁到蒙古,布扬古为东哥向扈伦各部以杀死努尔哈赤为条件征婚。

叶赫部悔婚,引起建州女真上下的愤恨。努尔哈赤却不置可否,既不退婚也不强娶。他不是贪恋女色之人,明了政治婚姻的个中奥妙。至于叶赫美女东哥,有政治婚姻认识的努尔哈赤仿佛料到了她的结局,为"红颜祸水"的说法不经意地作了一个注脚,道:"此女之生,非同一般者,乃为亡国而生也。"此句沉重而不祥的断言,后来确实被不幸而言中了。

努尔哈赤本人同样老于此道。起兵之初,他将妹妹嫁给自己最忠诚的追随者嘉木湖寨主噶哈善。后来,他将族妹、女儿、孙女分别嫁给额亦都、费英东等开国元勋,用婚姻、用紧密程度胜过任何关系的血缘关系建构起坚实的整体。

万历二十七年五月,海西女真扈伦四部的叶赫部进攻哈达部。哈达部贝勒孟格布禄将三个儿子送到建州为质,求努尔哈赤出兵相助。努尔哈赤遂派大军驰援。

叶赫部闻讯，即派人送信给孟格布禄，说只要孟格布禄执杀建州援军将领士兵，叶赫便与之重修前好，甚至允诺嫁给孟格布禄"所求之女"。孟格布禄"所求之女"不是别人，正是东哥。孟格布禄意外地发现，天上掉下了一个馅饼，自己将不费吹灰之力得到无数女真男人朝思暮想、明抢暗争、可望而不可即的尤物！他顿时满口答应，约叶赫贝勒到开原，密谋行事。

孟格布禄的背信弃义，正中努尔哈赤下怀。因为在他的筹划中，是进攻哈达的时候了，孟格布禄恰于此时提供了进攻的口实——东哥，是他努尔哈赤下聘定约的女人。九月，努尔哈赤亲率大军进抵哈达城下，经过六昼夜血战，攻克哈达。

海西女真扈伦四部的辉发部贝勒拜音达里，是杀了自己七个叔父自立为首领的。族人部众为避祸纷纷逃离，投靠叶赫部。拜音达里将本部七名寨主之子送到建州为质，求努尔哈赤出兵，向叶赫索要逃众。

努尔哈赤随即出兵。叶赫闻讯，即派人送信给拜音达里，说只要拜音达里撤回赴建州的人质，叶赫便送还辉发部逃众。拜音达里信以为真，不但撤回赴建州的人质，还将自己的儿子送到叶赫为质。叶赫却并不履行诺言，拒不归还辉发部逃众。拜音达里只得老着脸再求努尔哈赤。

努尔哈赤为分裂扈伦四部，二次应允出兵，并又拿起婚姻法宝，将已许配部将常书的女儿，改聘拜音达里。叶赫部则又抬出了东哥，以将东哥嫁给拜音达里为诱饵，换取拜音达里对努尔哈赤的背弃。又一个神魂颠倒的东哥崇拜者。拜音达里不惜重蹈哈达部贝勒孟格布禄的覆辙，私自撕毁了与努尔哈赤女儿的婚约，一面一次次借故推迟婚期，一面加紧布防，准备迎战努尔哈赤。

悔婚、夺爱，努尔哈赤立刻抓住了进攻口实。万历三十五年九月，努尔哈赤派人假扮商贾混入辉发城内，然后里应外合，一举攻入城中。拜音达里死于战火，辉发灭亡。

第一章　努尔哈赤 万世人极 首奠基业

乌拉成为努尔哈赤的又一个目标。努尔哈赤与海西女真扈伦四部乌拉部的关系十分微妙，除了乌拉部首领布占泰与努尔哈赤先后聘得同一位叶赫美女东哥外，双方交往均娴熟地运用了婚姻武器。

布占泰于古勒山大战被俘、囚居建州三年间，努尔哈赤将弟弟舒尔哈齐之女、自己的亲侄女额实泰许给布占泰。这是建州与乌拉的第一个婚约。布占泰回乌拉两年后，率三百人赴建州迎娶额实泰，使这一婚约变成了事实。

万历二十四年七月，布占泰回到乌拉，承袭被杀之兄满泰成为贝勒。十二月，他亲送妹妹滹奈给舒尔哈齐为妻（这样，舒尔哈齐既为他的岳父，又为他的妹夫），以示厚结建州、感念努尔哈赤不杀之恩。这是建州与乌拉的第二个婚约。

无怪当年东哥美女识英雄，布占泰是个有抱负、有能力的女真男人。在他的治理下，乌拉部实力与日俱增，几年大变样，跃居女真强部，海西女真部众纷纷归附，并开始号令毗邻的东海女真。对建州、蒙古、叶赫列强，布占泰则均予以"厚结"，小心翼翼地保持不偏不倚的态度。

在此期间，布占泰与努尔哈赤两次联姻。布占泰将其兄满泰的女儿、自己的亲侄女阿巴亥嫁予努尔哈赤，又求得努尔哈赤同意，再娶舒尔哈齐的另一个女儿娥恩哲，与努尔哈赤的建州女真四结婚姻。

万历三十五年五月，东海女真瓦尔喀部蜚优城众欲背叛乌拉，投靠建州。努尔哈赤派出其弟舒尔哈齐、长子褚英、次子代善及费英东等率三千军队，接应归顺的五百户蜚优城众时，布占泰锋芒小试，派一万大军阻截，双方在图们江畔乌碣岩发生大战。三千建州军以雷霆万钧之势击溃一万乌拉兵，"斩三千级，获马五千匹，甲三千副"，打开了通往东海女真的大门。

布占泰胆战心寒，缩了回去。为重修旧好，他再次求婚建州，并发誓：如得努尔哈赤之女为妻，将永远依赖建州而生。努尔哈赤眼都不眨，即刻将亲生女儿穆库什嫁给了他。

两部缔结了第五次婚姻。叶赫部没有理由不感到恐慌。他们又打出了东哥这张王牌，表示要与布占泰重续前缘。当叶赫部将东哥的嫁妆送到乌拉后，布占泰对建州三妻由疏远变为憎恶，甚至一改往昔的温顺而为狂暴，像对待一般犯错之人那样，用骲头箭（去掉箭头的箭）射击娥恩哲的后背。

努尔哈赤又获得了进攻乌拉的口实。万历四十年，努尔哈赤亲率三万大军征讨乌拉。大军疾行八天，进入乌拉境内，沿乌拉河（今松花江）连下六城，在驻马河边与乌拉军隔河对峙。三天，又攻下乌拉六座城寨，毁城焚粮。乌拉遭到沉重打击。布占泰三派使者去讲和，努尔哈赤都不接见。最后，布占泰亲率六名大将，乘独木舟，渡乌拉河妥协，请求努尔哈赤回师。不久，布占泰就背叛了自己的诺言。万历四十年正月，努尔哈赤再次举兵往征。乌拉灭亡，布占泰败投叶赫。令人扼腕叹息的是，叶赫贝勒、东哥之兄布扬古以布占泰失国无用，没有将东哥嫁给他。布占泰寄人篱下，郁郁而亡。

万历四十三年，叶赫贝勒布扬古将三十三岁、待嫁二十余年、此时人称"叶赫老女"的东哥，嫁给了蒙古首领莽古儿岱。一年后，"叶赫老女"东哥病死在蒙古荒原。然而，以叶赫那拉氏孟古和东哥之仇的口实，努尔哈赤发起了与海西女真叶赫部的决战。万历四十七年正月，努尔哈赤以"不克平叶赫，吾不返国"的誓言，率倾国之师征讨统一大业的最后一个顽抗者叶赫，数月后，叶赫灭亡。努尔哈赤终于统一了女真各部。

中国两千年的封建历史中，女人总是政治斗争的牺牲品，不论是出塞的昭君，还是和亲的文成，在她们的内心，恐怕都包含着多少不情愿的，但她们的命运却不是她们自己所能决定的。恩格斯曾说过，婚姻是一种政治的行为，是一种借新的联姻来扩大自己势力的机会；起决定作用的是家世的利益，而绝不是个人的意愿。当政治集团的根本利益发生冲突时，他们是不会顾及婚姻关系的，他们宁可牺牲个人的婚姻也要维护利益，因而造成了许多婚姻悲剧。当然，联姻有时确实能起到良好的作用，拉拢自己想拉拢的人。于是在历史上，政治联姻屡见不鲜。

2. 为权力囚死胞弟

　　一个山头只能有一只老虎，一个家族只能有一个领导人。权力只有集中在一个人手中，显示出它的本色，才能让人不顾一切地追求。面对最高权力，为了家族的利益，手足、父子之间的情分都变得不重要了。

　　努尔哈赤要将建州内部权力高度集中在自己手中，这就与那些手握兵权的兄弟和重臣发生了矛盾。努尔哈赤的弟弟舒尔哈齐、儿子褚英、代善……一个一个走上前台，充当了一场又一场家庭悲剧和政治阴谋的主角。

　　努尔哈赤的非凡，在于他淡化了亲人，表现出了"非人"。努尔哈赤的第一个对手，是他的胞弟舒尔哈齐。舒尔哈齐比努尔哈赤小四岁，小时候两兄弟相依为命，是努尔哈赤拉着舒尔哈齐的小手，度过了苦难的童年。努尔哈赤起兵后，二十岁的舒尔哈齐始终是他最得力的助手和冲锋陷阵的勇将，史载他"自幼随征，无处不到"。

　　舒尔哈齐身高体胖，四方大脸，白白净净，给人一种自然的亲和感。努尔哈赤则体态魁伟，无一丝赘肉，长脸铁面，不怒而威，使人常生敬畏之情。两兄弟外貌、气质多有不同，但却同样勇敢、善战、坚忍不拔，特别是有着相同的雄心大志。

第一章 努尔哈赤 万世人极 首奠基业

努尔哈赤统一建州后，在费阿拉城"暗自称王"，舒尔哈齐作为努尔哈赤的佐贰，称"船将"。对外，他与努尔哈赤并为建州女真"头目"。明朝官书称"都督努尔哈赤""都督舒尔哈齐"。朝鲜人称"老乙可赤（努尔哈赤）""小乙可赤（舒尔哈齐）"，或"奴酋""小酋"。

舒尔哈齐与努尔哈赤居室的规模陈设几乎相同，服色饰物一如其兄——都是貂皮帽、貂皮巾、金腰带、貂皮缘饰的五彩龙纹衣，接见、宴赏外人的礼仪也完全相同，唯一的区别是"老乙可赤（努尔哈赤）屠牛设宴"，"小乙可赤（舒尔哈齐）屠猪设宴"。

史载，舒尔哈齐系努尔哈赤唯一同母弟，故凡国人、贤良僚友、敕书、奴仆，以及诸物皆同享之。

万历二十三年，舒尔哈齐第一次代表建州女真赴京朝贡。其时他麾下有精兵五千、能臣宿将四十，他本人因战功卓著，颇得众心，势力已经可与努尔哈赤抗衡。

舒尔哈齐的锋芒外露，已发展到为努尔哈赤不能容忍的程度，他借机冷落、有意贬低舒尔哈齐的事情开始发生，舒尔哈齐家"凡百器不及其兄远矣"。努尔哈赤的猜忌和无端削夺，刺伤了舒尔哈齐对兄长的亲情，也助长了他日益膨胀的权力欲。万历二十四年，努尔哈赤设宴招待朝鲜使臣，舒尔哈齐当即提出他"亦当接待"。如此，才有了"两都督府"的分别宴请。宴后，舒尔哈齐对朝鲜使臣正言道："日后你国遣使送礼，却不可高下我兄弟。"

万历二十七年，努尔哈赤讨伐哈达贝勒孟格布禄。舒尔哈齐率先锋二千先抵达哈达城下，见哈达城上城下军容整肃，不免为城中有备、是否出击心生踌躇。正在此时，努尔哈赤率大军赶到，见舒尔哈齐陈兵城下，一矢未发，顿时勃然大怒。从未对弟弟疾言厉色过的他，竟当众质问舒尔哈齐："汝此来，难道是因为城中无备吗？"并呵斥道，"汝兵向后，给我闪开！"

而后，努尔哈赤亲自挥军攻城。血战六昼夜，哈达城终被攻破。努尔哈赤付出了惨重的代价，不仅牺牲了上千建州勇士，还永远失去了胞弟的心。他对弟弟舒尔哈齐的羞辱、贬斥，并非无端，也并非没有借题发挥之嫌。舒尔哈齐只是忍而未发。

后来，又发生了一件雪上加霜的事。

万历三十三年（1605年）二月，舒尔哈齐之妻病故。由于明朝总兵李成梁的儿子李如柏纳舒尔哈齐之女为妾，李成梁与舒尔哈齐是儿女亲家，李成梁命守备佟某置办二十桌酒席，外带牲畜前往吊祭。

舒尔哈齐与李成梁的交往，本是努尔哈赤对明两面政策的组成部分，然而，在兄弟二人嫌隙日深的情况下，却成为对努尔哈赤潜在的威胁。况且努尔哈赤深知李成梁惯用"以夷制夷"的策略，依他对舒尔哈齐的眷顾，是否说明他的离间术已经成功、舒尔哈齐之心已向明倾斜了呢？

万历三十四年十二月，舒尔哈齐第三次代表建州女真进京朝贡，明廷以"建州等卫夷人都督指挥"的名义向他如例颁赏。或许正是那个时候，一个借明自立、分裂自立的危险念头，开始在舒尔哈齐的脑海中出现。

万历三十五年，在接应东海女真瓦尔喀部蜚优城部众归附一役中，舒尔哈齐充任统兵主帅，同行将帅还有努尔哈赤长子褚英、次子代善，及大臣费英东等。行军途中，舒尔哈齐突然借口大纛（军旗）发光不是吉兆，提议班师回军，经努尔哈赤之子褚英、代善力争，队伍才得以继续前进。到达乌碣岩，舒尔哈齐领五百人滞留山下，他的两名心腹骁将常书、纳齐布率百人逗留不前，只有褚英、代善率领不足乌拉四分之一的兵力，拼死奋战。乌碣岩大战是努尔哈赤统一大业的关键性战役，骁勇无敌的舒尔哈齐怎么了？

如果不是因为他与乌拉三次联姻——在一向以婚姻为政治手段的女真人首领（包括努尔哈赤本人在内）那里，以此构成退缩不战的原因基本没有可能，那么，他便是有意对抗。努尔哈赤心如明镜。他一面以绝大讽刺赐给舒尔哈齐"达尔汉巴吐鲁"的勇号，一面以不为力战之罪，宣布将常书、纳齐布正法。

舒尔哈齐气急败坏，宣称："诛二臣与杀我同！"努尔哈赤眼中闪过不易觉察的轻蔑，改罚常书金百两、夺纳齐布所属部众人口，并以"临阵退缩，时有怨言"为由，自此"不遣舒尔哈齐将兵"。这才是努尔哈赤要达到的真正目的：先将事情推到极致——要对方的命，而后在对方为保命不惜接受一切条件时，达到真正的目的。

军权被削，舒尔哈齐满腹怨气无从宣泄，从军国大政到人财小事，继续不断与努尔哈赤口角相争，甚至努尔哈赤命各部出役筑城，他却命属下不赴工，要自筑一城。努尔哈赤不予理睬，仅冷冷抛给舒尔哈齐一句话："弟所得家业及属人僚友，非我等之父所遗留之属人僚友，乃为兄所赐耳。"一方喋喋不休，近乎无理取闹；一方不予理睬，尽管道理在手。

众人心中好恶的天平，日渐倾向努尔哈赤。舒尔哈齐愈益憋闷哀怨，浩叹道："此生有何可恋？不如一死！"他对三个儿子阿尔通阿、阿敏、札萨克图说明原委，道："吾岂能为衣食所得而受制于人？"

长子阿尔通阿、三子札萨克图立即回应。他们在明朝军事重镇——铁岭东南八十里远的黑扯木伐木造房，拟为将来据点。因为黑扯木地近明朝边关，东接乌拉，北邻叶赫，不仅可得到明朝就近庇护，还可借助努尔哈赤之敌乌拉叶赫的声势，更可得到三次联姻的乌拉的援助。正当舒尔哈齐秘密筹划分裂自立的关键时刻，努尔哈赤突然命他以建州首领的身份入京朝贡。努尔哈赤这一决定，无疑是调虎离山。舒尔哈齐尽管心中一百个不愿意，但无法推托，遂率领一百四十人的朝贡队伍第四次进京。这一次，明朝以他为建州右卫的代表。建州右卫首领的头衔已经久违，此次再现，是明朝欲扶植舒尔哈齐、削弱努尔哈赤势力的明显暗示。这恰与舒尔哈齐欲在黑扯木自立的想法不谋而合。

万历三十七年初，舒尔哈齐回到建州。他有恃无恐，与三子密谋投靠明朝、叶赫，随即移居黑扯木。二月，努尔哈赤得知消息，怒责舒尔哈齐，劝其归来。舒尔哈齐不听。

三月十三日，努尔哈赤断然剥夺了舒尔哈齐全部家产，杀死舒尔哈齐两个儿子阿尔通阿和札萨克图，将与此事有关的舒尔哈齐部将武尔坤吊在树上活活烧死。至此，仍余怒未息，欲加刃于舒尔哈齐二子、四大贝勒之一的阿敏。代善、皇太极等诸兄弟极力谏止，阿敏方免于一死，但也受到被剥夺所属人口之半的惩戒。建州女真血溅萧墙，明朝边军置若罔闻。

或许是惮惧努尔哈赤的精兵，或许是静观龙虎之斗、欲得鹬蚌相争之利，总之，明朝边军没有像舒尔哈齐所希望的那样出手干涉。舒尔哈齐只有归来，请安谢罪道："兄汗优养恩深，弟却妄想赴别处居住，实乃大谬大错了。"努尔哈赤并不多言，大度地赐还没收的舒尔哈齐全部家产。

在他人眼中，努尔哈赤是顾念手足之情的。但在舒尔哈齐看来，努尔哈赤却是故作姿态，他不感恩。他认为自己没有理由感恩，反而应该牢记哥哥对待亲弟弟的刻薄寡恩。努尔哈赤何尝感觉不到这些！

舒尔哈齐完了。他永远不再是弟弟，而是敌人，一个无用、有害、又再无必要与之周旋的敌人。努尔哈赤佯称新宅落成，邀舒尔哈齐赴宴，将其幽禁。又以舒尔哈齐之命召来他的两名心腹骁将常书、纳齐布，在二人步入房门之时，使潜伏甲士拦腰斩杀之。舒尔哈齐铁索银铐，被囚禁在暗无天日的禁所，囚室门窗皆被砖石密封，仅留"通饮食、出便溺"两个洞口，生不如死。两年后，亦即万历三十九年（1611年）八月十九日，舒尔哈齐忧愤而亡，时年四十八岁。

努尔哈赤大权在握，于明万历四十四年，顺利登上了后金天命汗的宝座。五十八岁的努尔哈赤，以吞吐天地的雄才大略，横扫千军的赫赫战功，统一女真的光辉业绩，赢得了此时的殊荣。而他光辉灿烂的宝座，染有其胞弟——舒尔哈齐的鲜血。

努尔哈赤建国称汗前后，在集权与反集权血腥斗争中登场的角色和对手，除了弟弟，还有他的儿子和家人。历史总是有着惊人的相似，权力的争夺总是伴随着杀戮和血腥，总是伴随着骨肉相残。

3. 建八旗，实行专权统治

大权集中，小权下放，这样既能保证权力不会被人窃走，也可以吸引更多的人来维护自己的利益。在家族统治的时代，集权是不二的选择。

八旗制度起源于牛录制——女真人原有行师出猎的牛录组织。史载，女真传统，凡遇行师出猎，人不论多少，照依族寨而行。满洲人出猎开围的时候，各出箭一枝，十人中立一总领，属九人而行，各照方向，不许错乱。此总领呼为"牛录额（厄）真"（"牛录额真"为满语音译，"牛录"意为"大箭"；"额真"意为"主子"）。

万历二十九年（1601年），努尔哈赤以女真传统的牛录为基础，按军事编制创建了后金耕战合一的社会军事组织，初置四旗——黄旗、白旗、红旗、蓝旗。万历四十三年十一月，又增置镶黄、镶白、镶红、镶蓝四旗，合为八旗，正式在女真传统牛录制的基础上建立了八旗制度。

努尔哈赤之子皇太极即位后，将降附的蒙古、汉人分编八旗蒙古与八旗汉军，以原八旗为满洲八旗。入关后八旗依防地分为京师八旗与驻防八旗。顺治年间多尔衮被治罪后，他所辖的正白旗收归皇帝自领，加上皇帝原所自领的正黄、镶黄两旗，合称"上三旗"，其他为"下五旗"。努尔哈赤创建了满洲八旗，皇太极又发展了蒙古八旗和汉军八旗，一共有二十四旗。以后又将达斡尔、鄂伦春等少数民族，编入"布特哈八旗"，也就是打胜八旗。但是，这些都通称"八旗"。

努尔哈赤创建的八旗制度实行牛录（汉名佐领）、甲喇（汉名参领）、固山（汉名旗）三级管理体制。以三百人为一牛录，每牛录设牛录额真（汉名佐领）一人为统率官员；五牛录为一甲喇，每甲喇设甲喇额真（汉名参领）一人为统率官员；五甲喇为一固山，每固山即每旗设固山额真（汉名都统）一人、副职梅勒额真二人为统率官员。每旗七千五百人，八旗共六万人。后金人的奴仆亦编入八旗包衣（满语音译，意为"奴仆"），每旗设五甲喇（参领），下辖有牛录（佐领）、浑托和（汉名管领）若干，分隶于内务府（上三旗包衣）和各王府（下五旗包衣）。

八旗制度下，以地缘为主、血缘为辅组成的牛录，是基层单位。牛录额真下，设二名带子为副职，再置四名章京、四名拨什库，并把三百人组成的牛录分编成四个塔坦（村或部落），由一章京、一拨什库管理一个塔坦的各种事务。八旗制度是"以旗统人，以旗统兵""出则备战，入则务农"，兵民一体的社会组织形式，是将后金"一国之众"，即女真族全体成员及少数蒙古人、汉人和大量奴隶尽行编入，予以严格控制、管理，政治、经济、军事合一的社会组织形式，是后金统治的基础。

努尔哈赤作为后金国汗，是八旗的最高统帅，拥有八旗的一切。旗主的权力、爵位、财产、属人均为努尔哈赤所赐，随时可被努尔哈赤剥夺或重新分配。他将八旗作为私产，赐予子侄，使之充任和硕贝勒、旗主贝勒（满语"和硕"为"一方"之意。相当长的时间里，和硕贝勒是旗主贝勒、固山贝勒的同义语，绝大多数和硕贝勒充任一旗之主的旗主贝勒），即八和硕贝勒。各旗旗主是后金国汗努尔哈赤之下最为显赫的人物，掌握着本旗军政大权及旗下全体旗人（全体旗人均为本旗旗主属人，双方是主奴关系）。而且努尔哈赤还亲领两黄旗，次子代善领两红旗，五子莽古尔泰领正蓝旗，八子皇太极领镶白旗，长孙杜度领正白旗，侄阿敏领正蓝旗。从某种意义上说，八旗军正是一支爱新觉罗家族的武装力量。努尔哈赤对八旗军的绝对控制，是其得以掌握后金最高权力，实行专权统治的重要前提。

八旗军不仅出兵作战、负责赡养旗下属人，还承担着后金的各种劳役以及各项财政支出。后金国各种收入及一切俘获（包括人、畜）都按八旗统一分配。八旗实力基本相当，承担国家部分职能，具有相对的独立性，这是八和硕贝勒据以参与政务并拥有发言权的主要资本。

努尔哈赤之子、侄、孙中大部分人不是旗主，只是一般的贝勒。他们分别隶属于其父兄所掌旗，受制于父兄，仅领有少量的牛录。时间久了，他们与其父兄旗主之间不可避免地产生矛盾。可是，这些贝勒参与议政，并时常率军出征，具有一定实力，因而又成为牵制本旗旗主的力量。

八旗制度的建立，将分散的几十万人严密地编制起来。分则弱，合则强，宋朝便有女真"兵若满万，则不可敌"的说法。现在，一二十万女真统一编制，每牛录金甲一百或一百五十，可挑选精兵数万，加上粮草充足，器械精良，战马十万，这支武装力量就成为具有极大威力的强大军队。努尔哈赤率领八旗劲旅，用兵三十余年，战必胜，攻必克，连下明朝重镇，大破明军于萨尔浒，俘获人畜数百万，辖地数千里，极大地增加了汗、贝勒的财富，增强了汗、贝勒的势力，扩大了统治范围，对后金国的巩固和发展，起了重要作用。同时，强化了女真族人彼此之间的联系，改变了以前女真族人渔猎为生的传统习俗，八旗人员大体上达到了"耕田食谷为生"的水平。

整个女真社会如同一座大兵营，是努尔哈赤时代的一大特点。他以八旗作为纽带，把涣散的女真各部落联合起来，形成了一个组织严密、生机勃勃的社会整体，从而加速了满族共同体的形成。

第二章 皇太极 开疆辟土 为入主中原奠基

皇太极（1592—1643年），清朝开国皇帝。满洲酋长努尔哈赤的第八子。22岁登后金汗，在位十七年，他完善后金的政治制度，为清王朝统治政权的确立打下了基础。改国号为清后，尊其父努尔哈赤为太祖。

1. 争权力，巧设计废太子

权力令人眼红，甚至不顾一切。权力不是老天爷赐给哪个人的，而是通过自己的斗争夺来的。在一个掌握权力的家族中，权力的传承，总是伴随着血雨腥风。家族内部不同利益体之间只有通过斗争来平衡，权力与斗争总是分不开的。

努尔哈赤有16个儿子，当时位列四大贝勒的就有三个，即大贝勒代善，三贝勒莽古尔泰，四贝勒皇太极，二贝勒阿敏是努尔哈赤弟弟舒尔哈齐之子。争夺大位最有希望的就是这四个人。皇太极为了夺得皇位，可谓费尽心机。

长子褚英伏诛后，努尔哈赤立第二个儿子代善为嗣子，明确称之为太子。然而，后金天命五年，代善的太子之位被废黜了。理由是代善是一个才疏学浅、放荡不羁、狭隘自私、碌碌无为的"寻常庸夫"。传闻他竟与自己的继母、汗父努尔哈赤第二个大福晋富察氏有染。

富察氏是努尔哈赤的第二个大福晋，即是与努尔哈赤患难与共、创业建国的衮代皇后。她位高望重，生有两子，一子莽古尔泰是四大贝勒中的三贝勒，正蓝旗主，另一子德格类是十固山执政贝勒之一。然而她却被努尔哈赤以四罪休弃。四罪是：一、勾引大贝勒代善。二、私藏财物三包，金帛三百。蒙古福晋告曰："阿济格阿哥家中二柜藏有大福晋帛三百匹，大福晋常为此担忧，欲焚于火、欲投于水，因惜此帛，皆未果。"三、私赐衣帛予二将之妻，其中有给总兵官巴笃里二妻作朝服用的宝石蓝色倭缎、给参将蒙阿图之妻一件绸缎朝服。四、私赐财物与村民。

显然，其中后三罪不能成为休弃的正当理由。富察氏身为大福晋，收藏不算多的财物、赏赐属下、周济村民并不为过。关键是与大贝勒代善有暧昧关系的第一罪，唯此一罪能深深伤害努尔哈赤。

而这一罪却是有首告、有证人，经过调查而定案的。据《满文老档》记载，后金天命五年（明泰昌元年，1620年）三月，小福晋德因泽告汗道："大福晋曾两次备饭，送与代善，代善受而食之。又一次，给皇太极送饭，皇太极受未食。且大福晋一日二三次遣人至大贝勒家，如此往来，谅有同谋。大福晋自身，深夜出院，亦有二三次矣。"诸贝勒大臣也揭发说："在汗家宴会、聚集议事时，大福晋用金饰、东珠装扮自己，眼望大贝勒行走。"努尔哈赤派达尔汗虾、额尔德尼、雅逊、蒙喀图调查此事，结论属实。

大福晋富察氏给大贝勒代善送饭，能说明什么问题呢？她身为继母，备饭送子食用，无可指责，且为常例。更何况她同时也给四贝勒皇太极送过饭，更何况努尔哈赤本已将她同诸子托付给了代善。努尔哈赤曾说："我身殁后，大阿哥需善养诸幼子和大福晋。"

大福晋为努尔哈赤身后，也为自己和自己的子女着想，笼络代善，或仅为与代善搞好关系，是人之常情。而吃与未吃，全凭代善、皇太极自言。派人至大贝勒家、深夜出院，都是"谅有同谋"，缺乏与大贝勒私通的真凭实据。

至于在诸贝勒大臣聚会议事时，装扮己身，"眼望大贝勒行走"，更是说有则有，说无则无。然受命调查的四大臣，却得出了不利于代善的"属实"结论。

四大臣又是些什么人呢？仔细考察，四大臣有一个共同之处：均与一人有非同一般的关系。这个人便是后来承继大统的皇太极。

在这四人中，额尔德尼既是努尔哈赤的重臣，又是皇太极的死党。他经常私自越旗往皇太极处通报情况，为皇太极争位出谋划策。另外三位，达尔汉虾（即努尔哈赤养子扈尔汉）本与代善有矛盾，代善曾对努尔哈赤说过他的坏话，此时隶属于皇太极的正白旗。雅逊、蒙喀图也都是皇太极的旗下之人。

很明显，一些人暗中联合起来，通过诬陷富察氏打击代善，阴谋废掉代善的太子之位。这一次来势更猛，是与继母私通的滔天大罪，是欲置之于死地的谋划（幸因努尔哈赤比较明智而未能得逞）。

几乎可以肯定地说，这是一场蓄谋已久的倒嗣政变。富察氏和代善成了这场政变的牺牲品。皇太极参与了阴谋，种种迹象表明，他是策划这场阴谋和政变的核心人物。

通过此次倒嗣直接得利的有三个人：一个是小福晋德因泽，她因首告有功，被升为与努尔哈赤同桌共食；一个是侧福晋乌拉那拉氏阿巴亥，富察氏被休弃后，她晋升为大妃，成为努尔哈赤的第三个大福晋，子以母贵，她的三个儿子阿济格、多尔衮、多铎亦跻身为代替太子执掌国政的八和硕贝勒之列；还有一个，便是四大贝勒之一的皇太极。

褚英被诛后，"四大贝勒各拥重兵，觊觎大位"。其中阿敏为努尔哈赤之侄，非直系，代善和莽古尔泰则成了皇太极的主要对手。二人之中又以代善为尤。

代善是褚英同母弟，在所余十五皇子中居长。他屡建军功，曾被努尔哈赤赐予古英巴图鲁（意为钢铁勇士，清代属代善所独有）的美称。他佐父治国，权倾朝野，位居四大贝勒之首，拥有正红、镶红两旗；其侄杜度主镶白旗，其长子岳托、次子硕托均已是拥有牛录、统领军队的勇将。尤为难得的是，他为人宽厚谦让，从不居功自傲，故此深得人心。

无论从嫡长、战功，还是从已有的权势、威望来看，代善居太子之位均无可非议。但在此次富察氏被休事件中,代善和莽古尔泰同时遭到了沉重打击。富察氏是莽古尔泰的生母,富察氏被休,莽古尔泰不知所措。他急于取悦努尔哈赤,竟亲手将生母富察氏杀死,从此声名一败涂地,与汗位无缘。

代善同努尔哈赤之间则因富察氏被休事件,出现了一道不可弥补的感情鸿沟。不久,发生了代善与汗父争宅基地、听继妻谗言虐待前妻之子硕托、诬陷硕托与其妾通奸三件事。这三件事,本可看作是家务细事,但努尔哈赤对代善已心存成见,于是将此三事上升认识,认为代善若继汗位,势必内宠悍妇、外信小人、混淆忠奸、诛戮无辜、以权谋私、搅乱国政,全不考虑代善一贯宽厚谦让、足智多谋、勇武过人,更不考虑代善为后金国立下的累累战功和用血汗树立的崇高威望。

代善最终被废去了太子之位,皇太极却离继承人的位置又近了一步,然而皇太极并没有就此而罢手。因为他之后还有弟弟,就是多尔衮和多铎。他父亲临终的那年,多尔衮15岁,多铎13岁。女真有幼子继承的这种传统,他们的母亲就是大妃阿巴亥。皇太极为了消除潜在的竞争者,谎称努尔哈赤临死前有遗言,要大妃殉葬。在这种情况下,大妃阿巴亥自缢而死。大妃一死,她的儿子多尔衮和多铎失去母亲的支持,也就不可能同皇太极争夺大位了。

通过一系列的阴谋和精心策划,皇太极终于在努尔哈赤之后如愿继承了大位。

2. 远大是图，建立清朝政权

在家天下的时代，家族发展的终极目标便是以家治国，成为九五至尊。只有这样才能让家族的利益最大化，让权力始终握在家族人手中。

皇太极在人才济济的众兄弟子侄中独得推举，顺利地登上汗位，无疑是件幸运的事。但是，他并没有因此而心满意足昏昏然。这位从小就在开国创业中成长起来的政治家异常冷静、沉着，并有远大的抱负。他想君临全中国，使其父子群臣艰难创立的国家由后世子孙永久地统治下去。他很讲究实际，不仅懂得治国之道，也懂得人君之道。他说："若治国之道，如筑室然，基础坚固，庀材精良者，必不致速毁，世世子孙可以久居。其或苟且成工者，则不久圮坏，梓材作诰，古人所以谆谆垂诫也。"一切都不能简单从事，建造房屋就是如此。"惟筑地坚固，叠石为基，经营构造，方堪久远。"

从"治国之要，莫先安民"的认识出发，皇太极上台后的第一道上谕，就是禁止把汉民奴隶化，这或多或少改善了当时艰难的处境。努尔哈赤在位时实行的是"抗拒者被戮，俘取者为奴"的政策。皇太极改为只对拒战者不得不杀，而被俘者则安置为民。在后金同明交战中，经常俘获大量的汉族百姓，皇太极都把他们安置到各屯堡为民，从事农业生产。皇太极实行对满、蒙、汉一视同仁的政策，新、旧降人一视同仁的政策，反映出他有远见、有气魄，这在一定程度上满足和保护了汉族人民的基本利益，巩固了后金政权，"由是汉人安堵，咸颂乐土"。

皇太极即位后，坚持优礼汉官的政策，对现有的汉官都给以信任，并且量才使用，注意发挥他们的才能。对范文程的重用，就是个生动体现。努尔哈赤在位时，范文程仅仅熬了一个无关紧要的章京。皇太极则把他安置到自己跟前，参与军政大计。每逢议事，皇太极总问："范章京知道吗？"皇太极不直呼他的名字，而称"范章京"，以示尊敬。臣下的议奏如有不当之处，皇太极便说："何不与范章京商议？"奏事大臣回答说："范章京已表示同意。"于是皇太极不再询问，指示依奏办理。有时范文程病了，一些事情还等他病好后再裁决。他多次为皇太极起草敕书，都能做到合乎皇太极的想法。开始，皇太极还过目审阅，其后凡经范文程起草的文书，他不看就批准，说："我相信你不会有差错的。"皇太极非常信赖范文程，经常召他进宫谈话，商讨方针大计，一谈就是几个时辰。有时范文程刚出宫，又被召去再谈。皇太极在生活上也给他以关怀，要他陪着吃饭是常事。有一次，饭菜极为丰盛，桌上摆的是"殊方珍味"，范文程想到自己的父亲不曾享用，迟迟不下筷。皇太极一看，就明白了他的心思，当即把他吃的这桌珍味撤下来，派人骑马送到范文程的家，赐予其父。范文程这才向皇太极拜谢。深受皇太极信任的汉官还有高鸿中、宁完我、鲍承先、张存仁、马光远、石廷柱等，这些人对他也无不竭尽所能。

皇太极更用心的是，削弱八旗贝勒的势力。他先后增设"八大臣""十六大臣"，分夺了八旗诸贝勒的一些权力。1631年，他依据宁完我的建议，效仿明朝的制度设立六部，并面谕六部大臣，要他们秉承皇太极的意旨办事，改变满洲贵族过去办事无一定章程，议政每每夸耀好鹰良马的"因循之习"。他又改文馆为内三院（内国史院、内秘书院、内宏文院），有如明代的内阁。这些做法加强了君权集中制，促使后金政权进一步封建化。后来，他以二贝勒阿敏征朝鲜"颇怀异志为名"，历数他的16大罪状，逼迫阿敏死于幽所。又以三贝勒莽古尔泰饮酒过度狂态失言、拔刀"欲犯上"而大不敬，削夺了他大贝勒的名号。随后，他依据礼部参政李伯龙的建议，改革了朝贺礼仪，规定由他一人面南中坐，代善、莽古尔泰退居于下，再也不能与他平起平坐了。第二年，莽古尔泰由此气愤而死。一次，代善宴请哈达公主莽古济格格（莽古尔泰之妹，皇太极之姊）。不料，这惹恼了皇太极。他大为震怒，因为他的这个姐姐对他素怀有怨。事后，代善勉强保住了大贝勒名号，但从此也就赋闲在家了。到天聪末年，皇太极实际已控制了两黄、两蓝、两白六旗，势力还渗入到镶红旗，结束了过去"八王共治"的局面，实现了"制令统于所尊"。

天聪九年（1635年）九月，征察哈尔大军携林丹汗的后妃及其子额哲凯旋回到沈阳。强悍的察哈尔部从此灭亡，难以驾驭的漠南蒙古终归统一，这是皇太极取得的又一巨大成就。数年前，与明朝交好的朝鲜"称弟纳贡"，三大敌国如今只剩下唯一的明朝，整个形势使后金变得光彩夺目，前程似锦。还有一件大喜事，简直使皇太极和他的诸贝勒、大臣欣喜欲狂：这次出征意外地获得了元朝的"传国玉玺"。这在皇太极看来，它同平服林丹汗同样具有重大意义。照他的解释，传国玉玺落入皇太极之手，意味着"天命"归金，上天已经允许皇太极为天下命世之君。因此诸贝勒、大臣为这件国宝的获得，纷纷上表恭贺。

1636年，皇太极正式即皇帝位，受"宽温仁圣皇帝"的尊号，改元崇德元年，定国号大清。

皇太极建国号大清，开辟了清朝历史的新纪元。他在清史中是个承前启后、继往开来的关键人物，是清朝一统天下的真正开创者。虽然他和努尔哈赤都没有进关做全国的最高统治者，而仅在关外度过了自己的戎马一生，但两人却有很大不同。

努尔哈赤起自建州女真的一个小部落，他名为明朝地方官，实则是女真的一个小酋长。他用了相当长的时间去统一女真各部，推动和加速了女真社会的进步，使各分散的部落迅速走向联盟，进而形成新的民族共同体——满族。在此基础上，成立了国家政权——大金。综观努尔哈赤的一生，他更多的是作为一个民族领袖来活动的。他的业绩及其所建金国，在整个清朝历史这一出壮烈的多幕剧中，所占的比重只能是序幕。他所起的作用，就是把帷幕拉开，并装填了自己的内容。

努尔哈赤作为清朝前身历史的首创者是当之无愧的，而皇太极则居于清朝历史开创者的地位。他在位十七年，特别是从建元崇德前后到去世，全面而且极为迅速地发展了他父亲的未竟事业，在所有方面都远远地超过了自己的前辈。他统一整个东北部地区，首次降服一向与明朝保持深厚友好关系的朝鲜，征服察哈尔，统一漠南蒙古，促使漠北蒙古行"女白之贡"。他所占有的疆域将近半个中国，使清政权牢固地立于既广大又丰足的根据地之上。他所建立的政权完全具备了国家的规模，尤其是他吸收汉人和蒙古人参加，实行以满族贵族为核心的联合执政，扩建蒙古八旗、汉军八旗，从而使努尔哈赤时代的单一的满族执政的民族政权性质，变为几个民族联合的政权。这为大清的长远统治树立了楷模。

因此，皇太极是真正的一代国主，他是作为一个国家的首领来行使权力的。他创立的国家——清政权及其基本国策为后代子孙所奉行，他建的国号大清一直沿用到近代。

第三章　顺治　为情皈依　英年早逝

顺治帝福临（1638—1661年），是清朝入关后的第一位皇帝。他是皇太极的第九子，生于崇德三年（1638年）。崇德八年（1643年）八月二十六日在沈阳即位，改元顺治，在位18年。卒于顺治十八年（1661年），终年24岁。顺治即位后，由叔父多尔衮辅政。顺治七年，多尔衮出塞射猎，死于塞外。14岁的福临提前亲政。顺治帝天资聪颖，读书勤奋，他吸收先进的汉文化，审时度势，对成法祖制有所更张，且不顾满洲亲贵大臣的反对，倚重汉官。为了使新兴的统治基业长治久安，他以明之兴亡为借鉴，警惕宦官朋党为祸，重视整饬吏治，注意与民休息，取之有节。但他少年气盛，刚愎自用，急躁易怒。当他宠爱的董妃去世后，转而消极厌世，终于匆匆走完短暂的人生历程，英年早逝。他是清朝历史上唯一公开皈依佛门的皇帝。

1. 叔兄争权，皇位从天降

权力必须保持一种平衡，才能形成良性的秩序。当家族内部各种势力的争斗难分高下的时候，如何保持这种平衡呢？选择一个让双方都可以接受的人来继承权力，维持原来各方利益在短时间内不会发生变化，从而避免了更大的冲突，保证了家族的团结，也维护了家族的利益。

清世祖顺治皇帝爱新觉罗·福临，6岁登基，是清代历史上有名的少年天子。年号顺治，顺，意顺利；治，意治理，就是顺利治国，华夏一统的意思。

少年福临的命运，真如同他的名字一样，"福"从天上降"临"。为什么这样说呢？

大清皇位，从天而降。如前文所说，清崇德八年（1643年）八月初九日夜亥刻，皇太极带着"储嗣未定"的遗憾猝死。皇太极在白天还处理政务，夜里就离开人世。他死之前，没有留下任何遗言，也没有交代由谁继位。由于事出突然，诸王贝勒也没有一点准备。经过一段时间的忙乱和哀悼，一场激烈的皇位争夺战在皇宫崇政殿打响。那一天是八月十四日，也就是皇太极死后的第六天。

努尔哈赤有遗诏，规定皇位的继承要满洲贵族来讨论。当时主要有七个人的意见举足轻重：四个亲王，即礼亲王代善，郑亲王济尔哈朗，睿亲王多尔衮，肃亲王豪格；还有三位郡王，就是英郡王阿济格，豫郡王多铎和颖郡王阿达礼。当时，夺得大位最有希望的是肃亲王豪格和睿亲王多尔衮。

豪格（1609—1648年）的有利条件主要有：第一，为皇太极长子，35岁，正值壮年；第二，人才出众，史称他"容貌不凡，有弓马才"，"英毅，多智略"；第三，久经战阵，屡建军功；第四，皇太极生前亲掌的正黄、镶黄和正蓝三旗大臣都拥护豪格继位，尤其是两黄旗贝勒大臣更是誓死效忠于他。

多尔衮（1612—1650年）的有利条件主要有：第一，他是努尔哈赤第十四子，皇太极之弟，时年32岁；第二，受到父亲的钟爱。史载，努尔哈赤曾留下遗言：九王子（多尔衮）当立而年幼，由代善摄位。而代善鉴于当时情势，转而拥立皇太极；第三，多尔衮兄弟为正白旗和镶白旗的旗主贝勒，这两个旗都支持多尔衮；第四，有两位胞兄弟阿济格和多铎的支持，在上述七王中，多尔衮兄弟占了三个席位；第五，多尔衮多次统军出征，"倡谋出奇，攻城必克，野战必胜"，屡立大功。

八旗甲胄从实力对比看，豪格有正黄、镶黄和正蓝三旗的支持，多尔衮有正白、镶白两旗的支持。那么，其余三旗——代善父子掌管的正红和镶红两旗、济尔哈朗掌管的镶蓝旗——的意见，在此时就显得至关重要了。

十四日凌晨，两黄旗大臣在大清门盟誓，拥护豪格继承皇位，并部署两黄旗巴牙喇（即护军营，为禁军中护卫皇帝的部队）张弓挟矢，环卫崇政殿。图尔格、遏必隆又传令其牛录下的护军，备好甲胄弓矢，护卫大清门。议商皇位继承人的贵族会议在崇政殿的东庑殿举行，由年纪最长（61岁）、地位最高的礼亲王代善主持。黄旗索尼和鳌拜首先倡言"立皇子"，多尔衮以其资历不够，令他们退下。索尼和鳌拜虽然退出，但两黄旗的巴牙喇则包围了宫殿。两黄旗暂时占了上风。但两白旗并不示弱，豫郡王多铎、英郡王阿济格弟兄发言，力劝多尔衮即帝位。多尔衮见形势紧张，正在犹豫。多铎却言："你如果不答应，应当立我。我的名字在太祖遗诏里！"多尔衮不同意立多铎，说："肃亲王（豪格）的名字也在遗诏里，不独王（多铎）也！"多铎又说："不立我，论长当立礼亲王（代善）！"礼亲王代善表示自己老了，提出豪格为"帝之长子，当承大统"。豪格觉得有两黄、正蓝和两红旗的支持，大局可定，于是表示谦辞，说："福少德薄，非所堪当！"他本来是假意谦让，想让众人"坚请不已"，然后顺势登上皇帝宝座，这样不是显得既谦恭又众望所归吗？但是，两白旗并不相让。他内心愤懑，随即暂退。在激烈争执的气氛下，两黄旗大臣佩剑向前说："我们这些人吃先帝的，穿先帝的，先帝对我们的恩情有天大。要是不立先帝的儿子，我们宁可以死追随先帝于地下！"这时，礼亲王代善见形势不对，以年老不预朝政而离席，英郡王阿济格随后以不立多尔衮而退出，豫郡王多铎沉默不发一言。这就出现了"定议之策，未及归一"的僵局。

在这剑拔弩张、互不相让的紧要关头，表面憨厚而内心机敏的郑亲王济尔哈朗提出了一个折衷方案：让既是皇子、又不是豪格的福临继位。多尔衮权衡利弊：如果自己强行继位，势必引起两白旗与两黄旗的火拼，其后果可能是两败俱伤；让豪格登基，自己既不甘心，还怕遭到豪格报复；而让年幼的福临继位，则可收到一石三鸟之利——打击豪格，自己摄政，避免内讧。所以，多尔衮说："我赞成由皇子继位，皇子当中豪格提出他不继位，那就请福临继位。福临年纪小，郑亲王济尔哈朗和我辅政。"豪格也不好反对。

于是，6岁的福临意外地坐上了大清国皇帝的宝座。这有点像天助神佑，但也并非找不出事理的根据来。正如一位哲人说过，在权力争夺的平行四边形诸力中，两条边的两个不同方向的分力，斗争的结果，既不是这条边的力，也不是那条边的力，而是对角线的力，也就是两个分力所产生的一个合力。福临，幸运地成了这条权力斗争中的"对角线"。

  这一切都来得太突然，甚至令人来不及思索；这一切又来得太轻易了，真是"天福降临"。

2. 清算皇叔罪行，独断朝纲

权力的尊严是不容侵犯的，在家天下时代更是如此。皇帝作为家族利益的总代表，必然要拥有绝对权力。多尔衮虽然有大功于爱新觉罗家族，然而他侵犯了皇帝的尊严。为了维护尊严，也为了维护整个家族统治的秩序，皇叔的生命就不得不牺牲了。

王位角逐的最终结果是落到了一个小孩的手中，然而一个年仅六岁的小孩在一群对皇位虎视眈眈，而又手握大权的权臣之间，感觉就像是一只待宰的羔羊。事实上，这位年幼的皇帝只不过是一个傀儡，权力集中在他的叔叔多尔衮手中。而皇帝之位之所以能落到这个六岁小孩的身上，据说跟其母亲——皇太后孝庄有莫大的关系。

摄政王多尔衮、皇太后孝庄二人的关系引起人们诸多遐想和猜测，生发出无数版本的传闻和野史，成为清初四大疑案之一的"太后下嫁"。太后（即孝庄）有无下嫁多尔衮，正史并无记载，史家也各执所见。

多尔衮是努尔哈赤第14子，为乌拉那喇氏阿巴亥所生。种种迹象表明，在努尔哈赤晚年纷繁复杂的储位之争中，皇太极与原居侧福晋之位的阿巴亥，曾联手诬告大福晋富察氏与太子代善私通等罪，达到了一石二鸟的目的：皇太极争位的主要对手代善被废太子之位，另一个对手莽古尔泰遭到了惨重打击；大福晋富察氏被努尔哈赤休弃，阿巴亥晋升为努尔哈赤的第三个大福晋，其子多尔衮三兄弟的地位也由此急剧上升，分别以14岁、8岁、6岁幼龄跻身八和硕额真之列。

争夺王位失败之后，掌握大权的多尔衮敏锐地抓住时机，接受明朝山海关总兵吴三桂的请求，亲率大军入关，击败了刚刚推翻明王朝的李自成领导的农民起义军，一举占领北京。顺治元年（1644年）九月，多尔衮奉迎两宫皇太后和幼帝福临入京，定鼎中原，实现了努尔哈赤和皇太极梦寐以求的夙愿。多尔衮在分兵南下继续征战的同时，又取法于前明，制定各种规章制度。他总揽朝纲，尽心王事，在明、清王朝更替的历史中起了重要作用，其权势越来越大，地位也越来越高，称号由"叔父摄政王"进为"皇叔父摄政王"，直至"皇父摄政王"，等于就是太上皇了。年幼的顺治皇帝形同虚设。

天有不测风云，顺治七年十一月，多尔衮出猎古北口外。行猎时坠马跌伤，医治不得要领，十二月初九日死于喀喇城，享年39岁。灵柩运回北京，顺治帝追尊他为义皇帝，庙号成宗。多尔衮的葬礼依照皇帝的规格办理，埋葬在北京东直门外。

政治舞台的幕后，隐藏的是鲜血淋漓的残杀。以权力争夺为中心内容的宫廷矛盾，沉寂数年之后，又以多尔衮之死为突破口，犹如火山一样爆发出来。

顺治八年正月，多尔衮的贴身侍卫苏克萨哈向顺治皇帝递上一封检举信，揭发多尔衮生前曾与党羽密谋，企图率两白旗移驻永平（今河北卢龙县），"阴谋篡夺"；又说他偷偷制成了皇帝登基的龙袍服装，家中还收藏着当皇帝用的珠宝。

这时，只有13岁的顺治皇帝，第一次亲理朝政。他召集王爷大臣密议，公布郑亲王济尔哈朗等的奏折，历数多尔衮的罪状，主要是"显有悖逆之心"。少年天子福临向诸位王爷宣告说："多尔衮谋逆都是事实。"于是，多尔衮被撤去帝号，连他的母亲及妻子的封典都被削夺了。

当时在北京的意大利传教士卫匡国在《鞑靼战纪》中记载说："顺治帝福临命令毁掉阿玛王（多尔衮）华丽的陵墓，他们把尸体挖出来，用棍子打，又用鞭子抽，最后砍掉脑袋，暴尸示众，他的雄伟壮丽的陵墓化为尘土。"1943年夏天，盗墓者曾将多尔衮陵墓的正坟挖开，只见地宫中摆放着一只三尺多高的蓝花坛子，里面放着两节木炭。当时看管墓地的汪士全向盗墓者解释说："九王爷身后被论罪，其中的金银元宝都被掘去，据说坟地遭过九索（挖抄九次）。坛子是骨灰罐，是一个虚惊位（象征性的尸棺）。"由此可见，顺治皇帝对多尔衮的仇恨有多深。

顺治帝福临仇恨多尔衮，其中的原因有很多：多尔衮的确是想当皇帝的，暂时没当皇帝只是一种策略而已，但对小皇帝却是个寝食不安的威胁。顺治五年十一月，他凭借自己的权力，再加皇叔父摄政王为皇父摄政王，用皇帝的口气批文降旨。当时人写的《汤若望传》说："他穿的是皇帝的服装。"顺治七年七月二十五日，在他的操纵下，追封自己的生母、努尔哈赤的大妃纳喇氏为太皇太后，他自己则完全以皇帝的面目出现。顺治十二年，福临在对诸王大臣回忆当时的事时说："那时摄政王摄政，朕只是拱手做点祭祀的事，凡是国家的大事，朕都不能参与，也没有人向朕报告。"多尔衮一旦机会得手，亲自登上皇帝宝座，没有任何理由排除这种可能。

逮杀豪格后强占他的妻子，是多尔衮引起福临愤怒的一个重点。顺治元年四月，以往支持豪格的正黄旗头子何洛会，向多尔衮告发豪格图谋不轨，说豪格后悔当初在继位大事上有失谋算。其中有一句侵犯多尔衮的话说："我豪格恨不得扯撕他们的脖子。"多尔衮以"诸将请杀虎口王（豪格）"为由，企图谋杀豪格。由于他的同胞弟弟顺治小皇帝哭泣不食，才得以免死。顺治五年，反对豪格的人建议将豪格处死，多尔衮假惺惺地说："如此处分，实在不忍！"便将豪格幽禁起来，这等于判了豪格无期徒刑。数月后，豪格就不明不白地惨死在狱中。顺治七年正月，多尔衮强迫豪格的福晋（妻子）博尔济锦氏做自己的妃子，又害怕此事贻笑后人，就秘密布置大学士刚林在史档中不要留下任何痕迹。

  在对叔叔的清算中，小皇帝顺治终于开始了自己正式的皇帝之路，从此君临天下，大权独揽。

3. 重用汉官，巩固大清江山

作为骑在马背上的民族，满族及其统治者爱新觉罗家族囿于自身的局限，想要管理好这个国家，还需更多的智慧。这就要求爱新觉罗家族去吸收那些原来统治阶级中的一些杰出人士，将更多的高门大族拉进自己的阵营，依靠他们的力量来维护自己的统治，使皇权更稳固。

顺治很明白，要想加速统一中国的进程，巩固大清江山，必须强化对汉族官员的依靠。在他亲政以后，清廷中汉官的地位和作用发生了明显的变化。原来清廷有一条旧规，汉官在各衙门中不能掌印，即不能当家做主。顺治亲政不久就规定，谁的官衔在前，谁就掌印。顺治十二年（1655年）八月，都察院署承政事固山额真卓罗奉命出征，顺治即命汉官承政龚鼎孳掌管部院印信。龚鼎孳闻命后，诚惶诚恐，战战兢兢，以一向以满臣掌印上疏推辞，但顺治仍坚持让他掌印。从此以后，汉官掌印才正式作为一种制度确定下来。内阁大学士起初满人是一品，汉人只是二品，顺治十五年（1658年）改为全是一品。六部尚书起初满人一品，汉人二品，顺治十六年（1659年）也全部改为了二品。

汉族大学士洪承畴、范文程、金之俊等，既熟悉典章制度，又老谋深算，富有政治斗争经验。顺治对他们都很信任和重用。他亲政不久，就任命范文程为原先全由满人出任的议政大臣，使之得到了汉人从未得到的宠遇。顺治与范文程常在一起探讨如何治理国家的问题。范文程建议他统治者所实行的政策，要顺乎民心、合乎潮流，并提出兴屯田，招抚流民，举人才。范文程的不论满汉亲旧、不拘资格大小、不避亲疏恩怨等重要建议，大多被顺治采纳。顺治与范文程过从甚密，常在其陪同下"频临三院""出入无常"，宫廷内院几乎成了范的"起居之所"，连朝中一些汉官也为之不满，顺治却毫不在意。范文程在他手下屡屡加官晋爵，当范文程年老体衰、上疏乞休时，顺治仍然恋恋不舍，命他养好病后再加召用。

顺治重用和宠遇汉官，就是要"图贤求治"，使清王朝长治久安。但是，在他内心深处，仍存在着满洲贵族对汉人本能的一种猜忌心理。他最担心汉官结党，因此时时加以防范。顺治十年（1653年）四月，大学士陈名夏、户部尚书陈之遴、左都御史金之俊等27名汉官联名上疏，要求重治杀害妻妾的总兵任珍。顺治立即警觉起来，认为陈名夏等人是党同伐异，便令各部七品以上官员云集在午门外，对陈名夏等人议罪。结果，陈名夏等人分别受到降级、罚俸的处分。后来，大学士宁完我又以痛恨剃发、鄙视满族衣冠、结党营私、包藏祸心的罪名弹劾陈名夏，使他终被处决。类似这样的猜忌、防范乃至加害汉官的事时有发生，但总体来看，顺治对汉官还是信任和重用的，也正是由于这些人在他统治期间助了他一臂之力，才使这位年轻的皇帝尚能有所作为。

顺治八年（1651年），由大学士范文程引见，福临与汤若望相识了，这位年已59岁、学识高深的外国传教士很快就博得了年轻皇帝的好感和敬仰。这一年，汤若望被诰封为通议大夫，他的父亲、祖父被封为通奉大夫，母亲和祖母被封为二品夫人，并将诰命绢轴寄往德国。不久汤若望又被加封为太仆寺卿，接着又改为太常寺卿。

顺治十年（1653年）三月，又赐名汤若望为"通玄教师"。顺治皇帝不仅使他生前尊贵荣耀，连他的身后之事也考虑到了。顺治十一年（1654

年）三月，就将阜成门外利玛窦墓地旁的土地赐给汤若望，作为他百年后的墓穴之所。后来，顺治亲笔书写"通微佳境"的堂额赐给他悬挂在宣武门内的教堂内，还撰写碑文一篇，刻于教堂门前，赞扬他"事神尽虔，事君尽职"。在顺治的恩宠下，汤若望真可谓是爵位连进，尊荣有加。因顺治的母亲孝庄皇太后认汤若望为义父，他便按满族习惯尊称汤若望为玛法，意即"爷爷"。

顺治对汤若望这种不同寻常的恩宠，原因究竟何在？他曾经对左右大臣这样说过："汝曹月语我大志虚荣，若望则不然，其奏疏语皆慈祥，读之不觉泪下。"又说："玛法为人无比，他人爱我，惟因利禄而仕，时常求恩；朕常命玛法乞恩，彼仅以宠眷自足，此所谓不爱利禄而爱君亲者矣！"

对皇帝的知遇之恩，汤若望感激涕零。因而，他常常直言以谏，为顺治帝执政出谋划策，充当着心腹顾问的角色。顺治皇帝临终时议立皇嗣，还专门征求汤若望的意见。

顺治帝年幼时，由于多尔衮的漠不关心和有意放任，始终没有受到应有的教育。至他亲政时，对汉文依然十分陌生，甚至在阅读汉大臣的奏章时，往往茫然不解其意。为此，顺治帝在亲政以后曾以极大的毅力苦读汉文书籍。他把乾清宫当作书房，摆放了数十个书架，经史子集、稗官小说、传奇时艺等无不有之。殿中还摆列长几，放置商彝周鼎、印章画册等文物。他每天除了处理军国大事外，都读书至深夜。有时五更起床读书至黎明拂晓，直到能够流利地背诵，方始罢休。为了保证有充足的读书时间，他还规定每月中逢五为视朝之期。短短的几年，福临对先秦、两汉和唐宋八大家的著作，明朝各个皇帝的实录，以及元明戏曲、话本等，无不涉猎，学识不断长进。他对当时著名小说评论家金圣叹评点的《西厢记》曾写下评语："议论颇有遐思、未免太生穿凿，想是才高而见僻。"足以显示福临对汉族文化的理解已经达到相当高的水平。平日，他也能够熟练地运用汉语批阅奏章,评定考卷了。

几年的读书生活,不仅大大提高了福临的汉文化造诣,而且使他体会到历代皇帝的丰富统治经验,十分推崇并决心效法历史上的贤主明君。顺治十年正月,16岁的顺治帝到皇宫内院阅读《资治通鉴》,问身旁的大学士范文程、陈名夏等人:"自古帝王圣如尧舜。固难与比伦,其自汉高以下、明代以前,何帝为优?"诸臣回答说:"汉高、文帝、光武、唐太宗、宋太祖、明洪武俱属贤君。"他又问:"此数君者又孰优?"陈名夏回答说:"唐太宗似过之。"福临并不完全赞同,随即指出:"岂独唐太宗,朕以为历代贤君莫如洪武。何也?数君德政有善者,有未尽善者,至洪武所定条例章程、规划周详,朕所以谓历代之君不及洪武也。"这充分表明,他要以明太祖制定的典章制度等作为自己的典范,以巩固清朝的统治。福临亲政后,正是在汉族的历史文化熏陶下锐意图治,才使多尔衮摄政时的草创局面更加巩固,这也深刻影响到他的后代子孙。

顺治帝十分懂得儒家"文教治天下"的道理,竭力以尊孔和提倡封建礼教来完善和巩固清朝的统治,使自己在人民心目中树立起传统道德捍卫者的形象。顺治八年四月,年仅14岁的顺治帝遣官赴山东曲阜祭孔。次年九月,他又亲自到太学"释奠先师孔子"。以后几年,他还大修孔庙,更定孔子的谥号为"至圣先师"。他命内院诸臣翻译"五经",并亲自主持编纂《顺治大训》《资政要览》《劝善要言》《通鉴全书》,提倡封建的纲常名教。同时,特命大学士冯铨等主编《孝经衍义》颁行天下,大肆旌表忠孝节烈。他还多次亲祭明陵,为崇祯立碑,赞扬崇祯"励精图治",追谥为庄烈愍皇帝,并给为崇祯帝殉难的太监王承恩建墓立碑,赞扬王承恩"赴义捐躯","无愧臣节",谥号为"忠"。又为明末"殉难诸臣"范景文、倪元璐等人"给谥赐祭"。这对于缓和汉族地主阶级与满族贵族的民族矛盾,起了显著作用,为大清江山的稳固奠定了坚实的基础。

4. 传子不传贤，染"天花"获皇位

继承人的选择对一个家族、一个国家来说都是至关重要的，它关乎社稷的稳定，家族的兴衰。而在封建统治者看来，家族的利益更高于国家的利益。为了保证权力的一脉传承，他们的选择范围是狭小的，能力是次要的，血缘才是首要决定因素。

顺治十八年（1661年）正月初七日凌晨，清朝定都北京后的第一位皇帝、年仅二十四岁的顺治帝福临因患天花逝世于养心殿。遗诏指定八岁的皇三子爱新觉罗·玄烨为皇太子。

据史书记载，顺治帝思考后事的安排可能是从正月初二日开始的。因为那一天早晨，当学士王熙到养心殿问安时，顺治帝把他留在身边，直到晚上才出宫。他们具体谈了些什么内容，已不得而知。然而，第二天，他又主动召见王熙，并让他靠近自己的床边说话。王熙在日记中写道："是日，奉天诏面谕者关系重大，并前此屡有面奏，及奉谕询问密封奏折，俱不敢载。"王熙在自己的日记中都不敢把这些"关系重大"的内容记下来，可见君臣之间所谈论的内容除了继承人和其他重大的人事安排之外，就是对自己政务得失的反思和对后事的担忧等。

病榻上的几天，也许是顺治帝一生考虑问题最多的几天。尽管他已厌弃无聊的后宫以及繁杂的政务，但他可不敢拿祖宗浴血奋斗打下的江山

来开玩笑。执政17年来，无论是叔王多尔衮摄政，还是自己亲政，凡有闲暇，他便读书写字，已有很高的文化素养。他在史书中得知，在绵延几千年的各代王朝史上，为争夺皇位的惨杀和流血，既不讲什么君臣大义，也不顾什么骨肉亲情，宫廷和皇位的上上下下早已浸透了斑斑血迹。从自己的父亲皇太极即位和自己被推上宝座也都莫不如此。现在他唯一能做的，就是慎重地、充分地利用自己的权力做最后一次妥善的安排。至于自己死后如何，他当然不愿往坏处想。

初六的半夜，顺治帝感到自己不行了，急忙将学士麻勒吉、王熙召至养心殿，对他们说："朕患痘，势将不起，尔可详听朕言，速撰诏书。即就榻前书写。"王熙泪如雨下，话都说不成句。顺治帝又说："朕平日待尔如何优渥，训尔如何详切，今事已至此，皆有定数。群臣遇合，缘尽则离，尔不必如此悲痛。此何时，尚可迁延从事，致误大事？"王熙垂泪从命，在床前匆匆写下遗诏的第一段。此时顺治帝已疲惫不堪，由于于心不忍，王熙便请求顺治帝照以前所谈，等把诏书全部拟就再行进呈。顺治帝只得点头同意。麻勒吉、王熙二人赶紧到乾清门西朝房内起草了皇帝的遗诏。随后三次进呈，三次改动，直到第二天红日西坠才算最后定稿。几个小时后，顺治帝就去世了。

正是在这个长达千余字的遗诏中，皇三子第一次有了一个汉文名字：玄烨，并被指定为皇位继承人，然而这并不是顺治帝的本意。清朝初年，还没有像以前的中原王朝那样建立起一种稳定的立储制度——嫡长子继承制度。因此，顺治帝最初考虑的人选并不是自己的儿子，而是自己的弟弟。

在顺治看来，只有立一位年长的继承人才可能避免幼主临朝所产生的种种危机，而当时他的儿子最大的也只有八九岁，所以他排除了传子而决定传贤。但他的兄弟中也没有一个可以委之重任的人，因此便想到一个能干的堂兄弟——安亲王岳乐。

顺治的安排，遭到孝庄皇太后的断然否决。在孝庄看来，帝系的转移所引发的问题比幼主临朝还要错综复杂。即使到了生命的最后一刻，母子之间依旧不能沟通。已经没有更多的时间进行争论了，孝庄皇太后立即派人把传教士汤若望请进紫禁城进行磋商。

顺治帝当时已有8个儿子，长子和四子已夭折。剩下的6个儿子是：9岁的二儿子福全，8岁的三儿子玄烨、5岁的五儿子常宁、3岁的六儿子奇授、两岁的七儿子隆禧和八儿子永干。有人说皇太后原本指望继承人能仍出于自己的蒙古博尔济吉特氏，因此不仅连续给顺治帝册封了两位这个家庭的皇后，另外还把四个姓博尔济吉特氏的女子册封为妃子。不过，值得深思的是，不仅两个皇后不为顺治帝所喜爱，连遭挫折，且六位女子都没有为顺治帝生下一男半女。那么，皇太后如果确实有这种打算的话，现在也是全部落空了。皇帝既然没有嫡子（皇后所生之子），就只能在庶出诸子中选择。常宁以下不是咿呀学语，便还在襁褓之中，只有福全和玄烨两个尚堪择取。玄烨聪明好学，早为皇太后所垂爱，福全虽年长一岁，但却有一只眼睛失明。因此，皇太后最终选择了玄烨。

汤若望建议册立已经生过天花的皇三子为继承人。当时为促成这样一个决断所提出的理由，是因为这位年龄较幼的皇子，在髫龄时已出过天花，不会再受到这种病症的伤害，而那位年龄较长的皇子，却尚未出过天花，时时都得小心着这种可怕的病症。

清代皇帝朝服"玛法"的意见值得重视，"玛法"的理由更使顺治帝折服。自己即将被天花夺去生命，还有什么能比这个理由更能打动他呢？就这样，清朝入关后最高权力的第一次移交，竟是因一位皇帝死于天花，一个不会再得天花的、本不受父皇关注的皇子立即身价百倍，小玄烨脸上的麻点顷刻间竟成了他成为帝王的资本。

在有生之年，顺治所做的最后一件事也是违心的，他的传贤不传子的主张不仅遭到皇太后的反对，也遭到两黄旗大臣以及汉族官员的反对，就连他一向尊重、信赖的"玛法"汤若望也站在了太后的一边。

已经没有体力争辩的顺治,颁布的最后一道命令就是:册立八岁的皇三子为皇太子,赐名玄烨,同时挑选最为忠诚的索尼、苏克萨哈、遏必隆、鳌拜作为辅政四大臣,以明年(1662年)为康熙元年。

于是,那位三岁时因患天花而不死的皇子——玄烨,在继位后却成为了中国历史上少有的勘与唐宗宋祖比肩而立的皇帝。所谓大难不死,必有后福,用在他身上真是再合适不过了。

第四章 康熙 雄才开盛世 伟绩铸丰碑

　　清圣祖康熙，名爱新觉罗·玄烨（1654—1722年），顺治十一年三月十八日（1654年）生于北京紫禁城景仁宫，佟妃之子。在位61年（1661—1722年），是中国历史上在位时间最长的皇帝。康熙执政期间，撤除吴三桂等三藩势力（1673年），统一台湾（1684年），平定准噶尔汗噶尔丹叛乱（1688—1697年），并抵抗了当时沙俄对我国东北地区的侵略，签订了《尼布楚条约》，划定中国东北边界。他在承德修建了避暑山庄，作为与北方游牧民族交往的基地。

　　从社会经济的角度考察，康熙采取了一系列有利于国计民生的政策：积极鼓励垦荒，废止圈地令，实施更名田；整修黄河、淮河、运河的水利工程。尤其是在康熙五十一年（1712年）决定"永不加赋"，取消新增人口的人头税，并最终演变成"摊丁入亩"制度，并大蠲赋税。这些最终促进了农业经济的发展，表现为耕地面积的迅速扩大、粮食产量的提高与经济作物的广泛种植，奠定了所谓"康乾盛世"的基础。

1. 除权臣，延续家族权力

功高盖主的事情在历代统治者的周围时有发生，然而，天不能有二日，一山不能有二虎，否则正常的统治秩序就会被破坏。作为权力的所有者及其支持者是绝对不会容忍的，而最终的结果就是一方退出权力的舞台。

顺治帝在临终指定皇太子时，还亲自从直属皇帝的上三旗中选任四名亲信大臣，令其辅助幼帝，佐理政务。遗诏宣称："特命内大臣索尼（正黄）、苏克萨哈（正白）、遏必隆（镶黄）、鳌拜（镶黄）为辅臣。伊等皆勋旧重臣，朕以腹心寄托，其勉矢忠荩，保翊冲主，佐理政务，布告中外，咸使闻知。"顺治帝的这一决策，是和其母太后博尔济吉特氏经过斟酌、选择，并在母后亲自主持下实现的。它标志着康熙初年四大臣辅政体制的形成。从此时至康熙八年（1696年）五月，捉拿鳌拜，废除辅臣，凡八年零五个月，史称"辅政时期"。

那么，四位辅政大臣怎么会有此独特的待遇呢？

索尼，姓赫舍里氏，满洲正黄旗人。其父亲和叔叔在努尔哈赤时，都是非常被信任的文人。皇太极执政时，索尼因久在戎行，出生入死，屡立战功，成为一个不可忽视的战将。皇太极死后，两黄旗大臣坚决主张立顺治帝接位，索尼与其他五人盟誓于盛京三官庙，坚决辅佐幼主。入关后，畏于多尔衮的权威，盟誓之人多依附多尔衮，索尼却坚决自矢，不肯投靠，被罢官抄家，遣放回盛京，那时他已48岁。三年后，顺治帝亲政，索尼被召回京，晋封一等伯爵，为内大臣兼议政大臣，总管内务府。到出任辅政时，他已60岁，成为历事四朝的老臣。

资望不如索尼的苏克萨哈，姓纳喇氏，满洲正白旗。他的父亲曾以归顺之功得以娶努尔哈赤的女儿为妻，因此，事实上他与顺治帝为姑表兄弟。尽管他所立战功较少，但因为他以多尔衮所领正白旗属下的身份，在多尔衮死后率先揭发多尔衮阴谋篡逆，反戈一击，大受顺治帝和皇太后的赏识。此后又在湖南、湖北大败抗清义军，被提升为领侍卫内大臣。因此，成为正白旗中举足轻重的人物。

籍隶满洲镶黄旗的遏必隆，姓钮祜禄氏，是清朝开国功臣——"五大臣"之首的额亦都的第十六子。在明清争夺辽西及洗劫中原的军事行动中多次立功。因反对多尔衮专权，被剥夺官爵牛录，抄没一半家产。顺治帝亲政，他不甘沉沦上书论冤被起用，后封一等公，升任议政大臣，领侍卫内大臣。

鳌拜与遏必隆同旗，姓瓜尔佳氏，为清初开国功臣费英东的侄子。在清朝初年，鳌拜堪称一员不可多得的战将，几乎所有重大战事都曾领兵参与，以身先士卒、骁勇善战立大功无数，有"勇士"（满语称："巴图鲁"）之称。皇太极死后，誓死主张立其子为君，因而积怨于多尔衮，被三次论死，只因功高而幸免于难。多尔衮死后，其被命为议政大臣，进世袭二等公，又升任领侍卫内大臣。

由此可知，这四个异姓大臣被委以重任，主要是因为这四人不仅都是皇帝亲领的上三旗（镶黄、正黄、正白）中家世显赫、屡建勋劳的功臣，在本旗有一定的影响力；也因为他们在支持皇统继承，反对多尔衮专权擅政的重大政治事变中，旗帜鲜明、态度坚决，甚至因此受到迫害。更值得一提的是，其中三人任领侍卫内大臣，掌握着全部宫廷侍卫的指挥权，一个为内务府大臣，总领全部宫廷事务。这种安排确实是煞费苦心，但又万般无奈。这是太皇太后又一次面临幼君登位，基于半生风风雨雨的经验和智慧的安排。她已保住了儿子的江山，现在她又要为使孙子安然于位，含悲忍泪，借用儿子的亡灵有序地导演出一幕幕群臣宣誓效忠的场面。

四大臣唯恐变革旧制引起诸王口服心不服，所以在将遗诏奏知太后当众宣示之后，便立即对下五旗诸王贝勒等明确提出这一问题。索尼等跪告说："今主上遗诏，命我四人辅佐冲主，从来国家政务惟宗室协理，索尼等皆异姓臣子，何能综理？今宜与诸王贝勒共任之。"其实诸王贝勒对此种安排也难免心怀不满，但以往皇位传承之际争杀流血的恐怖早已令人不寒而栗，一言不慎，便可以违背先帝遗诏之罪而立招杀身之祸。更何况当此大局已定之时，宗室之间也各有盘算，谁肯妄动，便要当乱臣贼子之名，因此都很客气地表示："大行皇帝深知汝四人之心，故委以国家重务。诏旨甚明，谁敢干预。"尽管如此，四人仍心怀顾忌，再奏请太皇太后，回答仍是肯定的。到这个时候，已没必要虚情假意，四人压抑着激动兴奋的心情接受了辅政之职，当即在顺治灵前宣誓就职。

辅政伊始，鳌拜等人便打着遵守"先帝遗命"的旗号，实行了如下正确的措施：

1. 积极整顿吏治

针对迅速腐败下去的吏治，鳌拜等辅政大臣进行了积极的整顿和改革，以提高行政效率和官员的办事能力，清除官场恶习。

根据《清圣祖实录》记载，辅政仅仅半个月之后，鳌拜等辅政大臣就以康熙皇帝的名义诏谕各官："朕以冲龄践阼，初理万机，所赖尔大小臣工，同心协力，矢效赞襄。"次日，兵部尚书兼都察院左都御史阿思哈就提出对巡按的十项要求，对能够"恪遵上谕，洁己爱民，奖廉去贪，兴利除害……又能大破情面，纠察地方恶宦劣衿者"分别升迁；能"谨慎奉法，察吏安民者"仍留原任；"行事碌碌，无实政及民者"降调外用；而

"徇情贪贿者"要革职治罪。奏上之后，御批："这所议各款，务须恪遵力行，不得视为虚文，著通行严饬。"

鳌拜还曾经于1665年春命令有关各部门严查督抚在地方的劣政，1666年初又下令对公然受贿的地方督抚大员"从重治罪"。鳌拜是这么说的，也是这么做的。仅1667年一年之内，就将贪酷、不谨、罢软、年老、有疾、才力不及、浮躁等官共563人革职，还裁撤了各省大小衙门官吏3849名。

此外，根据《清圣祖实录》记载，为了提高行政效率，1660年春，鳌拜还要求所有官员"进奉本章，关系政务，应切实陈奏……事情正理，明白敷陈，不得用泛泛文词"，还在明朝规定所有本章不得超过一千字的基础上，再度减少到所有本章不得超过三百字。与此同时，还规定了完结事务的时限。

2．努力发展经济

鳌拜辅政时期，在经济上采取了一系列措施，努力发展经济。这其中，最为重要的措施有如下两个方面：

一是奖励垦荒。奖励垦荒这项措施实际上是中国古代比较有作为的封建王朝建立初期通用的措施，鳌拜辅政时期也不例外。但是在具体措施上，除了实施一些以前历代王朝都能够实行的诸如开荒归己、开荒者减免赋税、以垦荒的数量作为对地方官员奖惩的标准、灾荒年间减免赋税、开仓赈济等措施之外，鳌拜辅政时期还有很多创新，这在当时是十分难能可贵的。这其中，最为突出的是，在政府财政十分拮据的情况下，鳌拜还命令发给各地穷苦百姓及投诚官兵耕牛、种子和银两，为他们创造垦种田地的有利条件。这在以前是少有的。又如根据《明清史料》丙编第十本记载，清朝初年，由于连年战乱，导致四川地区人烟稀少、经济衰败。在这种情况下，鳌拜提出"无论本省、外省文武官员，有能招民三十家入川、安插成都各州县者，量与纪录一次；有能招民六十家者，量与纪录二次；

或至百家者,不论俸满,即准升转"。这对恢复发展四川的经济有着非常重要的意义。

二是实行"更名田"。鳌拜辅政时期,在经济上的一个最为后代历史学家肯定的德政,就是实行"更名田"。这项措施,也是他在担任辅政大臣的过程中最后的辉煌(因为在这件事情完成之后仅仅两个月,他就被康熙皇帝拿下了)。

1669年春,鳌拜下令"命查故明废藩田房……给予原种之人,令其耕种,照常征粮",并"将无人承种余田,招民开垦",这就正式承认了农民在明末起义中获得的部分成果。

3.减少军事行动

鳌拜虽然是追随皇太极马上得天下、号称"万人敌"被赐号为"巴图鲁"的重要军事将领,但是他在辅政时期,大清王朝在军事方面的政策和行动却是很有节制的。

导致鳌拜减少大规模军事行动的原因,一方面是由于中原人民的强烈抵抗,另外一方面则是由于财政方面的困难。鳌拜知道,军事开支实际上是个无底洞。若一味进攻,大清王朝很有可能步前明后尘,迅速衰落下去。因此,他们在消灭了南明永历政权之后,就迅速宣布:"从此大兵得以休息,粮饷不致靡费。宣诏中外,咸使闻知。"从而把完全统一中国的任务交给了后来的康熙皇帝。

这个时期大清王朝的政策和行动取得了明显的效果,也为1683年最终统一台湾创造了良好的条件。

应该说,鳌拜在任辅政大臣的时候,还是为大清帝国作出了很大贡献的。然而随着时间的推移,鳌拜和康熙之间的矛盾开始变得尖锐起来。随着康熙年龄的增长,那些由辅政大臣行使的权力势必要交还给他,然而,权力这个东西得来不易,一般人很难抗拒它的诱惑,鳌拜就是这样一个禁不住诱惑的人,他迟迟不愿将手中的权力还给康熙。

第四章 康熙 雄才开盛世 伟绩铸丰碑

康熙六年（1667年）七月初七，康熙在太和殿举行亲政大典。当时位列辅政大臣之首的索尼于该年六月二十三日病故，鳌拜则以辅臣之首自居。在长达七年的辅政期间，鳌拜利用索尼年老多病、遏必隆生性懦弱之隙，网罗党羽，安插亲信，大权在握，诛杀异己。康熙亲政后，鳌拜依旧结党营私，户部满尚书出缺，康熙已任命玛希纳出任，鳌拜却任命党羽玛尔赛，强行增设一名满尚书。

同年七月十九日鳌拜不顾康熙帝反对，将反对换圈的辅政大臣苏克萨哈处死。

苏克萨哈之母系努尔哈赤第六女，隶满洲正白旗。顺治八年（1651年）二月因告发摄政王多尔衮殡服违制而受到顺治帝的器重，顺治十八年正月初七遗命辅政。苏克萨哈与两黄旗大臣索尼、遏必隆、鳌拜同列辅政之列。因两黄旗与两白旗在继立问题上所存在的积怨，苏克萨哈在换圈以及处置反对换圈的满汉三大臣等问题上均与鳌拜意见相左。为了遏制鳌拜专权，苏克萨哈一再"自行启奏"吁请皇帝亲政，并明确表示："夕归政于皇上，朝即具疏往陵寝居住（为顺治帝守陵）"，绝无恋栈之意。在康熙亲政后第六天（七月十七日），苏克萨哈疏请"往守先帝陵寝"。鳌拜遂假传圣旨，"著议政王大臣会议具奏"。

七月十五日，鳌拜党羽、大学士班布尔善罗织苏克萨哈二十四大罪状，诸如"背负遗诏""欺藐皇上""背负先帝"等，交议政王大臣会议。七月十七日在鳌拜的干预下，议政王大臣作出对苏克萨哈及其子查克旦凌迟处死，对苏克萨哈子达器、德器，孙侉克札、侄海兰等斩立决、籍没家产的议处。康熙"知鳌拜等怨苏克萨哈数与争是非，积以成仇"，"坚持不允所请"。鳌拜竟"攘臂捋袖"，咆哮御前，君臣争辩一天，其结果只是将苏克萨哈从凌迟处死改为绞刑。

由此，皇帝和权臣之间矛盾激化并进一步表面化，鳌拜的下台已经是迫在眉睫了。

鳌拜党羽遍及宫廷内外，朝廷上下，就连康熙的御前侍卫中都有鳌拜的党羽。如果明发谕旨逮捕鳌拜，"不免激生事端"，变生肘腋。康熙遂从小太监中择强壮者练习"布库"之戏（满语"摔跤"）。

1669年五月初，康熙帝召皇后叔父索额图（索尼次子）入宫对弈，安排逮捕鳌拜细节。五月十六日，鳌拜入宫议事，演习布库的小太监十余人将鳌拜生擒。索额图持皇帝谕旨把鳌拜死党班布尔善等十余人捉拿。五月二十八日经议政王大臣会议议处，宣布鳌拜"欺君擅权""阻塞言路""偏护本旗""上违遗诏、下虐生民"等三十条罪状，将其革职、拘禁；鳌拜之弟穆里玛、侄塞本得以及心腹党羽班布尔善等共计七人被处死。对于曾经党附过鳌拜的官员，康熙"姑从宽免"，令彼等"务须洗心涤虑，痛改前非，遵守法度，恪其职业"。

康熙在亲政两年后，始赢得朝纲独断。本来康熙皇帝宣布鳌拜是死罪，但他念在鳌拜立功不少的份上，宣布将鳌拜终身监禁。至此，权力终于回到了皇帝的手中。

年轻的康熙帝不动声色，从容不迫，处理问题有节有度，充分显示了他的聪明才干和大智大勇。他以自己的冷静，稳妥地把握住了时机，在沉默中控制着混乱的朝局。鳌拜集团的垮台一扫朝臣普遍的担忧情绪，人们在这一重大政治事件中，真正感觉到了年轻皇帝看似稚嫩，而实际透射出成熟和沉静中的老练，在随之而来的一系列问题的处理中，更看到了王朝的希望。

2. 维护中央集权，平定三藩

统治阶级内部并不是平顺的一块整体，为了权力，各种势力勾心斗角，尔虞我诈，矛盾甚至激化有至兵戎相见。爱新觉罗家族和地方的三大诸侯，在权力的分配上产生了不可调和的矛盾，终于导致了一场持久的战争。

康熙亲政后，将处置"三藩"看成是治国安邦的头等大事。所谓"三藩"，即顺治年间清廷派驻云南、广东和福建三地的平西王吴三桂、平南王尚可喜、靖南王耿继茂（后由其子精忠袭爵）。当时，他们奉命南征，击败南明政权及农民军余部，曾为统一中原做过贡献。但是，他们的权势也随之恶性膨胀，至康熙初年，已发展为新的地方割据势力，成为危害国家统一的症结。

诸藩势力的发展，与清初政治形势是有联系的。当时清朝统治者需要以高爵厚禄招降汉族将领，为其统一中原服务。孔有德、耿仲明（耿继茂之父）、尚可喜，原为辽东人，于天命六年三月清太祖努尔哈赤攻占辽东后，陆续去皮岛，投靠明总兵毛文龙。天聪二年六月，明蓟辽总督袁崇焕擅杀毛文龙，东江大乱，自相残杀，孔、耿、尚等辗转流徙，最后在走投无路的情况下，先后于天聪七、八年投降后金。清太宗皇太极出城十里相迎，隆重接待，并一反过去分拨降人隶属满洲八旗的惯例，授孔有德为都元帅、耿仲明为总兵官，命率所部驻辽阳，号"天祐兵"；授尚可喜为总兵官，命率所部驻海州，号"天助兵"。崇德元年六月，皇太极改国号为清，封孔有德为恭顺王、耿仲明为怀顺王、尚可喜为智顺王，并多方给予迁就和照顾。这时出现直属皇帝的三位汉人藩王，不仅于中央集权无害，反而有利于抵制满洲诸王，维护皇帝的地位和权势。崇德七年八月，皇太极分汉军四旗为八旗，命有德、仲明、可喜分隶正红、正黄、镶蓝旗。

　　清朝进关后，主要是在汉人居住地与汉人交战，所以很注意发挥汉人藩王的作用。顺治元年十月，命孔有德、耿仲明随大将军豫亲王多铎，吴三桂、尚可喜随大将军英亲王阿济格，从南、北两路进兵陕西，征伐李白山。顺治二年，下西安后，有德、仲明与多铎移师下江南，克扬州，取南京，消灭南明第一个政权——福王政权，八月班师；三桂、可喜与阿济格进兵湖广，追击李白山，即班师。如果说这时还是满汉合师进讨，那么从第二年起便逐步进入汉人藩王独自专征的阶段，由此也形成了三藩割据一方的局面。"三藩"分镇，曾取得显著效果。吴三桂于顺治十八年十二月率兵攻入缅甸，强行引渡永历帝及其眷属、随行官员，并另遣总兵追击、招降巩昌王白文选，不久晋王李定国亦死，云南底定。耿、尚分守闽、粤，亦曾有效地抵御郑成功的进扰。

　　随之而来的是"三藩"拥兵自重，权势日涨。云南每年耗饷最多时达九百余万，平时亦不下数百万，所以说"天下财赋，半耗于三藩"。而且三藩分别专制一方，严重侵犯了中央集权。吴三桂以功晋封亲王，总管云南、贵州二省文武军民一切事务。

　　"三藩"各自把持驻地财源，欺压百姓。在康熙初的十余年间，"三藩"的势力已越来越强，渐成尾大不掉之势。居功自傲的功臣在战争结束不久，已成了伏踞南方、危害国家安定的势力。形势的发展，向年轻的康熙皇帝提出严峻的挑战。

　　康熙亲政和擒拿鳌拜之后，专心学习经史典籍，更加清楚地认识到，

第四章 康熙 雄才开盛世 伟绩铸丰碑

"三藩"不能与宋初的开国功臣相比，而是属于唐末藩镇之流，势在必除。因此，更加紧进行撤藩的准备工作：整顿财政，筹措经费；扩编佐领，加强训练，提高八旗兵的战斗力；采取缓和民族矛盾与阶级矛盾的措施，以争取民心。此外，他还关心因反对吴三桂而遭到处罚的官员。九年，将因揭发三桂"阴谋不轨"而被判死刑的原甘肃庆阳府知府傅宏烈免死遣戍广西梧州；十年，康熙东巡至奉天（今沈阳），亲自召见因劾奏三桂而被流徙尚阳堡的郝浴。郝浴向皇帝"具陈始末"，康熙听后为之动容，"慰劳良久"，对他们寄予深切的同情与关怀。之后不久，又有南明遗臣查如龙窜至云南，煽动吴三桂反叛朝廷。此人于事泄之后被处死。从此朝廷对吴三桂的怀疑更深。三藩必撤之势已成，只待有利时机。

康熙十二年三月十二日，年已七旬的平南王尚可喜疏请归老辽东，并请以子尚之信袭爵，留镇广东。康熙觉得撤藩的机会来了，遂令议政王大臣会同户部、兵部以及吏部"确议具奏"。吏部以"藩王见存，子无移袭之例"驳回袭爵之请；议政王大臣会议又以"尚之信仍带领官兵居住粤东，则是父子分离，而藩下官兵父子兄弟宗族亦至分离"为由，作出"既议迁移，似应将该藩家属兵丁均行议迁"的议处，康熙立即批准撤藩之议。

该年七月初三，平西王吴三桂为窥清廷意向，疏请撤藩。同年七月初九，靖南王耿精忠疏请撤藩，议政王大臣遵旨会议，作出"应将王本身并标下十五佐领官兵家口均行迁移"的决定。八月初六，议政王大臣在对吴三桂疏请撤藩一事会议时，康熙作出"著王率领所属官兵家口，俱行迁移前来"的决断。

八月十五日，清廷派遣礼部侍郎折尔肯、翰林院学士傅达理前往云南经办撤藩事宜，遣户部尚书梁清标前往广东、吏部侍郎陈一炳前往福建办理撤藩事宜，于是三藩并撤。不久三藩公开反叛，正式起兵对抗清朝政府。历时八年，三藩之乱才被平定。这次平叛战争的胜利，清除了地方割据势力，避免了一次国家大分裂，有利于多民族统一国家的巩固和发展。同时，中央集权制力量得到加强，提高了抗御外敌的能力。康熙在平叛战争结束后，没收藩产入宫充当军饷，撤藩回京师。除吴三桂部调往边区站、台服役外，其余各部重新编入八旗。福州、广州、荆州派八旗兵驻防，广西、云南派绿营兵镇守，彻底消除了藩镇制。此外，这次平叛战争的胜利，意味着受"三藩"割据之害民众的解放，给这些地区社会经济的恢复和发展提供了必要的条件，从而有利于边疆和内地经济、文化的交流。

在这次战争中，康熙玄烨表现出杰出的政治、军事才能。他指挥有方，处置得当，临危不躁，谨慎地对待战局的变化，不急于求成，也不放过良好的进攻时机。对待将领，不论亲疏贵贱，一律赏罚严明，因而最终取得了战争的胜利。

3. 拉拢汉族士人，开考"博学鸿词"

能在马背上打江山，但却不能在马背上治国。要想得到不同民族的拥护，必须了解他们的心思，考虑他们的需求，满足他们的利益诉求。得了人心才好治国，家族的统治才能长久。

随着边疆及全国形势的逐步稳定，康熙帝觉得确实应该喘口气了。可是他心中明白，要在战场上以武力征服顽敌并不是难事，对他这样一个被汉人视为满洲夷人的帝王来说，化解民族歧视、缓和满汉之间的矛盾，使汉人心服，才是长期、艰难的事。

对此，康熙一直用尽心机，但仍时时感到满汉之间的隔阂未彻底消弥。既为征服者，当然要保证满族享有统治民族的特权。但如果对汉人歧视太甚，他们即使不公开反抗，也会心怀不满，以消极的方式不予合作，只有汉族人口百分之一的满族也像坐在火山口上，难以自安，更不要说达到天下大治了。他之所以事无巨细地亲自过问，凡事谨慎小心，不能不说与这一点有关。其实，自康熙帝即位开始，这一问题始终是急于解决的突出问题。而康熙帝也为此付出了艰苦的努力，取得了明显的成效。

顺治年间，由于对汉族官员的歧视，朝官中，同一官职，满官品级却高于汉官。如满洲大学士、尚书、左都御史等官居一品，而汉大学士只有五品，尚书、左都御史为二品，而其他职务也都是满员高于汉员。这种明显的歧视，不仅不能调动汉官的积极性，反倒使他们感到耻辱，使本来就难以诚心办事的情形更加复杂，有些汉官不过是混日子，三心二意地应付局面。康熙帝亲掌政务后，立即下令将满汉官员品级划一。尽管实际上在每个衙门中仍是满官作主，但起码在形式上一致起来了。就在康熙帝亲政前夕，他又下令"各省督抚，不论满洲、汉军、汉人，应简选贤能推用。至于提督总兵官，系防守地方，亦应不论满洲、汉军、汉人，简选贤能推用"。此旨一下，才逐渐改变了清初地方官总督、巡抚多用满人的局面，但是仍以使用旗人（满、汉军）为多。当然，这不完全是民族歧视的结果。清初，天下初定，民族矛盾尖锐，用满人可以放心，但对协调缓和民族关系不利，用汉人又难以担当责任。所以在相当长的时间内，主要使用的是汉军旗人。不过既然康熙帝明确表示"不问满汉，但选贤能"，对缓和对立情绪还是起到很大作用的。

同时，康熙帝又采取了另一项对汉族士大夫的招抚攻心之策。本来满族一入关，就恢复了科举取士制度，企图对汉族士大夫诱之以功名利禄。尽管随着清朝统治的逐渐巩固，有一些士大夫和年轻的读书人相继通过考试步入仕途，但一些学问素著、名望很高的大知识分子仇恨清朝，遁迹民间，仍不肯应试为官。这些人影响很大，往往享一方名望，具有号召作用。不与清朝合作倒无所谓，他们往往著书立说，鼓动复明之志，谩骂清朝之非，显然是新王朝的潜在威胁。因此，在顺治年间，清廷便多次派人到民间征访遗贤，又让地方官将所管范围内的隐逸、贤良征召为官，甚至下令："凡山林隐匿，有志进取者，一体收编。如有抗节不到，终身不得予试。"可这些人中的大多数不是我行我素，便是托词拒绝，就是不为所动，甚至还写诗讽刺那些应召者，是变节辱身，砚颜利禄。

康熙帝清楚，随着大规模战争的结束，对立情绪当然会逐渐缓和，因此，继续征召无疑是消除仇恨、表示诚意的合适办法。康熙九年，康熙帝以"孝康皇后升祔礼成"为词，颁诏天下，"命有司举才品优长"，对不自愿出来为官的遗老，举为"山林隐遗"之士，征聘到京，以便任用。但仍不见明显效果，宁波故明翰林院编修葛世振，关中名儒李颙见有征召之旨，竟称病坚决不就，卧床不起。后几年三藩之乱爆发，康熙帝虽然忙于战事，但却没有忘记收服人心的大计。当康熙十七年三藩被先后分化，在平乱转机已显的关键时刻，一道谕旨由京城发往全国各地："自古一代之兴，必有博学鸿儒，振起文运，阐发经史，润色词章，以备顾问著作之选。朕万几余暇，游心文翰，思得博学之士，用资典学。四海之广，岂无硕彦奇才，学问渊通，文藻瑰丽，可以追踪前哲者。凡有学行兼优，文词卓越之士，不论已仕未仕，令在京三品以上及科道官员，在外督抚布按，各举所知，朕将亲试录用。其余内外各官，果有真知灼见，在内开送吏部，在外开报督抚，代为题荐，务令虚公延访，期得真才，以副朕求贤右文之意。"

一场大规模搜访荐举人才的运动随着谕旨到处开展，在不长的时间内，即有170余人的名单上报朝廷。这一次，康熙帝成功了。

应该说，当时清朝30余年的统治，即使对三藩之乱的冲击仍无法撼动，可反清复明的前景也已无望，因为人们早已被战乱折腾得筋疲力尽，新一代出生并成长起来的人很难再有更多的对"异族"的仇恨。这一切是康熙帝施展策略的客观有利条件。当然一些气节坚劲，声望素著的大儒此生已矣，别无他求，仍难以就范。如顾炎武，当时已经65岁高龄，当征举诏书到日，他当即表示宁死不从，如定要相逼，就只有一死。弄到最后地方官也无可奈何。后来又被他的朋友，山西学颐列入征召对象。这次他虽以病为由拒绝，竟被强行连床一起抬到省城，最后绝食6天，并要自杀，才被放回家中。大儒傅山都被抬到京城，却抵死不肯入城，大哭大闹，也总算被免征。其他如黄宗羲、魏禧等也是非以自杀，便称病重。就是在名单中应荐者，有许多人也并非情愿，心存"走一遭"，对付一番了事。

康熙帝已经够满意了，他要好好利用这一机会，表明自己的宽宏大量以及诚意。尽管南方战火正炽,然而银装素裹的京城还是一派平静安宁,宫廷中又显现出数年少见的安详。十一月,各地被荐名士陆续抵达。康熙帝倒不急于开考这场被命名为"博学鸿词"的特科,他发下旨意说:冬季白天时间太短,不利于答卷,难以显示各学人的才华,可将考期后延,待来年春暖再行安排。同时命令主管部门——礼部妥善安置应试者的食宿,每月每人发给白银三两、白米三斗,不使各位有饥寒交迫的忧虑。

康熙十八年三月初一日(1679年4月11日),春风和煦,阳光普照,康熙帝一早排驾到堂子致祭,回宫登上太和殿。在一片礼乐和传呼声中,应试者排队进入太和门,齐集太和殿前,对皇帝行三跪九叩首礼,然后被引导至右侧的体仁阁下依次就座,准备应试。只见大学士捧来试题,试题是《璇玑玉衡赋》《省耕诗·五言排律二十韵》。上午十时,康熙帝又降旨赐宴体仁阁,并由大学士向与试者宣布。从来会试、殿试、馆试、状元、庶吉士都不赐宴,现在破例是皇上非常礼遇重视之意。然后由大学士、掌院学士等官员陪宴、赐茶。席间还向应试者透露说:本来大家都是很有才学被荐举,不必考试的,但考试更能显示才学,这是皇帝敬重的意思。

吃饱喝足之后,考试才正式开始。不过,应试者心中都清楚,这场考试不过只是走走形式,试题如此简单,要求又这样宽松,根本就不像是考试。几个小时后吏部将考卷收齐后,这场张罗半年的"博学鸿词"科便结束了。

次日,康熙帝在朝官和侍卫的簇拥下,带着试卷一路由京城南行,沿路春风杨柳万千条,田野中麦浪滚滚,白沟河水蜿蜒南流,他的心情好不轻松。在河北定兴附近的十里铺村一连住了5天,然后到保定,十四日返回京城。十几天中他看过了试卷,大致说来还算满意,只是其中有些应试者大概是故意没有认真答题。因此他也不想认真,便与阅卷官大学士李爵、杜立德、冯溥和翰森院掌院学士叶方蔼等共同商量录取,他认为那些特别有影响、有名气的人必须录取。本着这一原则,最后取中一等彭孙遹等12人、二等李来泰等30名。其中朱彝尊、潘耒等人甚至诗句不通、不合韵;毛奇龄诗中甚至有违碍字样;而严绳孙竟借口眼睛不好,只写了一首《省耕诗》,结果也一样都被录取。全部被授给翰林之职。其中朱彝尊、潘耒、李因笃等人从未进过官场,康熙帝都特加优待,授为翰林院检讨。尽管授官后,其中个别人心中还是不快,觉得这种"变节"行为有负为士名节,如李因笃授官之后不久,便数请"终养",康熙帝也并未过分勉强,还是让他回家奉养老母了。但无论如何,这种对遗民的宽忍重用,对慢慢缓解朝野的对立情绪起了重大作用。康熙帝收服人心之策,取得了初步成功。

其实,康熙帝早在举"博学鸿词"之前,便注意到开科举、设特科、召山林隐逸这些办法还有局限性。注重对读书人的召用,固然可以发挥广泛影响,但汉族地主有财势者和科举落第者也在很大程度上影响着人心向背,不能忽视。因此,三藩之乱发生不久后的康熙十三年(1674年),康熙帝又下令实施捐纳制度。当时清廷确实财政紧张,兵费支拙,正好一举两得,准许那些名落孙山、入仕无路又总想为官扬名的一些落魄士人和地主,出钱即可捐得知府、知州、知县或者监生、生员出身。以此吸引他们与清朝合作,既可减少他们参与叛乱,稳定地方,又可扩大清王朝的统治基础,使他们为清朝统治也是为自己的利益出谋划策。这一办法果然取得成效。江南大批家有余资的地主文士每年都有相当多的人捐官、捐出身。仅苏州府属长洲和吴县在三藩之乱平定前三年,便有800余人捐了文武生员,而全国在三年之中竟有500余人捐为知县,占全部知县的三分之一。清政府每年捐纳收入,竟高达二百多万两银子。这不仅大大缓解了军费的紧张,也对平定三藩之乱起到重大作用。就当时收买人心的实际作用来说,甚至较"博学鸿词"科影响范围更宽、更大。

虽然康熙皇帝还很年轻,但从这些政策的制定和实施足以看出他的成熟和老练。当其初步目的达到后,他心中也很清楚,捐纳历来不是用人的好办法。那些花钱买官的人是不会白下本钱的,他们中的很多人一旦上任,便会不顾廉耻地贪占搜刮,苛虐百姓,长此以往,只会败坏官风,使社会稳定难求。因此当全国逐渐稳定后,他也多次下令禁止捐纳,指出那不过是一时权宜之计。不过他万万没有想到的是在他奠定的统治基础上,其后代子孙把这一弊政"发扬光大",当成祖制而一再实行,最后使清朝的官场变成了市场,严重地损害和瓦解了清王朝的基础。

录取博学鸿词者,全都参加修《明史》。康熙帝的宽和、容忍与安抚政策确实使汉族士大夫及在野的遗民感到很大的安慰。大儒士顾炎武曾走南闯北联络抗清,九死一生。他虽然坚决拒绝与清朝合作,但晚年在给在朝为高官的外甥徐乾学等的信中,透露出关心朝廷政治的问题。黄宗羲不仅让儿子入史馆修史,还多次在自己的著述中赞誉康熙帝为"圣天子",甚至希望"同学之士,共起讲堂,以赞右文之治"。在明史开馆后的十数年间,尽管康熙帝不可能完全化解满汉矛盾,但自清朝开国以来严重的反抗已经不可能再发生了,即使思想对立,也极大地缓和下来。一些入仕为官者在康熙帝的礼遇下,不仅尽心尽力地为政治出谋划策,而且都对康熙帝的品行治绩盛赞备至、歌功颂德了。

其实,康熙帝并不是真的想用所选的博学鸿词者修《明史》,他的主要目的就在于缓解民族矛盾,这一点可以说已经实现了。

第四章 康熙 雄才开盛世 伟绩铸丰碑

4. 维护国家统一，收复台湾

作为一个多民族的国家，由哪个民族来统治并非首要，最重要的是让老百姓能过上安稳的日子。郑氏家族作为明朝残余势力的代表，一直在为推翻爱新觉罗的统治而斗争，然而天下大势已定，郑家的反抗终以投降而告终。

郑成功，乳名福松，原名森，字名俨，号大木。祖先来自光州固始县（今河南省潢川县），而后迁至福建，再至广东潮州，最后定居于泉州南安县。其父亲郑芝龙因来往于中日之间经商，成为巨商，而后与平户侯之家臣田川某之女结婚，并于1624年（明天启四年）七月十四日（阳历8月27日）生郑成功于日本平户千里滨。

郑成功于1631年与母亲及幼弟被接回福建泉州府安平（今福建晋江县安海镇）。那时的明王朝已是奄奄一息，崇祯皇帝于1644年自尽，明朝宗室迅即在南京拥立福王即位成为弘光皇帝。可是，郑芝龙所支持的南京政权，抵挡不住清军攻势，仅维持一年而亡。郑氏又在翌年1645年于福州拥立唐王为隆武帝。此时已廿一岁的郑森去拜谒隆武帝，皇帝授言：朕以无女可赐妻与你为憾，应勿忘朕、尽忠义。并赐给明王朝的国姓朱，名字也改为成功，这就是国姓爷郑成功的由来。

1646年8月，清朝将隆武帝捕掳，以授官职为条件促郑芝龙投降。虽经郑成功反对，郑芝龙还是于同年11月答应投降。但是清王朝背信反将郑芝龙送往北京幽禁，其妻田川氏则受清军凌辱而自尽。获知此噩耗，郑成功在孔子庙前烧烬象征士大夫的儒巾及儒服，立誓曰："即日起，决心不做读书人，要做一个军人，为君国及父母报仇。"知隆武帝死亡的讯息，逃亡在广东肇庆的桂王于1647年即位，并改国号为永历。身为明王朝最后一位皇帝的永历帝，被清军追击辗转各地，1653年封郑成功为延平郡王。永历帝于1661年亡故，明王朝寿终正寝。之后，郑成功及其族人仍继续崇奉明朝的正朔永历而不变，表示不承认异族满清，立志"反清复明"。郑成功后来颠覆荷兰在台湾的统治，迁移台湾，目的是为实现复兴明王朝的计划，结果给台湾带来新的命运转机。

郑成功转战中国各地，但是徒劳无功，于1611年被迫陷入固守福建的厦门、金门两岛的窘况。此时，台湾的荷兰联合东印度公司通事何斌避债逃到厦门，对郑成功陈述台湾土地丰饶，劝其进攻，并献上海图。郑成功将金门及厦门的守备交托长男郑经，以何斌为向导，亲自率领四百余船只及两万五千名将兵，同年四月首先占领澎湖岛，继而将目标指向台湾。对荷兰人抱着愤懑，尤其是郭怀一事件后敌忾心加深的台湾移民，对郑成功的军队表示欢迎。郑成功回避面临海峡的遮兰奢城，袭击防备薄弱的普罗民遮城，轻易而得手。郑军更进一步包围热兰遮城，因而荷兰人笼城固守等待巴达维亚援军。台湾长官一方面向巴达维亚求援，另一方面要求原住民支援。但是，由巴达维亚派来的援军错失时机，而原住民的支援在到达以前便被歼灭。结果，荷兰于1662年2月向郑成功投降，撤退至巴达维亚。由此荷兰在台湾长达38年的殖民侵略统治宣告结束。

郑成功到台湾未满一年，反清复明的壮志未酬，便于1662年5月结束了充满波折的生涯，享年39岁。获悉郑成功死讯后，在厦门的郑经立即赶往台湾。郑经在台湾完成继承安排后又回到厦门，但遭到清朝和荷兰军队的联合攻击，于1664年1月带领约七千名将兵及其家属迁台，这是郑氏一族所代表的反清复明势力的总撤退。

郑氏一族迁移台湾以后，清朝政府立刻对台湾实施封锁，即所谓迁界、海禁政策。迁界是把广东、福建、浙江、江苏、山东等东南沿海五省的居民从沿岸往内陆迁移三十里，中间不但不准居住或农耕，连进入也被禁止；海禁则是禁止渔船或商船的出入港规定。但是此封锁政策，反而使得走私猖獗，促进了台湾海上贸易的发展。台湾成为走私贸易的一大据点，贸易的利益因而大增。而且饱受封锁政策之苦的中国沿海，尤其是福建、广东的居民纷纷迁台定居，成为台湾人口急遽增加的原因。随着人口增加，台湾的开发逐步有了进展。北部淡水、基隆，今日之台北的一部分，还有桃园、新竹、大甲、苗栗、鹿港、彰化、北港、斗六、嘉义、新营、左营、凤山、高雄、恒春等中央山脉西侧一一被开拓，耕地面积也大幅度地扩大起来。粮食生产显著地增加，不但使台湾居民粮食能自给自足，而且也确保了郑氏政权对清朝作战必需的兵粮充足有余。一方面开发，另一方面郑氏政权为筹措财源，向台湾住民征税不遗余力，其苛酷比较荷兰统治时代实有过之而无不及。

康熙十九年（1680年）底，清朝平定了三藩之乱，除台湾以外的全国大陆基本统一，台湾继续孤悬海外，不利于多民族封建专制主义中央集权国家的巩固和统一。因此，统一台湾势在必行。

康熙二十年（1681年），郑经暴死，其长子郑克臧继位。不久，郑经部将冯锡范等杀死郑克臧，郑经年仅十二岁的次子郑克塽即位，袭延平王，仍奉南明为正统。此时，台湾郑氏集团内部发生了长幼争立的内讧，政治日趋腐败，内部分崩离析。再加上随着全国大陆的统一，"反清复明"的口号已经失去其号召力，大陆士兵纷纷思归，郑氏集团内部人心惶惶，继续割据的局面已经很难维持。

但清廷内部在是否武力统一台湾问题上颇有分歧。朝廷一部分大臣认为，天下初定，"凡事不宜开端，当以清静为主"，主张缓征台湾。福建地方的水师提督万正色也上奏，认为"台湾断不可取"。福建海防长官宁海将军喇哈达等也持反对态度。许多朝中大臣"咸谓海洋险远，风涛莫测，长驱制胜，难计万全"，力主放弃武力征讨。一部分朝廷大臣还对康熙帝重用郑氏集团降将施琅不满，认为如果派施琅出征，"去必叛"。内阁大学士李光地、福建总督姚启圣、福建巡抚吴兴祚等力主乘机攻取台湾。康熙帝在经过一段犹豫之后，最后下决心攻取台湾，以"底定海疆"，实现其一统海内的宏图。康熙二十年（1681年）六月，他发布诏令："郑锦（经）既伏冥诛，贼中必乖离扰乱，宜乘机规定澎湖、台湾。"并令总督姚启圣、巡抚吴兴祚、提督诺迈、万正色等，与将军喇哈达、侍郎吴努春"同心合志，将绿旗舟师分领前进，务期剿抚并用，底定海疆，毋误事机"。

康熙二十年，一方面福建水师提督万正色不主张攻取台湾，另一方面，内阁大学士李光地、福建总督姚启圣等极力保荐施琅，认为"他是海上（指郑氏）世仇，其心可保，又熟习海上情形。其人还有谋略，为海上所畏"。因此，康熙帝决定再度起用施琅为福建水师提督，作为攻台主帅，"委以独任专征"大权，到福建统领军队进取台湾。施琅到福建后，迅速组织起一支由原郑氏降兵及福建新练水师为主的水军，这支军队既熟悉海情，又有多年海上作战经验，同时又配备有精良大炮的高大坚固、行驶迅捷的战船，只待选择战机，准备渡海作战。台湾海峡尽管宽只二三百里，但风大浪恶，气候变化无常，渡海作战仍有不少困难。施琅充分估计到各方面的困难，并从困难条件出发制定作战方案：第一，以攻取澎湖作为第一个战略目标，先取澎湖"以扼其吭"。澎湖既可作为清军可进可退的基地，又可控制制海权，封锁郑军的通道。第二，选择西南风始发季节作为渡海进兵的战机，一改过去东北风盛行时渡海的传统打法。这样既能出其不意，又使水军能抛泊海上，选择准确的进攻机会。第三，兵分三路，东、西两翼配合，集中优势兵力于中路，与敌军主力决战。

康熙二十二年（1683年）六月十四日，施琅率领战船300余艘，水师2万余人，自铜山出洋。第二天上午，战船即陆续到达澎湖海外。十六日曾发生小规模海战，双方各有损伤。二十二日清军分三路出击，与郑军决战，施琅亲率主力担任中路主攻。清军利用"风利舟快，瞬息飞驶，居上风上流之势，压攻挤击"，一鼓作气，经过七八个小时激战，大败郑军。刘国轩率所剩几只小舟逃回台湾。澎湖为台湾门户，一旦失守，台湾即失去了屏障。施琅派员到台湾劝降，联络刘国轩。刘国轩见大势已去，于是派兵监视郑氏统治集团，郑克塽、冯锡范只得上表求降，八月清军胜利进驻台湾。由于郑氏集团政治腐败，所以清廷统一台湾得到台湾各族人民的支持和拥护，清军至台湾时，"百姓壶浆相继于路，海兵皆预制清朝旗号以迎王师"。由此看来，台湾人民是迫切希望国家统一的。

清廷尽管攻取了台湾，但在台湾问题的处理上朝野之间存在分歧，康熙帝亦处于动摇犹豫之中。朝廷和闽浙地方的不少官员主张放弃台湾，守澎湖。施琅力排众议，主张坚守台湾。他认为台湾是"江、浙、闽、粤四省之左护"，在国防上有重要战略意义，而且"野沃土膏，物产利溥"，经济上亦大有开发的前途。特别是他很有远见地意识到，若弃而不守，西方殖民主义者必利用台湾，"窃窥边场，逼近门庭，乃种祸后来，沿海诸省断难晏然"，遗患后世。因此从这个角度来说，施琅认为台湾"即为不毛荒壤，必借内地挽转运输，亦断断乎其不可弃"。施琅恳切陈辞，阐述利害，得到大学士李蔚、工部侍郎苏拜、都察院左御史赵麟等人的赞同和支持，于是康熙帝始决定坚守台湾，在台湾设台湾府，下辖台湾、诸罗、凤山三县，隶属福建省。台湾、厦门合派一道官管辖。并派兵8000人驻防，设总兵一员，副将二员，澎湖亦派副将一员统兵2000人驻防。这样，台湾重新统一于清王朝中央政府的管辖。

统一台湾，使台湾重新回到祖国这个多民族大家庭中，这不仅对国家统一具有重要意义，且对台湾的经济、文化的进一步发展也具有重要意义。事实证明，台湾经济、文化的进一步振兴，正是在台湾重新统一于清朝中央政权管辖之后。

5. 抗击沙俄,奠定帝国东北版图

　　对外战争是国与国之间的较量,而隐藏在背后的则是统治着国家的大家族之间的利益纷争。面对外敌的入侵,爱新觉罗家族励精图治,坚决地予以反击。既维护了国家的利益,也维护了家族的利益。

　　满族统一东北后,沙俄侵略者在短短50余年的时间内,便扫过西伯利亚平原,行程六千公里,于皇太极改国号为大清的崇德元年,抵达了太平洋沿岸。在清军进入山海关前半年(1643年10月),俄军文书官瓦西里·波雅尔科夫带着90名哥萨克武装翻越外兴安岭,闯入黑龙江流域的中国领土。

　　由于那时清朝正全力以赴向南镇压汉族各阶层的反抗,沙俄侵略者便利用清政府无力北顾的机会,于黑龙江上大肆抢劫。在康熙帝出生前后的十数年间,清朝驻守在宁古塔的驻军,数次与居住在黑龙江中下游及松花江下游的各族人民协同进行反击,给侵略者以沉重打击。到康熙帝即位时,除黑龙江上游的尼布楚等少数据点外,黑龙江流域其他地区的俄军据点已全部被攻克。

　　康熙四年冬,俄军重占中国领土雅克萨,自贝加尔湖南下,侵入中国喀尔喀蒙古地区,并建立楚库柏兴和尼布楚等据点。康熙帝刚刚亲政,就又传来更令人气愤的消息:在沙俄煽动下,索伦族酋长根特木儿背叛朝廷，逃奔尼布楚，这使边疆问题更加严重起来。

康熙继位之后，俄国侵略军继续向我国边境窜扰。康熙四年（1665年），俄国向中国进行了新的侵略扩张活动。一是南下侵占我喀尔喀蒙古管辖的楚库柏兴，一是东进，再次窜犯雅克萨。而且，俄国侵略军逐渐改变了入侵方式。17世纪50年代，俄军在黑龙江上做长距离的流窜、骚扰。这次新进攻开始后，俄侵略军为避免孤军深入，转而采取建立侵略据点、逐渐推进的方式。除尼布楚、雅克萨、楚库柏兴三个最重要的据点外，他们还在黑龙江中下游地区建立了一些较小的侵略据点。他们修筑工事，巩固堡垒；开辟道路，保持和后方联络畅通；从据点派兵四处推进，再建新据点。他们以据点为掩护，不断抢掠我国索伦、赫哲、费牙喀、奇勒尔等各族人民的财物和人口，"构乱不休"，"子女参貂，抢据殆尽"。虽然中国军民拼力抗击，但未能最后阻止俄军的侵略活动。这样，17世纪60年代以后，俄侵略军在中国，从贝加尔湖到黑龙江流域建立了它的殖民统治。

康熙亲政（1667年）后，面对着的正是这样一种被动局面。他深深地意识到，这是一大祸患。此患不除，边疆不固，祖宗发祥地不安，而且侵略强盗得寸进尺，如不加制止，后果不堪设想。东北地区是清朝的老基地，向来关内有事，从关外调兵。若危机不解除，便很难发挥这种机动作用。因此，康熙把抗击俄国列为本朝大事。

康熙帝在加强了对中原地区的统治之后，为了保卫边疆不受外来侵犯，决定采取坚决的自卫措施，出兵反击，彻底清除这伙沙俄侵略者。康熙帝奉行的方针是军事斗争、外交谈判和充实边防三者并举。他总结了中国军民30多年来和俄国侵略者进行斗争的经验，制订了周密的计划，进行了细致的准备工作。1682年4月，康熙帝到盛京（今沈阳）谒陵后，由抚顺、兴京、哈达城（今西丰），出柳条边，5月到船厂（今吉林市），航行于松花江上，亲身视察边防情况。9月，康熙帝派副都统郎谈、一等公彭春率领几百人，以捕鹿为名，到雅克萨附近侦察地理形势和水陆交通。1683年1月，郎谈等回到北京报告，认为要攻取俄罗斯并不难，只要发兵3000人就足够了，并建议立即行动。康熙帝没有同意这种单纯从军事上考虑的意见，认为必须作更充分的准备，先在黑龙江和呼玛尔两地建城驻兵，储存粮食，修造船只，筹划屯田，开辟驿路，以求战而能胜，胜而能守。

1683年夏天，康熙帝下令设立黑龙江将军，由副都统萨布素担任，驻守瑷珲（今爱辉），并先后3次调兵3000人进驻，保卫黑龙江流域，准备剿灭入侵的沙俄侵略者。

清军在做好军事进攻的同时，为了争取和平解决雅克萨问题，曾多次派人送信给盘踞在雅克萨的沙俄侵略者，要求他们撤离中国领土，退回到俄国境内，不许扰害中国居民，否则大军进剿，将全部歼灭。但侵略成性的沙俄侵略者，对中国的警告置若罔闻，反而招募新兵，增强雅克萨的兵力，并任命有作战经验的军役贵族托尔布金为阿尔巴津督军，来雅克萨指挥作战。

康熙帝在对沙俄侵略军进行警告和劝说多次无效之后，决定出兵剿灭这伙侵略者。在清军的猛烈攻击下，俄军头目托尔布金竖起了降旗。清军接受了俄军的投降，并对他们采取宽大态度，准许700多名俄国人撤出雅克萨，经额尔古纳河，返回俄国，另有巴什里等45名俄兵不愿回国，要求留在中国。随后清军回到瑷珲。

托尔布金从雅克萨退到尼布楚，但侵略中国的野心不死，仍想卷土重来。这时，由彼顿率领的600名援军到达尼布楚，俄军的力量增加了。同时，他们打听到，清军战胜后已全部撤回瑷珲，并没有在雅克萨留兵驻守。因此，托尔布金和彼顿立即率军重新占据雅克萨，并全力构筑城堡工事，筹集粮草，妄图负隅顽抗。

俄军再次侵占雅克萨，清政府不得不又一次出兵。1686年3月，康熙帝下令：今俄军复回雅克萨筑城盘踞，若不速行扑剿，势必积粮坚守，图之不易。令将军萨布素等率所部2000人，攻取雅克萨城。7月，萨布素奉命率所部2000余人及福建藤牌兵400人进抵雅克萨，随即围城进攻。经过两个多月的攻城和围困，俄军损失惨重。9月底，俄国头目托尔布金被击毙，城中俄军大多战死或病死，800多俄军最后只剩66人，粮食弹药也消耗殆尽，困守雅克萨的俄军只有徒手被擒。

康熙帝为了彻底解决沙俄侵略黑龙江流域的问题，以求得边界上稳定的和平，多次写信给沙皇，谴责俄国对中国的侵略，要求他撤回侵略军，派使议界。1686年9月，清政府又委托从北京回国的荷兰使臣宾显巴志带信给俄国沙皇，建议两国休兵，举行谈判，共同议定边界。

1686年11月，正当雅克萨围城指日可下的时候，一批俄国信使由文纽科夫和法沃罗夫率领，从莫斯科来到了北京，递交沙皇要求解除雅克萨的包围和派使臣戈洛文来华议定边界的信件。康熙帝同意了俄国沙皇的请求，下令停止战斗，解除对雅克萨的包围，并实现单方面撤军。11月底，清军停止进攻。1687年5月，清军撤离雅克萨返回瑷珲，等待俄国使团的到来。持续两年多的雅克萨战争到此结束。

1686年冬，雅克萨停战后，中俄两国立即准备派使谈判，划分中俄东段边界。

当时，沙俄由于在西方同波兰争夺乌克兰，进行了多年战争，和土耳其、瑞典的关系也很紧张，同时国内人民不断起义，兵疲财乏，困难重重，没有力量再派兵到远离欧洲的黑龙江流域大规模作战。沙俄政府为了缓和远东方面的紧张局势，决定暂时避免同中国发生武装冲突，设法同中国建立贸易关系，谋取商业利益。

这时的清政府也不愿大量用兵对外作战，不主张单纯用武力解决俄国入侵黑龙江流域的问题。因为清政府在和俄国长期交涉的过程中逐渐意识到，没有强大的武装，不建立巩固的边防，不经过激烈的战争，不可能劝说俄国放弃侵略，撤出中国领土。同时，清政府也懂得，中俄两国都是封建大国，不可能用军事力量压服彼此，只能通过和平谈判，商定两国都可以接受的边界线，才能有边境上的安定，才能保持长期的和平。正是鉴于这一认识，即使在雅克萨战争期间，清政府也没有放弃和平解决沙俄入侵的争端问题。康熙帝就曾多次写信给沙皇，一面谴责俄国对中国的侵略，一面建议他们撤军谈判。因此，一经沙皇要求停战谈判，清政府就立即下令停止对雅克萨的进攻，并于1687年单方面撤离雅克萨，等待俄国使团到来。

沙俄虽然提出谈判解决黑龙江流域问题，但并不想轻易放弃侵占这一地区。1686年1月，沙皇决定派御前大臣费奥多尔·戈洛文出使中国，谈判边界问题。沙皇在发给戈洛文的训令中指出：一、俄中两国应力争以黑龙江为界；如果中方不同意，则争取以牛满河（今俄罗斯联邦境内布列亚河）、精奇里江（今俄罗斯联邦境内结雅河）及其以西的黑龙江为界；如中方再不同意，则争取以雅克萨为界，俄国人得在黑龙江、牛满河、精奇里江渔猎。二、如中方不接受上述划界方案，则俄国使臣应争取缔结临时停战协定，然后做好准备，进行战争。同时又指出，为了达到这一目的，大使应不惜赠送任何礼物，向中国使臣行贿。这一训令表明，当时俄国政府的基本方针是企图通过外交谈判取得黑龙江以北的全部或一部分中国领土；如果在谈判桌上达不到目的，就准备再次诉诸武力，以求一逞。

清政府对黑龙江流域的主权观念极为明确。1688年，清朝康熙帝任命侍卫内大臣索额图为大臣，全权与俄使议界。康熙帝指出，俄罗斯占据的尼布楚是中国茂明安部游牧的地方，雅克萨是中国达斡尔族居住的土地。因此，尼布楚、雅克萨、黑龙江流域和通此江的一河一溪，全是中国的领土，不可稍弃之于俄罗斯。如果俄国同意这些条件，就和它划定疆界，准许它通使贸易。否则，你等即还，不便与它议和。这个方针的基本点，就是要求收回包括尼布楚在内的被沙俄侵占的中国黑龙江流域的广大领土，双方在平等的基础上议定中俄边界，并建立正常的外交和通商关系。

中俄两国经准备后，商定于1688年在色楞格斯克进行谈判。这年5月30日，中国使团从北京启程去色楞格斯克，7月下旬行抵克鲁伦河附近，因准噶尔部进犯喀尔喀蒙古，道路阻隔，无法通行，索额图使团不得不返回北京。又和俄国代表拟定，会谈改为1689年在尼布楚举行。

在此期间，俄国政府考虑到了当时的形势，感到坚持吞并黑龙江流域必然会遭到中国政府的拒绝。为了避免冲突，并争取同中国达成贸易协定，打算在中国坚持收复黑龙江时，暂时放弃对黑龙江流域的侵略。沙皇于1689年初训令戈洛文，让他在中国坚持要俄国交出雅克萨时，毁掉那里的城防，撤退俄国居民。但为了给俄国以后侵占黑龙江流域留有余地，让戈洛文要求中国也不许在雅克萨设防。

清政府为了能够早日和平解决黑龙江流域的问题，也打算做出更大的让步。1689年6月，中国使臣索额图去尼布楚会谈前，上奏康熙帝，准备按原议，以尼布楚为界。康熙帝认为，以尼布楚为界，俄罗斯派使贸易都没有栖托的地方，势难相通。他指出，初议可以提出以尼布楚为界，如果俄使不同意时，可以额尔古纳河为界。这样，中俄两国的主张逐步接近，为尼布楚会谈达成协议奠定了基础。

1689年6月13日，清朝索额图使团自北京启程，出古北口北行，7月31日到达尼布楚，在石勒喀河南岸扎营。使团成员有：领侍卫内大臣索额图、都统一等公佟国纲、都统郎谈、都统班达尔善、黑龙江将军萨布素、护军统领玛喇、理藩院侍郎温达，翻译是耶稣会士法国人张诚（法国名字弗朗索瓦·热拉皮翁）、葡萄牙人徐日升（原名托马斯·佩雷拉）。

俄国戈洛文使团1686年2月从莫斯科出发，1687年9月到达贝加尔湖东岸，在那里停留了两年之久，1689年8月19日才到达尼布楚。使团成员有：御前大臣戈洛文、伊拉托木斯克总督符拉索夫、秘书科尔尼茨基。

双方经过一段时间的准备，于8月22日开始正式会谈。谈判一开始，俄方代表就提出两国以黑龙江至海为界，左岸属俄国，右岸属中国，妄图在谈判桌上取得它用武力未能得到的黑龙江以北的大片领土。这一蛮横无理的领土要求，当即被中方代表严词拒绝。索额图明确阐述黑龙江属地是中国的领土，提出两国应以鄂嫩河、尼布楚一带划界。双方辩论了一天，没有任何结果。8月23日，中俄双方使臣举行第二次谈判。俄方开始仍坚持原方案，中方坚决拒绝。双方各不相让，谈判呈破裂状态。戈洛文见第一方案行不通，便稍微降低要价，企图以牛满河或精奇里江为界。索额图抱着早日缔约划界的愿望，一方面明确表示不同意俄方的第二方案，另一方面则主动做出让步，表示可以把尼布楚让给俄国。俄方对中方的这一让步仍不满足。

从8月24日开始到9月6日的半个月中，两国使臣一直没有会谈，但双方通过译员继续进行商谈。在多次协商过程中，中方代表据理驳斥了俄国代表的无理要求，并做了一定的让步。俄国代表在中国代表的坚持下，也表示不再坚持占据黑龙江，双方意见渐趋一致。自8月22日两国全权使臣举行首次会议以来，双方往返交涉达16天之久，终于在一切重大问题上全面达成协议。9月7日（清康熙二十六年七月二十四日），中俄两国签订了第一个边界条约——《中俄尼布楚条约》，条约共六款，明确规定中俄两国东段边界以外兴安岭（即斯塔诺夫山脉）至海、格尔必齐河和额尔古纳河为界，凡岭南一带土地和流入黑龙江的河川，全属中国；以北一带土地及河流，全属俄国。

乌第河流域划为待议地区，留待以后再议。俄国事实上承认侵略中国黑龙江地区为非法，同意把侵入这一地区的沙俄军队全部撤回本国。沙俄通过《尼布楚条约》，把中国方面让予的贝加尔湖以东尼布楚一带地方纳入它的版图，并获得重大的通商利益。中国政府作了让步，条约的签订使东北边疆获得了比较长久的安宁。在以后的150多年间，两国按照这一条约管理边界，使黑龙江流域在此期间没有发生过重大的边界冲突。

6. 平定准噶尔叛乱，维护国家统一

准噶尔叛乱，是分裂国家的行为，也是对爱新觉罗家族统治的挑衅。对于这种挑衅，最好的办法就是在战争中将对方置于死地，以维护天朝大国的尊严。

明末清初，我国北方的蒙古族分为三大部：在今内蒙古地区的是漠南蒙古，在原外蒙古一带的是漠北喀尔喀蒙古，游牧于天山以北一带的是漠西厄鲁特蒙古。厄鲁特又称卫拉特，分为四部，即和硕特（游牧于今新疆乌鲁木齐地区）、准噶尔（游牧于今伊犁河流域）、土尔扈特（游牧于今新疆塔城地区）、杜尔伯特（游牧于今额尔齐斯河流域）。四部中，准噶尔部的势力最强，先后兼并了土尔扈特部及和硕部的牧地，迫使土尔扈特人转牧于额济勒河（今伏尔加河）流域，和硕特人迁居青海。到噶尔丹执政时，在吞并了新疆境内的杜尔伯特和原隶属于土尔扈特的辉特部后，开始进占青海的和硕特部，又攻占了南疆维吾尔族聚居的诸城。随着准噶尔势力范围的不断扩大，噶尔丹分裂割据的野心愈益膨胀。

沙俄政府在雅克萨失败以后，并不甘心，就在尼布楚条约签订的第二年，又唆使准噶尔部的首领噶尔丹进攻漠北蒙古。

噶尔丹野心勃勃，先兼并了漠西蒙古的其他部落，又向东进攻漠北蒙古。漠北蒙古抵抗一阵失败了，几十万的漠北蒙古人逃到漠南，请求清朝政府给予保护。康熙帝派使者面见噶尔丹，要求他把侵占的地方还给漠北蒙古。噶尔丹自以为有沙俄撑腰，十分骄横，不但不肯退兵，还以追击漠北蒙古为名，大举进犯漠南。

康熙帝召集大臣会议宣布他决定亲征噶尔丹。他认为噶尔丹气势汹汹，野心不小，既然打进来，非反击不可。公元1690年，康熙帝分兵两路：左路由抚远大将军福全率领，出古北口；右路由安北大将军常宁率领，出喜峰口，康熙帝亲自带兵在后面指挥。

右路清军最先接触噶尔丹军，打了败仗。噶尔丹长驱直入，一直打到距离北京只有七百里的乌兰布通（今内蒙古昭乌达盟克什克腾旗）。噶尔丹得意洋洋，还派使者向清军要求交出他们的仇人。

康熙帝命令福全反击。噶尔丹把几万骑兵集中在大红山下，后面有树林掩护，前面又有河流阻挡。他把上万只骆驼，缚住四脚躺在地上，驼背上加上箱子，用湿毡毯裹住，摆成长长的一个驼城。叛军就在那箱垛中间射箭放枪，阻止清军进攻。

清军用火炮火枪对准驼城的一段集中轰击，炮声隆隆，震天动地，驼城被打开了一道缺口。清军的步兵、骑兵一起冲杀过去，福全又派兵绕出山后夹击，把叛军杀得七零八落，纷纷丢了营寨逃走。

噶尔丹一看形势对自己不利，赶快派了一个喇嘛到清营求和。福全一面停止追击，一面派人向康熙帝请示。康熙帝下令说："快进军追击！别中了贼人的诡计。"果然，噶尔丹求和只是缓兵之计，等清军奉命追击的时候，噶尔丹已经带了残兵败将逃到漠北去了。

噶尔丹回到漠北，表面上向清朝政府表示屈服，暗地里却重新招兵买马。公元1694年，康熙帝约噶尔丹会见，订立盟约。噶尔丹不但不来，还暗地派人到漠南煽动叛乱。他扬言他们已经向沙俄政府借到鸟枪兵六万，将大举进攻。内蒙古各部亲王纷纷向康熙帝告发求援。

公元1696年，康熙帝第二次亲征，分三路出击：黑龙江将军萨布素从东路进兵；大将军费扬古率陕西、甘肃的兵，从西路出兵，截击噶尔丹的后路；康熙帝亲自带中路军，从独石口出发。三路大军约定时期，对噶尔丹进行夹攻。

康熙帝的中路军到了科图，遇到了敌军前锋，但东、西两路还没有到达。这时候，有人说沙俄将要出兵帮助噶尔丹。随行的一些大臣就有点恐惧起来，劝康熙帝班师回京。康熙帝气愤地说："我这次出征，没有见到叛贼就退兵，怎么向天下人交代？再说，我中路一退，叛军全力对付西路，西路不是很危险了吗？"

当下，康熙帝决定继续进兵克鲁伦河，并且派使者去见噶尔丹，告诉他康熙帝亲征的消息。噶尔丹在山头一望，看到康熙帝黄旗飘扬，军容整齐，连夜拔营撤退。康熙帝一面派兵追击，一面急忙通知西路军大将费扬古，要他们在半路上截击。

噶尔丹带兵奔走了五天五夜，到了昭莫多（在今蒙古人民共和国乌兰巴托东南）正好遇到费扬古军。昭莫多原是一片大树林，前面有一个开阔地带，历来是漠北的战场。费扬古按照康熙帝的部署，在小山树林茂密的地方设下埋伏，先派先锋四百人诱战，边战边退，把叛军引到预先埋伏的地方，清军先下马布战，听到号角声起，就一跃上马，占据了山顶。叛军向山顶进攻，清军从山顶放箭发枪，展开了一场激战。费扬古又派出一队人马在山下袭击叛军辎重，前后夹击。叛军死的死，降的降。最后，噶尔丹只带了几十名骑兵脱逃。

经过两次大战，噶尔丹叛乱集团土崩瓦解，康熙帝要噶尔丹投降，但是噶尔丹继续顽抗。隔了一年，康熙帝又带兵渡过黄河亲征。这时候，噶尔丹原来的根据地伊犁已经被他侄儿策妄阿那布坦占领，他的左右亲信听说清军来到，也纷纷投降，愿意做清军的向导。噶尔丹在走投无路的情况之下，服毒自杀。至此，沙俄支持下的噶尔丹的民族分裂叛乱被清政府平定下去。

　　从此以后，清政府重新控制了阿尔泰山以东的漠北蒙古，并给当地蒙古贵族各种封号和官职，又在乌里雅苏台设立将军，统辖漠北蒙古。

7. 多子非福，精心选择皇位继承人

历朝历代，权力的交接都是一件大事，也是一件让统治者头疼的事。对最高权力的迷恋，会让人失去理智，忘记父子兄弟的情分。如果选择的继承人是个低能儿，很遗憾，这不仅是让祖宗蒙羞的事，更有可能危及家族的统治。康熙能够在众多的儿子当中选出雍正，从后来的情况来看，可谓是慧眼独具。从此，爱新觉罗家族的统治逐步走向了黄金时代。

康熙一生共有35个儿子，长大成人者过半。皇二子允礽为孝诚皇后所生，因其出生后母即逝去，格外得到康熙的宠爱，未满两岁，便被康熙立为皇太子。这位皇太子在康熙的精心栽培下，能文能武，既兼通满汉文字，熟读诗书，又娴熟骑射武艺，唯独缺些"心系天下，纯孝仁慈"的胸怀抱负，并且性格暴戾无常，行为不够检点。另外，长期的储君地位，在他周围形成了与封建绝对专制的皇权对立的"第二权力"中心。父子之间的矛盾日益尖锐。在种种劣迹被康熙发觉后，康熙忍无可忍，于四十七年九月初四日，废掉允礽。废储君事件如同一支火把，点燃起了康熙众多皇子抢夺储位的战火。

皇长子允禔因系庶出，未被立为太子。见太子被废，以为时机已到，怂恿康熙杀掉允礽，遭到康熙的斥责。后皇三子允祉揭发允禔请喇嘛用

巫术镇压太子，致使太子精神失常，康熙极为震怒，斥责允禔为"乱臣贼子"。允禔因此而被康熙囚禁，被排除出争储局外。皇八子允禩才具优长，在诸皇子中属于佼佼者，又能交结朝中大臣，且心有主见，所望甚高。在康熙征求大臣立新储意见时，允禩苦心经营拉拢兄弟和朝臣。这种在王公大臣们中的"威望"本是允禩的优点，但因过于急躁外露，且与皇权会有矛盾冲突，引起了康熙的疑忌。康熙大骂允禩，亦将其囚禁。

第一次废除太子后，皇四子胤禛得到了康熙的赞赏。反对太子的皇三子允祉揭发允禔被康熙认为心术不正，皇长子怂恿康熙杀掉允礽被康熙斥为乱臣贼子，皇八子允禩积极策划储位被康熙骂为"妄蓄大志"时，只有皇四子胤禛一方面在康熙前替太子开脱，另一方面体察康熙的内心苦楚，以孝诚之心宽慰了康熙。

允禔、允祉、允禩的所作所为使康熙对废太子之事颇觉后悔，终于在太子被废三个月后，借允祉揭发皇长子用妖术镇压以致太子行为不正常为由，于康熙四十八年三月，复立允礽为太子。太子复立后，未改前愆，终被康熙于五十一年九月第二次废除。此后，康熙心力交瘁，一直到死，未再立太子，而争夺储君的斗争却越演越烈。

康熙晚年，皇十四子成了皇位继承的最大可能者，十四子与皇四子胤禛同母，但却与皇八子允禩交好。他既是一员"良将"，有"带兵才能（康熙语）"，又聪明绝顶，"才德双全"（允禩语）。恰逢康熙五十七年（公元1718年）准噶尔进兵侵扰西藏，31岁的十四子被任命为抚远大将军，主持西北军务。此次任命，使朝廷大臣及外省都抚认定十四子乃康熙晚年属命之人。

康熙晚年由于太子废废立立而引起的皇子夺嫡之争，由开始的各树党羽，招罗大臣，至此已演变成两大集团之间的争夺。皇八子、皇九子、皇十子、皇十四子是最有希望的一个集团。其领袖也因前期允禩被康熙疑忌而转为康熙最相信的皇十四子。另一集团则有皇四子胤禛与皇十三子，似乎势单力孤，但皇四子的韬略显然优于前一集团，其争夺皇位的计划一直都在暗中进行着。

康熙六十一年十一月十三日（1722年）戌（晚上7—9点）时，康熙病逝于北京西郊畅春园。死前传位于四皇子胤禛，即后来的雍正皇帝。雍正继承父业，有所成就，作为康熙的继承人可以说是当之无愧的。

康熙废除太子后，胤禛继承皇位，改元雍正。胤禛诚信佛教，工于心计，性格刚毅，处事果断。在位期间严整吏治，清查亏空，并对满清的赋役进行大刀阔斧的改革。虽在位仅十三年，但他励精图治，力求改革，整顿吏治，清理钱粮，摊丁入地，扩大垦田，火耗归公，以银养廉，创设军机处，革除旗主，平定青海，安定西藏，改土归流，这些措施促进了生产发展，使经济繁荣，国库充盈，政局稳定，边疆巩固，统一增强，为乾隆创建"大清全盛之势"提供了极为有利的条件。

第五章 雍正 铁腕帝王 一代名君

　　雍正是清朝历史上一个能干的皇帝，他勤政务实的13年统治，使"康乾盛世"得以维持和发展。即位之初的清皇朝实际上已浮现官僚组织膨大腐败，以及农民生活水平低落的危机，由于雍正即位时正处于精神与人格上的成熟阶段（45岁），因此得以精准地分析问题并有魄力作出应对。他的改革同时包含了力行整顿以及和现实的妥协（如火耗归公与养廉银），清朝得以建立起一套继续运行百年以上仍大致有效的统治体制，而未沦为"立国百年而亡"的异族王朝，仍应归功于雍正一朝的改革。

1. 迎难而上，铁心反腐败

腐败是每一个朝代都存在的毒瘤，它不断地腐蚀着国家的肌体，动摇着家族统治的秩序。在历代皇帝中，明太祖可谓是反腐最狠的一个，动不动就枭首剥皮。而雍正帝也不遑多让，被贪官们称为"抄家皇帝"。雍正的铁腕治腐，带来的是良好的吏治风气和民心归附，巩固了爱新觉罗家族的统治。

康熙在位时间长达61年。在他统治后期，作为一个老皇帝，康熙十分欣赏汉文帝施惠于民、尽量不扰民的治国方针。于是，像一般的老人一样，晚年的康熙不免有利泽天下，以求博得为政宽仁美名的想法。

但社会的发展不容于个人的美好想法，一味地宽容，对社会并没有多大的好处。相反，在此指引下，康熙末年的社会积弊十分多：

社会吏治日益松弛，官吏贪污成风；在不借白不借的心理支配之下，朝廷高官们、皇子们大肆从国库中借支，造成国家钱粮空虚，国库告急；地方绅衿鱼肉百姓，贫者愈贫，富者愈富。从战略角度考虑，按照康熙末年的财政状况，若国家再有大灾难，或者是边疆告急引发战争的话，国家财政必然捉襟见肘，国库空虚到无银用兵赈灾的地步。用雍正的话来形容，那就是"关系非浅"了，后果十分严重。

"新官上任三把火"。雍正上台伊始，第一招就是向吏治开刀，实在因为吏治腐败是康熙晚年最大的弊政之一，而清查亏空正是整顿吏治的最好突破口。全国大小官吏那么多，对于新君还十分陌生。雍正除了隆科多、年羹尧等几个可信任的人之外，无所依靠，正好可以通过清查亏空这场运动，撒下大网，借势观人，激浊扬清，杀一儆百。也就是说，通过这场运动，可以光明正大地打击异己势力，树立威权。正如前述，康熙末年的储位之争十分激烈，雍正的登基即位又是诡秘难辨，以致人心不服，基础不稳。雍正发动清查，正可以借机名正言顺地打击诸王的朋党势力，巩固自己的地位和权力。

清查亏空的第三个好处是有助于摸清家底，真正掌握财政状况。雍正是励精图治之主，想干的事情很多，青海正在打仗，异己还没有全铲除，但干大事要花大钱。只有摸清家底，改善财政，才能身上有钱，心里不慌。

雍正尽管未必懂得"从数字上管理国家"的道理，但他知道"一旦地方有事，急需开支，拿什么去应付"的道理。明主治吏不治民，从贪官污吏身上要钱，不但不会引起民怨，还能博得好名声。这样来看，清查亏空这一着，真乃"一举三得"之良策。

雍正在清查亏空的过程当中，不时派遣特派员来解决一些棘手问题。特派官员异地清查亏空情况，让他们互相监督，这是雍正惯于使用的一着狠棋，十分灵验。

雍正五年，福建布政使沈延玉报告说，福建省的仓谷出现亏空。雍正认为一定是巡抚毛文铨瞒上欺下所导致，马上特派广东巡抚杨文乾和许容为钦差大臣前往清查。

上次清查江西钱粮，雍正调动了大批候补官员，让他们时刻准备上岗。这次清查福建的仓谷亏空，与候补官员调动同时进行，先是舆论的准备。

雍正发布上谕告诫福建的老百姓：因为清查马上就要进行，有些贪官们可能已听到风声，会临时借调有钱人家的粮食来充实库存。如果你们有人把粮食出借给他们的话，那出借的粮食就可能变成为官府所有了，发觉后也不再归还。

上谕还说：我已经挑选了一批候补府州县官员随同钦差一起到福建，如果"现任府州县内之钱粮稍有不清者，即令更换"。把候补官员摆在那里，查出问题马上换人。这种破釜沉舟的姿态，表明了雍正彻底清查的决心。

地方的清查亏空责任落到总督巡抚，时限三年，已如前述。朝廷京城乃盘根错节之地，清查工作就更难展开，因此更需注重清查技巧，加大清查力度。

雍正元年（1723年）正月十四日，雍正下令设立了一个独立的清查机构——会考府，主要稽查核实中央各部院的钱粮奏销（就是各省每年将钱粮征收解拨的实数报部奏闻）工作。

本来，各部院的收入支出、钱粮运用，都是由各部院自行奏销，因此账目混乱，官员营私舞弊的现象十分多。

为了从制度上堵塞这个漏洞，雍正规定会考府负责稽查审计各部的收支。凡是钱粮的奏销，不管出自哪个部门，都应该由新设立的会考府清厘"出入之数"，这样就把奏销大权由原先的各部院收归中央。这样一来，官员即使想做手脚也不容易了，政府也有希望能把奏销这个大洞补上。

为了提高会考府的权力，雍正委任他的兄弟怡亲王允祥、舅舅隆科多、大学士白潢、尚书朱轼四人共同负责，并谕令允祥说：你如果不能清查，我会再派大臣；大臣再不能干，我会亲自出马。可见雍正决心很大。

会考府成立了两年多，办理了各部院奏销事件550余件，其中被驳回的就有96件，成效显著。清查中即使关系到贵族和高级官僚，也不宽贷。其实，这一次清查亏空的行动，一大批达官显贵、王公贵族被牵连进去。比如雍正的十二弟履郡王允祹因为曾主管过内务府事务，在追索亏空中被迫将家中的器物当街变卖。

让前任官僚们把口中的肉，包括已经是消化多年的肉重新吐出来，这在中国历史上恐怕少见。亏空一旦被清查出来，赃官就被革职拘禁。雍正迫使他们吐出赃银，保证如数归还国库，通常的手段之一就是严厉抄家。雍正元年八月，通政司右通政钱以错提出一套查抄补追的方法，主要原则是：凡亏空官员被查验核实之后，一方面严格搜查原做官单位，一方面发文件给他原籍的地方官，命令当地查封其家产，控制其家人。而后再追索变卖财物，杜绝赃银有转移藏匿的可能。

此项建议马上得到了雍正的赞同，并明确表示：查没来的财产，将用于公事及查没中的有功人员。抄家之风使大小官员心惊肉跳，有人悄悄地送了雍正一个外号：抄家皇帝。把贪官及其家属"捆绑"起来查没，用株连的办法来对付贪官，这正是雍正为贪官们十分憎恨的理由，也是雍正惩治贪污成果显著的重要原因。

历史传说中加给雍正狠毒的骂名，大多由此而来。据说，当时官员们在一起打牌时，把其中的私牌也戏称为"抄家私"，可见雍正反腐败是雷厉风行的。

2. 扫除执政障碍，辣手除兄弟

对权力的争夺时刻都在进行着，有权力的想巩固权力，没权力的想夺取权力，这种情况，在统治家族内部最为明显。同是"龙种"，对权力的觊觎之心是可想而知的。雍正的龙兄龙弟既多，有能力的又不少，他们的存在对于龙椅上的雍正来说，就是一种潜在的威胁。而最好的应对办法，就是冷血地加以清除。赤裸裸的血腥，时刻印证着家族内部权力争斗的残酷。

雍正即位前，居藩王多年，据记载，他"一切外间人情物理，无不通彻；天下利弊，如指诸掌"。做了皇帝后，为了在他父皇康熙统治的基础上继续有所前进，他独揽全国大权，事必躬亲，日夜勤政，崇尚俭朴，举拔贤才，整肃吏治，革除弊政，希望能达到自己治政的目的。这就需要权力更加集中，能了解和指挥从中央到地方的一切。因此，任何有损于皇帝的威严和集权的宗派分裂活动，雍正是决不容许的。任何权臣不管地位多高、功劳再大，若为非作歹，与他分庭抗礼，必然遭到雍正的打击。这就是雍正初年严厉镇压允禩、允禟朋党势力和彻底清除年羹尧、隆科多权臣势力的历史背景。

雍正即位后，威胁他统治地位的，首先是来自皇室内部长期和他争夺帝位的诸兄弟及其朋党集团。这个朋党势力的为首人就是康熙的皇八子、被雍正晋封为廉亲王、总理事务大臣的允禩，以及允禩的亲信、康熙的皇九子允禟。雍正对允禩等人采取欲擒故纵、分化瓦解、罗织罪行、圈禁处死的办法，将他们一一处治，并大造朋党危害的舆论，有力地打击了不利于他加强专制皇权的朋党活动，收到了很大的成效。雍正接受康熙遗诏登皇帝位的时候，他兄弟中很多人并没有诚心诚意接受他的皇权统治。他与兄弟间的矛盾便在新的条件下积蓄发展。

允禩虽然在康熙晚年遭到其父皇的严厉斥责并被圈禁过，康熙对他十分不信任，但他有才能，在诸王大臣中影响非常大，是威胁雍正帝位的最关键人物。他与允禟、允䄉、鄂伦岱、阿灵阿等结党成派。康熙在世时，他们虽然一再遭到康熙的严斥，但阿灵阿认为允禩的年庚与前代帝王相同，有当君主的福分，所以允禩对登皇位仍然抱着很大的希望。康熙崩逝后，雍正突然登位，大出允禩所料。雍正还出人意料地给允禩封官晋级，封为总理事务大臣、廉亲王，兼管理藩院、上驷院，后来兼管工部等事务。

另外，雍正还赐允禩之子弘旺以贝勒的爵衔。允禩一党的人也得到加官晋爵，如佛格被任命为刑部尚书，阿灵阿之子阿尔松阿也被任用为刑部尚书，佟吉图被提为山东按察使，苏努晋爵为贝勒等。雍正这样做，并非真的想重用允禩，而是他深谋远虑的一种斗争手段。雍正登位时皇位还不巩固，他的兄弟中很多人对他的皇位抱着怀疑、愤怒、反抗的态度。考虑到允禩才能出众，势力最大，是反对派中的首领，雍正故意给允禩及其同党加官晋爵，目的是对反对派分化瓦解，使他们不可能集合在允禩的门下来反对皇帝。试想，允禩是总理事务四大臣中之第一大臣，处于代表皇帝发表诏旨、处理政事的地位。如果允禩继续进行非法的活动，雍正有亲信年羹尧、隆科多等执掌着内外军政大权，可以随时施以打击。而雍正正是想利用允禩当总理事务大臣工作中的失误以及非分的活动，给他罗织罪名，到时候，置他于死地。对这一点，允禩当然是心知肚明的。

允禟是允禩最重要的亲信，才能不高。但他过去曾经康熙批准，没收了权臣明珠家庭的数百万家产，他的太监何玉柱被派去关东私挖人参贩卖，又在天津开木行，他的家财是允禩集团进行活动的重要经济来源。他支持允禩、允禵的夺位活动，自己也想当皇帝。他勾结了西洋人穆景远为其出谋划策，甚至还叫穆景远去拉拢四川巡抚年羹尧。允禟自以为有天命在身，常对穆景远讲"我和八爷、十四爷三个人里头有一个立皇太子"。

雍正的登位，使允禟大失所望，其不满情绪和对雍正抗拒的不礼态度比允禩更为明显。雍正知道允禟闹不出什么事情来，便对他采取了打击的办法，谕令将允禟的太监李尽忠发往云南极边当苦差，太监何玉柱发往三姓给穷披甲人为奴，允禟母亲的太监张起用发往土儿鲁耕种，家产都予籍没，如不愿去，即命自尽；又逮捕允禟一派的官员秦道然，虽查清他的家产不到一万两银子，却要追究十万两以充军饷。为了切断允禟与允禩、允禵的联系，使他们彼此孤立起来，雍正在召回允禟后，立即命允禟前往西宁，名为军中需人，实是充军发配。允禟要求过了父皇的百日忌辰再走，后来又推托说送了陵寝再启程，雍正迫令他速行，于是允禟在雍正元年（1723年）到了西大通（今青海大通县东南），雍正指示年羹尧加派兵丁监视允禟。允禟到青海后一再要求回京，雍正不予理睬，不放他回京。允禟对于被流放、监禁，十分不满。他是个活人，总要对外联络、通信的，只好采取秘密的方式进行。他私与允禵、允禩通密信联络情况，相约阅后即行销毁；又寄信对其人称"事机已失，追悔莫及"；将家财数百万两带往西宁，购买物件听人索价，"图买人心"；把字纸"缝于赢夫衣袜之内，传递往来"；在西宁时"于所居后墙，潜开窗户，密与穆景远往来计议"；将资财藏匿穆景远处，令其觅人开铺，京人信息从铺中密送等。允禟的这些秘密活动，对他争夺帝位无用，却足以作为被惩治的证据。

康熙晚年最有可能与雍正争位的是允禵，他本是胤禛的同母弟，但两人势不两立，成为对头冤家。允禵倚仗父皇晚年对他的信任，自命不凡，惟恐自己离京师太远，信息不灵，便和允䄉、允禟密切勾结。他对允禟说："皇父年高，好好歹歹，你须时常给我信儿。"在允禵出任抚远大将军时，允䄉、允禟就支持他出面来夺位，当面祝他"早成大功，得立为皇太子"。允禵在西北招贤纳士，网罗党羽，做好了登基当皇帝的打算。康熙崩逝后，允禵奉雍正的命令于十二月十七日回京。他先赴康熙灵柩前哭拜时，雍正也在那里。见到雍正当了皇帝，允禵愤慨万分，勉强地远远给自己的哥哥叩了头，但不向新皇帝表示祝贺。雍正不得不迁就他，走到他面前，他还不移动身子，侍卫蒙古人拉锡连忙拉他向前。雍正指责他"气傲心高"，削去了他的王爵，决心打击他的气焰。于元年（1723年）春送康熙灵柩去遵化县景陵后，命允禵看守景陵，实际上是把他看管起来，并枷杀了允禵的一批家臣。

此外，雍正之兄允祉以学问文才见长。在康熙晚年的争位斗争中，允祉比较稳重，活动不明显。但在允禔、允礽被废、被禁后，他年龄最大，又和胤禛一起被封亲王爵位，经常代表康熙参加各种祭祀和政治活动。允祉负责编修图书，编成了《律历渊源》《古今图书集成》等书，因而在允祉周围聚集了一批著名的学者，受到康熙的赏识。康熙再次废允礽后，允祉在弟兄中以年长居首，也"以储君自命"。当隆科多在康熙崩逝后向雍正宣布遗诏时，允祉第一个向新君表示祝贺，没有表示出抗拒不满的态度。但雍正认为允祉在文人学士中影响太大，也必须瓦解其势力。他诏责在编纂算学各书中作出重要贡献的陈梦雷"不思改过，招摇无疑，不法甚多"，将他的儿子发派边远地区，但刑部尚书陶赖、张廷枢执行谕旨不坚决，把陈梦雷的两个儿子释放了，雍正把他们降职。雍正采取打击允祉下属的办法，拆散、限制了允祉势力的发展。

雍正对其十弟允䄉也进行打击。雍正元年（1723年）蒙古喇嘛教首领哲布尊丹巴呼图克图抵京师拜谒康熙灵堂，病死在京，雍正命允䄉护送灵龛还喀尔喀，并让允䄉斋印册赐奠。允䄉不愿离京，找借口行到张家口后不肯再走，就在张家口住了下来。雍正叫身为总理大臣的允禩议处，允禩建议促令允䄉继续前进，处罚随行而不行谏阻的长史额尔金。雍正对允禩不建议处分允䄉不满，让允禩再议。允禩只得请求革去允䄉的郡王爵位，将其囚禁。于是，雍正便把允䄉革爵禁锢起来，还没收家产金银六十多万两。

对于早已被废黜的允礽和被圈禁的允禔，雍正仍继续将他们禁锢起来。雍正二年（1724年）、十二年（1734年），允礽、允禔先后死于禁所。

雍正的十三弟允祥，是雍正最亲密的助手，雍正的第十七弟允礼曾被认为参加过允禩一党，而被罚守陵寝。以后允祥奏称允礼"居心端方，乃忠君亲上深明大义之人"而极力保举。雍正于是封允礼为果郡王，后又晋封为果亲王，先后主管工部、户部三库等事务，受到雍正的宠信，成为和允祥一样的权大势重的贵族。雍正崩逝时，允礼被授命为顾命大臣之一。

雍正登位初年，从当时的实际情况出发，对有一定政治势力的众多的兄弟运用了或信任依靠，或暂时利用，或排斥限制，或严重打击等各种不同的手段，以巩固自己的统治地位，加强自己的皇权势力，分化瓦解反对他的势力。他的政治手段是成功的。

从雍正所定允禩四十条罪行、允禟二十八条罪行、允禔十四条罪行来看，其中半数左右均是康熙时期的作为；至于雍正登位后的作为，则都不是十分严重的罪行，很多是雍正故意捏造而成。既然他们的许多表现康熙在世时就已知道，但康熙并没有将他们囚禁和处死，而雍正登位后他们也没有公开结党向雍正夺位，并没构成对雍正皇权的威胁。那么，雍正要消除这些势力，本来用削爵降官或免为庶人，不给其掌握实权的办法就可以达到，而雍正则对凡是同他争过皇位的一切兄弟及支持他们的大臣，都要运用手段，置之死地而后快，这充分暴露了雍正性格上"喜怒不定"、残忍凶狠的特征。

3. 巩固皇权,翻脸无情除亲信

在统治阶级内部,由于各种各样的利益,会分化出各个不同的小集团,代表着不同的利益诉求,这些小集团的存在,对统治者是一种潜在的威胁。所以,当某个小集团的势力过于膨胀,影响到统治者的权威时,它的寿命也就到达了终点。

年羹尧、隆科多一直是雍正的亲信,是雍正夺取皇位和巩固皇权的得力支持者。但是因为他们居功自傲,擅权乱政,同样严重威胁了皇权的巩固。于是雍正在严厉打击允禩等朋党集团的同时,也完全消灭了年羹尧、隆科多的权臣势力。

年羹尧,字亮工,号双峰,汉军镶黄旗人,生年不详(一说生于康熙十八年,即1679年)。其父年遐龄官至工部侍郎、湖北巡抚,其兄年希尧亦曾任工部侍郎。他的妹妹是胤禛的侧福晋,雍正即位后封为贵妃。年羹尧的妻子是宗室辅国公苏燕之女。所以,年家可谓是地位显贵的皇亲国戚、官宦之家。

虽然年羹尧后来建功沙场,以武功著称,但他却是自幼读书,颇有才识。他在康熙三十九年(1700年)中进士,不久授职翰林院检讨。翰林院号称"玉堂清望之地",庶吉士和院中各官一向由汉族士子中的佼佼者充任,年羹尧能够跻身其中,也算是非同凡响了。康熙四十八年(1709

年），年羹尧迁内阁学士，不久升任四川巡抚，成为封疆大吏。据清人萧奭（shì）所著的《永宪录》记载，这时的年羹尧还不到30岁。对于康熙的格外赏识和破格提拔，年羹尧感激涕零，在奏折中表示自己"以一介庸愚，三世受恩"，一定要"竭力图报"。到任之后，年羹尧很快就熟悉了四川通省的大概情形，提出了很多兴利除弊的措施。而他自己也带头做出表率，拒收节礼，"甘心淡泊，以绝徇庇"。康熙对他在四川的作为非常赞赏，并寄予厚望，希望他"始终固守，做一好官"。

后来，年羹尧也没有辜负康熙帝的厚望，在击败准噶尔部首领策妄阿拉布坦入侵西藏的战争中，为保障清军的后勤供给，再次显示出卓越才干。康熙五十七年（1718年），康熙帝授年羹尧为四川总督，兼管巡抚事，统领军政和民事。康熙六十年（1721年），年羹尧进京入觐，康熙御赐弓矢，并升为川陕总督，成为西陲的重臣要员。这年九月，青海郭罗克地方叛乱，在正面进攻的同时，年羹尧又利用当地部落土司之间的矛盾，辅之以"以番攻番"之策，迅速平定了这场叛乱。康熙六十一年十一月，抚远大将军、贝子胤禵被召回京，年羹尧受命与管理抚远大将军印务的延信共同执掌军务。

到了雍正即位之后，年羹尧更是备受倚重，和隆科多并称雍正的左膀右臂。年羹尧是胤禛的亲娘舅，在胤禛继位前已为他效力多年，二人的亲密程度自不必多言。雍正元年（1723年）五月，雍正发出上谕："若有调遣军兵、动用粮饷之处，著边防办饷大臣及川陕、云南督抚提镇等，俱照年羹尧办理。"这样，年羹尧遂总揽西部一切事务，成为雍正在西陲前线的亲信代理人，权势地位实际上在抚远大将军延信和其他总督之上。雍正还告诫云、贵、川的地方官员要秉命于年羹尧。同年十月，青海发生罗卜藏丹津叛乱。青海局势顿时大乱，西陲再起战火。雍正命年羹尧接任抚远大将军，驻西宁坐镇指挥平叛。

到了雍正二年初，战争的最后阶段到来，年羹尧下令诸将"分道深入,捣其巢穴"。各路兵马遂顶风冒雪、昼夜兼进,迅猛地横扫敌军残部。在这突如其来的猛攻面前,叛军魂飞胆丧,毫无抵抗之力,立时土崩瓦解。罗卜藏丹津仅率200余人仓皇出逃,清军追击至乌兰伯克地方,擒获罗卜藏丹津之母和另一叛军头目吹拉克诺木齐,尽获其人畜部众。罗卜藏丹津本人因为化装成妇人得以逃脱,投奔策妄阿拉布坦。这次战役历时短短15天(从二月八日至二十二日),大军纵横千里,以迅雷不及掩耳之势横扫敌营,犁庭扫穴,大获全胜。"年大将军"的威名也从此震慑西陲,享誉朝野。

平定青海战事的成功,实在令雍正喜出望外,遂予以年羹尧破格恩赏。在此之前,年羹尧因为平定西藏和平定郭罗克之乱的军功,已经先后受封三等公和二等公。此次又以筹划周详、出奇制胜,晋升为一等公。此外,再赏给一子爵,由其子年斌承袭;其父年遐龄则被封为一等公,外加太傅衔。此时的年羹尧威镇西北,又可参与云南政务,成为雍正在外省的主要心腹大臣。

隆科多,满洲镶黄旗人,其父为一等公佟国维,其妹为康熙的孝懿仁皇后。隆科多虽然没有年羹尧的战功和军事才能,但他作为康、雍两帝的至亲国戚,在雍正为藩王时支持雍正谋取储君地位;康熙崩逝时又是隆科多和诸皇子接受了康熙立雍正为帝的遗诏,"皇考升遐之日,大臣承旨者,惟隆科多一人。"并由隆科多向雍正宣读遗诏后,雍正才登上皇位,因此,隆科多处于受遗诏立新帝的特殊地位。

然而好景不长,雍正对年羹尧的态度发生了变化。雍正二年(1724年)冬,即年羹尧第二次进京时,当年十一月十三日,雍正认为年羹尧"倚功造过",因此他不能"保恩"、"全恩",将要"返恩为仇"了。从三年(1725年)春开始,雍正不断指责年羹尧的错误和罪行,大批调换他属下的川陕两省官员,下令臣下揭发年羹尧,给年羹尧连续降官夺爵。当年一月,曾由年羹尧荐拔、深得年的器重的甘肃巡抚胡期恒向雍正劾奏陕西驿道金南瑛，雍正反对而指责年、胡搞朋党，不准奏。年羹尧曾奏劾蔡珽逼死属官，刑部议奏蔡珽罪应斩，雍正反而接见蔡珽，蔡劾奏年羹尧贪暴，雍正不问蔡珽之罪，并用蔡为左都御史。二月，因发生"日月合璧，五星联珠"的天象，雍正和很多十分迷信的人认为这是祥瑞的表现，大臣们都上表祝贺，而年羹尧在三月所写的贺表上把称赞雍正"朝乾夕惕"的话写成"夕惕朝乾"，而且字迹潦草，雍正认为这是对他的不敬。不久，雍正即"诏责年羹尧未能抚郧青海残部，倘有一、二人逃入准噶尔者，必重罪之"。

当年四月，雍正下令夺去年羹尧的军权，叫他把抚远大将军印交给岳钟琪暂时代理，去浙江就任杭州将军。朝廷大臣看到雍正惩处年羹尧的决心已定，纷纷上奏折揭发年羹尧的罪行。雍正把他们的奏折一一发给年羹尧观看，要年回奏。接着雍正严惩了年的子弟和心腹，或削籍夺官，或逮捕法办。同年七月，雍正撤销年羹尧杭州将军职务，以闲散章京安置杭州，又令地方官员对年羹尧的处理各抒己见，为处死年羹尧制造舆论。于是广西巡抚李绂、河南巡抚田文镜等交相上章，要求处死年羹尧。雍正表示接受群臣所请，于九月革除了年羹尧的所有职衔，下令逮捕年羹尧。十一月，年羹尧被装进囚车送到京师。十二月，议政大臣奉雍正旨意历数了年羹尧的九十二项罪行，请求立正典刑。这时年羹尧在狱中尚且希望雍正念其青海之功赦免一死，在狱中上书给雍正哀求说："臣今日一万分知道自己的罪了。若是主子天恩，怜臣悔罪，求主子饶了臣。臣年纪不老，留作犬马自效，慢慢地给主子效力。"他叫雍正为"主子"，仍是沿用雍正为亲王时在藩邸的旧称。但雍正不为年的哀求所打动，处死年羹尧的决心已定，认为年的九十二款罪行中应服极刑及立斩的就有三十余条，但仍表示"开恩"，勒令年羹尧"自裁"。年羹尧接到自杀的命令，还迟迟不肯动手，雍正让年羹尧的死对头蔡珽监刑。在蔡的催促下，年羹尧自缢而死。年羹尧的父亲年遐龄、兄年希尧因未曾参与年羹尧的罪行，被革职而未处刑；年羹尧之子年富被斩首，其他十五岁以上之子发遣广西、云南、贵州等边远烟瘴之地充军，嫡亲子孙将来长到十五岁时，皆次第照例发遣，永不赦回。但到了雍正五年正月，雍正还是赦免了年羹尧戍边的儿子。

雍正处死年羹尧后，随后开始消灭隆科多的势力。隆科多任总理事务大臣并主管吏部后，由他经办的铨选，人们称之为"佟选"，独掌了用人大权。隆科多虽然是雍正的心腹，在遗命立诏上起了重大作用，但他深知雍正容不得人，生怕自己的地位不得长久，于是很早就把私产分藏到各亲友家和西山寺庙中。雍正知道后觉得他不守人臣大义。隆科多又主动辞去步军统领一职，雍正即想选用巩泰来替代他，不让隆科多再对这一重要职务产生影响。隆科多又常与允禩一党的人秘密来往，且年羹尧案发后，隆科多为年羹尧的罪行包庇纵容。雍正更加愤怒，认为隆科多与年羹尧结党，还想把允禩党人网罗进自己的集团。这样，雍正在谴责年羹尧的谕旨中，就把隆科多跟年羹尧连在了一起。三年（1725年）六月，雍正处理年羹尧之子年富时，同时撤销了隆科多次子玉柱的乾清门头等侍卫、总理侍卫事、銮仪卫使等职。雍正令吏部议处年羹尧妄参金南瑛之罪，隆科多主持的吏部前后提了两个处理意见，雍正认为前议处理过轻，后议处理过重，是"舅舅隆科多有意扰乱之故"，令都察院严加议处，以致隆科多被削去太保之职，被命往阿兰善山修城垦地。

年羹尧被处死后，雍正于四年（1726年）一月削除了隆科多的职务，但仍命令隆科多先去阿尔泰山议定准噶尔和喀尔喀蒙古游牧地的疆界划分，后来又派隆科多代表中国政府与俄国使臣会议划定中俄中段国界。雍正说："此事隆科多非不能办者，伊若实心任事，思盖前愆，朕必宽宥其罪；若心怀叵测，思欲偾事，所定边界不合机宜，于策妄阿拉布坦、俄罗斯地方生事，朕必将伊治罪。"隆科多认真执行了雍正的使命，在完成这两个任务中尽责尽力，作出了贡献。特别是在中俄边界会谈中，隆科多坚持维护中国领土统一和国家主权的严正立场，坚决要求俄国归还它所侵占的中国蒙古族地区。尽管隆科多"实心任事"，而雍正却违背诺言，不肯"宽宥其罪"，他清除隆科多的决心已定。正当隆科多为维护国家利益与俄国使臣紧张谈判时，雍正以追查隆科多私藏玉牒底本事，突然召回隆科多，命策凌等人，代替隆科多的职务。策凌等在谈判中没有坚定维护国家利益的立场，连连向俄方让步，于当年七月签订了中俄《布连斯奇条约》。隆科多回京后，诸王大臣议上隆科多罪行四十一款，分析隆科多的四十一款罪行，其擅权、结党、贪婪之罪确实有之，但远较年羹尧为轻，雍正要处治他也不过分；但他不像年羹尧那样肆无忌惮、专横跋扈，自知收敛退让，主动辞去了军职。他在犯罪后处境困难的情况下，还受雍正命令代表国家与俄国使臣谈判边界问题，为维护国家主权和领土完整作贡献，这是极为难能可贵的。

年、隆结党又结亲，本来是雍正自己拉拢撮合的，打算是要他们两人成为支持自己统治的主要力量。年羹尧自尽后，隆科多已处于孤立无援的地位，其实已不可能形成对雍正皇权的威胁。如果雍正全面衡量其功过利弊，本来对隆科多处以夺爵降级或免官的处分即可达到目的，但雍正还是在五年（1727年）十月，下令把隆科多在畅春园附近永远圈禁。雍正六年（1728年）六月，隆科多终于死于禁所。

消灭年、隆，是皇权和臣权的斗争，是专制主义中央集权和地方或大臣分权的斗争，也是决心整肃吏治、打击贪赃枉法的雍正和擅权贪赃枉法的坏官之间的一次最大斗争。年、隆之死，是罪有应得，自取灭亡。雍正瓦解年、隆集团，大大加强了自己作为唯一主宰朝廷、君临天下的皇帝控制天下的绝对权力，对于他进一步推行各项改革，整顿官场风气，澄清吏治，建立绝对服从皇帝的勤于政事、清正廉洁的官僚体制，进一步巩固封建国家来讲，是必要的、进步的。但在雍正与年、隆的关系中，先则宠之太过，信之太专，不听其他臣下对他们的揭发意见，造成了年、隆的结合，怂恿了他们权势和罪行的发展；后则竭力网罗罪状，无情打击，把年、隆的全部罪过都归结到年、隆个人身上，必欲置之死地而后快，充分体现了皇帝一个人说了算，"君要臣死，臣不得不死"的专制主义统治的政治特色以及雍正喜怒无常、阴险残忍的性格。

4. 改革赋役，保障国库收入

经济的发展左右着国家的发展、家族统治的稳定。国家要有财力来维护整个制度的运转，家族统治者们也需要金钱来供自己享乐。有钱才好办事，对个人对国家来说，都是一样的。对于历朝历代的统治者们来说，如何保障国家的财政收入，如何获得更多的经济利益，是一个极重要的问题。

差徭和田赋两项人民对封建政权的负担，历来分别被征收。徭役十分重，为无田者所不能承担，加之绅衿规避丁役，差徭不均，迫使劳动者隐匿人口，逃避差役，封建政府的征徭也无保障。这种徭役制度的不合理性，已成为必须解决的社会问题。

明清时期，有的官员针对徭役制的弊病，就在自己的控制区进行改革。明末，陕西户县实行并丁于粮的办法，只把丁银归入田粮征收，不再按人丁完纳。崇祯八年（1635年），汉中府城固县也实现"丁随粮行"新法。顺治十三年（1656年），南郑县也推行这一方法。

在康熙执政时期，多地农民以运动的方式表达反对以丁派役的诉求。浙江宁波府农民提出"随地派丁"的主张，富豪反对，争持不下。

在这种情况下，一些官僚较为深刻地认识到丁役问题的严重性，主张改变役法。曾王孙提出丁随粮行可以去"三弊"收"三利"的主张，他说，实行丁差，应该不停地编审，但是也得不到人丁的实情，还是出现老人为丁，强壮为黄小的弊病；人丁本应人死除名，但官吏舞弊，使人多之家不任丁役，贫苦人无丁而有丁徭；穷人承担不起，或逃亡，或拖欠，官府得不到实惠，还害得里甲赔累，官员被惩责。他认为实行丁随粮办有三个好处：买田的人增加田赋，随着增添丁役，则卖田的粮去丁也去，没有包赔的痛苦；以粮派丁，官吏不能放富差贫，可以澄清吏治；无税粮的人口不再受丁银的拖累而逃亡，可以安心在乡从业。

学官盛枫明确提出丁课均入田税的意见，他说：把一县的丁银平均分摊到全县田亩中，每一亩所增加的有限，不是大毛病，而贫民则免除供输，会使国课有保障，官员考成无问题，这是"穷变通久之道"。

反对丁随粮办的官僚也十分多。邱家穗讲出两条理由：一是丁并于粮，将使游手之人无所管羁；二是穷人富人都是人，都应有役，并丁入粮，使贫者躲过，让富人代赔他们的丁银，也不公平。他站在富人的立场，坚持丁、粮分担。

康熙实行滋生人丁永不加赋的政策以后，丁役的问题更突出了。康熙宣布以康熙五十年（1711年）的人丁数为基准征收丁银，以后不管增添多少人丁，也只收那些丁银，不再加税。这项政策在中国赋役史上具有重要意义，它把人口税固定下来，对于后世日益增加的人丁，减少了丁银负担量，有利于劳动力的增值。但是原来丁、粮分征，丁役不均的积弊依然没变，而且还出现了征收方法上的新问题。人口总在不断变化，有的户有死亡，有的户有增添。这项政策实行后，怎样在具体的民户中开除旧的丁银额、增添新的丁银额就不如以前那样简单了。死亡和新增人丁数目绝不会相等，往往新增的多，这就不能用某一个新丁替代已死人丁的差徭。不仅这样，由于人丁的增多，原有人丁的负担也要相对减少，这就需要重新计算每一个人的丁银量，还需要随着人丁的变化相应计算，而这不是一件容易办到的事情。所以随同滋生人丁永不加赋政策的实行，应该寻求落实人丁丁银的具体办法。

御史董之燧在五十二年（1713年）就敏锐地察觉到了这个问题，从而建议把丁银总数统计明白，平均摊入田亩中，按亩征收。户部讨论了他的建议，认为那样改变丁、粮分别征收的老办法，变化很大，不能实行，但是他提出的问题又不能不处理，就让广东和四川两省试行。因此四川实行"以粮载丁"的办法，于征粮赋中带收丁银，广东丁银按地亩分摊。

即使这样，持反对意见的人仍很多，福州人李光地可算代表了。该地官员议论实行按田派丁，李极不支持。他除具有邱家穗的观点，又认为滋生人丁永不加派政策使丁银固定，官吏不能放富差贫了。若按田亩派丁，各地亩积大小不同，做不到平均；若依田粮派丁，则税粮有轻重不同，又不能不出现偏差。他还认为丁并于粮，实行长了，或者会以为有粮赋而没有丁银，会添设丁课，形成加赋的大毛病。抛开他的顽固态度不讲，他提出了实行丁并于粮可能碰到的新问题。

到康熙去世时，改变役法与维持旧法的两种主张也没有争出高下，事情拖了下来，雍正继位就面临着这个棘手而又必须解决的问题。

第一个触及这个问题的是山东巡抚黄炳。他在雍正元年（1723年）六月奏请按地摊丁，以解民困。他与曾王孙、盛枫等人有所不同，身任封疆大吏，更感到丁、粮分征下贫民逃亡问题的严重。他认为有地则纳丁银，无地则去丁银，使贫富负担均平才是良政，因而主张丁银摊入地亩征收。雍正认为"摊丁之议，关系甚重"，不是可以轻易决定的。不但没有采纳他的建议，反而责备他"冒昧渎陈"，告诉他把一省的刑名钱谷办理好是正事，这时谈改革是事外越例馈求。一个月后，直隶巡抚李维钧以有益于贫民为理由，奏请摊丁入粮，他深知有力之家不乐意这样办，可能会出现反对，而户部只知按陈规办事，也不会同意，因此要求雍正乾纲独断，批准他推行。雍正不再像对待黄炳那样，把他的奏章交户部讨论。九月，户部议复，同意李维钧的主张。雍正还不放心，命九卿詹事科道共议，诸臣提出几个问题，一是亩有大小，按亩分摊，并不平均；二是有人卖田，必先卖去好田，剩下次田，再完丁银就有困难；三是有人卖田而代买主纳钱粮，这就还要代纳丁银。

雍正命李维钧就这个问题详细研究，一定做到对税收无损、对百姓有益，让人挑不出毛病来。李维钧回称准备把地亩分为上、中、下三等，丁银按地亩等级摊入，不至于好坏地负担不均。雍正称赞他"筹度极当"，同意他于二年（1724年）开始实行。从雍正的态度看，他从消极转变到积极，变化迅速。所以能如此，是由于他本着为政务实的精神，采纳臣僚的正确意见，作出果断的决定。以此而论，丁归田粮制度的建立和实行，决策人物雍正起了积极的作用。

直隶的事情决定之后，雍正指示黄炳向李维钧了解推行情况，黄炳表示第二年春天就提请实行，第二年果真实现了他的愿望。二年十二月，云南巡抚杨名时奏报他的辖区"子孙丁"的严重情况：有的人户早已没有半寸土地，人丁也不兴旺，但丁役册上有多人的丁役，历代相传，编审时也不予减除，使孤贫之丁承继上辈的徭役。杨名时表示要改变这种不合理情形，向直隶学习，使丁从粮办。雍正同意了他的这一要求。同年，浙江官员在原来部分州县摊丁入粮的基础上，准备全面推行，田多的富人不同意，到巡抚衙门喊叫阻拦，巡抚法海惊恐地表示暂不实行，无田的穷人很不满意，聚众到抚院请愿，支持和反对的两种势力激烈地斗争着。

巡抚李卫采取强硬手段，制服了闹事者，使十几年来争执不下的摊入丁亩制度在全省推行。同年四月，田文镜在河南进行编审，部分贯彻摊丁入粮方针，把没有土地的少壮农民的应纳丁银，着落到地多粮多的人户。八月提请推行并丁入粮，雍正允许他于下年实行。在此后的两年内，福建、陕西、甘肃、江西、湖北、江苏、安徽等省陆续实行丁归粮办的政策。只有山西没有跟上来，迟至九年才开始试行，到乾隆中期慢慢实现。此外，奉天府人籍增减变化比较大，仍按旧丁、粮分征。

摊丁入粮，从康熙年间辩论要不要实行，到雍正决策施行及制定法规，再到乾隆中期在全国完全实现，中间经历了半个世纪。这个过程表明，它的实现是斗争的结果。

摊丁入粮，使有土地的人增加了赋税，而"贫者免役"，"贫民无厘毫之费"，这是利贫损富的措施。对这一点，雍正很明白。雍正君臣实行摊丁入粮，是故意压抑富户，扶植贫民，改变过去丁役不均，放富差贫的情况。但是，更重要的是丁、粮合并征收，清朝政府的丁银收入有了保证，因为纳粮人完成丁银的能力，大大超过无地的农民。保障丁银的征收，这才是雍正的真正目的。

5. 争取民心，解放"贱民"

独木难成林，众人的支持是成就大事的基础。那些想有所作为的君主们在获取民心方面总是会采取很多措施，以期待万民归心。拥护的人越多，统治的根基也就越稳。

中国古代号称士农工商、四民平等，但社会上的四民之外，别有贱民，即地位特别低微的社会群落。他们或因民族异同，或受政治迫害，或因社会上莫名其妙的陋习，被列入贱籍，终生不许脱离，也不允许和正常人通婚，不容许参加科举，只能从事一般人不愿干的职业，还不能自由改变身份。

解放贱民虽是仁政，但未实施之前，也不会有太多人经常去提及，好像这是一个不存在的群体。因为贱民只占少数、是一个弱势的边缘群体，亦即一个偏于"沉默"的群体，他们的痛苦没有表达的途径，一般人又不去理会，这也是他们的生活很少见诸史籍的原因。

他们是被侮辱和轻蔑的一群人，也是被遗忘的一群人。封建统治者素来号称以仁治国，但历代都产生与人道原则相违的贱民，迟至雍正一朝才给以法律上的完全革除，这不能不令人生发出中国社会改革过于迟缓的感慨。

雍正元年三月，监察御史年熙上书请求除豁山西、陕西乐户的贱民的贱籍。晋陕乐户的祖先原是明朝永乐帝夺天下时,坚决拥护建文帝的官员,永乐成功后,关的关,杀的杀,除了加害这些政敌本人,还将他们的妻女罚入教坊司,作为官妓,世代相传,久习贱业,以作为对政治异议者的残酷惩罚。

这些贱民想脱离卑贱处境,因身陷乐籍,政府不许,而地方上的缙绅恶霸更以他们为蹂躏对象,也不容他们跳出火坑。他们的苦难已持续了几百年,却不能解脱。年熙奏疏说,这些人实际上都是忠义之士的后代,却沉沦至今,无由自新,太悲惨了,请求雍正开豁他们的贱籍,准许他们改业从良。

年熙为年羹尧的儿子,雍正又把他赐给隆科多为子,这时年羹尧还在川陕总督任上,而山西也是年羹尧的势力范围。年熙的建议可能跟他生父商量过,他又同雍正关系不一般,也可能事先了解雍正对这个问题的态度,所以才投其所思,有此动议。条议上呈之后,雍正十分赞同,便令礼部议行。大臣们秉从旨意,说"压良为贱,前朝弊政。我国家化民成俗,以礼义廉耻为先,似此有伤风化之事,亟宜革除"。

雍正批准乐户改业从良,同时命各省检查,若有如此贱民一律准许出贱为良。于是其他省区的贱民也得以开豁。

值得一提的是,乐户除籍之议很可能发起于年羹尧,而得到雍正的大力支持。因为年羹尧犯罪后,署理山西巡抚伊都立参劾他,说他将皇上乾纲独断的乐户出籍的事据为己功,且向泽州乐户窦经荣索取谢银十万两。年羹尧辩白说:改乐户为良,是"圣主首端风化",哪里敢掠夺为己功云云。山陕乐户削籍的同时,雍正命令除豁京中教坊司乐户。清初定制,凡是重要场合的奏乐,均由教坊司演奏。

雍正命乐户从良,另选粮通音乐的良人,充当教坊司乐工,专职演奏。这使教坊司的乐人改变了属籍,成为良人的职业。七年,雍正又把教坊司改为和声署,由内务府管理,官员由内务府、太常寺、鸿胪寺官兼任。"教坊司"改名为"和声署",就说明它是良人充役的机构,名实相符。这一改,进一步巩固了乐户除籍的成果。

不过,当时贱民的种类十分多,除去乐户之外,还有浙江的惰民,广东的旦户,徽州的伴当等。因此,仅仅解放乐户还是远远不够的。元年七月,两浙巡盐御史噶尔泰趁着乐户削籍之机,上奏折请求豁免浙江绍兴府惰民丐籍。惰民的来源是宋代罪人的后代,已有数百年的历史。惰民籍属丐户,不得列于士农工商四民的名籍,是为贱籍,不许改变。他们从事的职业是士农工商所不愿干的,男子作小手艺和小买卖,塑造土牛、木偶、编机扣、捕蛙龟、卖汤饼,或者当吹鼓手、演戏、抬轿子,女子则做媒、当伴娘、卖珠、做接生婆。他们从事的是服务性的工作,是现在我们所说的"第三产业"。光从"惰民"这个名称就可以看出社会对他们的歧视。所谓的服务业虽不可或缺,却被当时农业社会所鄙视,社会地位十分卑贱。

政府不许惰民读书应举,不能做官,不得充当吏官、里长,不准与良人通婚,也不得与良人平等相处。作为一种侮辱性的习惯,惰民们的居住地区、房屋式样、穿着打扮、行路乘车等方面,都有规定,不能随便改变。因此惰民同乐户一样,毫无任何政治权利,没有人格尊严,是最受侮辱、损害和压迫的人群。

噶尔泰认为应给惰民自新之路,请求照解放乐籍的前例开豁。雍正命礼部议奏。礼部认为捕龟、卖饼、穿珠、做媒是贫民糊口职业,假如削除其籍,就是不许他们再做这些事,他们反倒无法谋生了,不同意削籍。

雍正说除籍"亦系好事",礼部不要反对了,于是令惰民放弃原来职业,别习新职,脱离丐籍,转为民户,按照良民纳税服役。

此外,在江南苏州府常熟、昭文二县有种丐户,他们的籍属、社会地位与浙江的惰民完全一样。八年,江苏巡抚尹继善以他们业已"化行俗美,深知愧耻,欲涤前污",请求循乐户、惰民事例,除其丐籍,列入编户。雍正同意了他的请求。其实早在五年，雍正就亲自提出安徽宁国府"世仆"、徽州府"伴当"的从良问题。雍正认为"伴当""世仆"这两类贱民，许多不是由于政治因素或债务关系沦为贱民的，而是出于茫然不可考的因素，是一种地方陋习演变的结果。

雍正提出让这些贱民从良有两个好处：第一是使他们向上，也就是说，除去其自卑感、悲苦感，给他们以过正常社会生活的希望；此外，也给他们的子女以平等的地位，不至于一生下来就低人一等。这两点也是十分符合儒家乐生、平等的人伦道德的。雍正命令安徽巡抚魏廷珍查核，提出处理意见。魏廷珍议请区别对待如下：绅衿家典买的奴仆，如果有文契可考，还没有经过赎身者，本身及其子孙俱应听从主人使役；即便已经赎过身，其本身及在主家所生子孙仍应有主仆名分；奴仆在赎身之后所生子孙，与原主没有也不应再有主仆名分，准许豁免为良；年代久远，没有文契，也不受主家豢养的，统统不许以伴当、世仆对待。

世仆、伴当所受压迫，同惰民一样，习鼓吹、抬轿，不与大姓联姻，不准报考。雍正认为他所议"允当"，也就是公正恰当，便批准执行。雍正这一措施，使他们从此免受了不少凌辱。

广东沿江沿海有一种"旦民"，早在宋代就采集珍珠，向政府纳贡。到了清初，在广州河泊所下辖的，每年按户纳鱼课，少数人已粗通文字，上岸居住。雍正于二年亲书朱谕，命将旦民编立埠次，加以管理。六年，向广东督抚发出上谕："旦户即苗蛮之类，以船为家，以捕鱼为业。通省河路，俱有旦船，生齿繁多，不可数计。粤民视旦户为卑贱之流，不容登岸居住，旦户亦不敢与平民抗衡，畏威隐忍于舟中，终身不获安居之乐，深可悯恻。旦户本属良民，无可轻贱摈弃之处，且彼输纳鱼课，与齐民一体，安得因地方积习，强为区别，而使之飘荡靡宁乎！"

雍正指出，陆地居住的广东人将居船的旦户视为贱民，是不合理、不人道的，应以旦户们交纳渔税为主要事实，把他们当作平民百姓，不让他们被社会排斥，在江海之上飘来荡去，无所依靠。他指示广东督抚："凡无力之旦户，听其在船自便，不必强令登岸。如有力能建造房屋及搭棚栖身者，准其在于近本村庄居住，与民丁同编列甲户，以便稽查，势豪土棍不得借端欺凌驱逐。并令有司劝谕旦中，开垦荒地、播种力田，共为务本之人。"这就是说，旦户们能够上岸、愿意上岸居住的，地方官应为他们开辟地盘，一视同仁，防止地方土豪恶棍欺侮他们，鼓励他们耕田谋生。这样，不知延续几个世纪的旦户问题，第一次提到中央政府的议事日程上来，得到了初步的解决。雍正在短短几年中，从法律和道德上解决了数百年来积存的问题。

丐户、乐户、旦户、世仆、伴当等贱民是历史遗留的问题，几百年来，为何没有人像雍正一样来触动他们，甚至很少听到知识分子为他们呼吁的声音？

明朝人沈德符就曾对此不解地说：何以自宋迄今六百余年，惰民"不蒙宽宥"？深析起来，促使雍正这样做，则有一系列相关原因：

首先，最值得重视的一点，这是和雍正整体宏伟的治国思路相贯穿的，是制度化、全局性的大手术，不是心血来潮的一时冲动。在雍正朝，执行打击不法绅衿的政策，而贱民们主要是受绅衿的控制，为他们服务。如果贱民要脱籍，就会侵犯地方绅衿的利益，他们自然不乐意，定会千方阻挠。所以雍正除豁贱民的法令中，才包含进禁止"绅衿土棍"阻拦贱民出籍的条文。据此可见，释放贱民，是中央同不法绅衿、地方恶势力的一场角力，此举有着深远的意义。这是雍正力革前朝弊政，推行改革政治的一项重要内容，其目的是压制地方绅权，提高中央威权，这同摊丁入粮、耗羡归公、改土归流等项政事一样，是雍正整体治国思路中的一个重要环节，这也是争取民心的策略。

根据记载，当乐户除籍令颁发的时候，乐户们都激动得涕泪俱下。噶尔泰很能恰到好处地赞美皇帝，他说，雍正皇帝此举"使尧天舜日之中，无一物不被其泽。使生者结环,死者衔草,即千万世之后,共戴皇恩于无既矣"。虽有不实之处,也可见释放贱民确实是一种仁政,可以提高皇帝的威望。

其次,在雍正初年,统治尚不稳固,特别需要广大民众的支持。确立一个有作为的中央政府的形象,这也是雍正忙于处理贱民问题的原因。当时社会观念对待贱民的态度有两种:一是以地方绅衿为主,要维护既得利益,要坚持等级制度,奴役贱民;一是雍正朝的君臣,主张部分地释免贱民,而后者显然更符合儒家道德。

雍正也是这么想的。他说:"朕以移风易俗为心,凡习俗相沿,不能振拔者,咸与以自新之路。"令贱民改业从良,就是"励廉耻而广风化也"。特别应当指出的是,贱民的解放,也不完全是一个好皇帝的恩赐,其中也有历史的必然性。

任何解放都不可能完全是由上而下的解放,一定要有自下而上的争取,解放才可能展开,受苦的人才能最终脱离苦海。贱民所受的压迫,迫使他们产生反抗情绪,时或爆发反抗斗争,这是他们能够获得解放的重要因素。

贱民各种形式的反抗斗争,引发社会动乱,统治者必须想办法"息事宁人"。正好雍正又要打击绅权,就把这两方面结合起来:开豁贱籍可消减贱民的对抗情绪,又是取消不法绅衿特权的一个方法,可谓一举两得。

雍正此举是符合当时社会斗争的趋势的。然而,从贱民自身的角度来说,这还不是完全的解放,任何一种解放事业都必然是艰苦而漫长的,是社会性的事业。

雍正的除籍令下达之后,少数贱民改业、从良,摆脱了屈辱的地位,多数贱民依然如故。苏州的丐户还要应承迎春扮演的差役;宁波府没有得到削籍的十分多,矛盾严重,终于在光绪三十年发生第二次除豁事件。安徽贱民与绅衿的斗争一直延续到清朝末年,绅衿顽固地制驭世仆,不容改业，如析门县的周姓为李姓世仆，嘉庆十四年，按雍正例开豁为良，但李姓不依，仍然要周姓服役。道光元年，有个叫李应芳的，强迫周觉春充当吹鼓手，以致闹出人命案子。并且清朝政府对从良的贱民十分苛刻，这都影响着贱民真正摆脱奴役地位。所以雍正的一纸命令和某些努力，并没有从根本上拯救贱民。

这是因为贱民的解放并不是某个人的意志所能决定的事情，它决定于社会状况和经济状况，比如他们要求社会给他们提供新的就业机会，可雍正时代并没有提供这个条件。在讨论噶尔泰的建议时，礼部就指出，惰民的就业问题不能解决，是考虑实际问题。事情也确实如此。在大多数贱民没有新的谋生之道之前，不可能做到真正的从良。

尽管如此，雍正的开豁令仍具有重要历史意义，它给贱民解放提供了一个巨大的可能性。具体来说，削籍令是政府宣布放弃对贱民的特殊控制法，使贱民有了离开贱籍的法律依据。贱民只要符合政府的条件申请改业从良，就可以按照正常社会成员的方式进行生活，一定时期之后还可以应试做官。如果同平民发生纠纷，可凭良人的身份出现，不会像过去那样因是贱民而遭受不应有的歧视和打击。

贱民的除籍，使他们几百年的积郁有所舒张，生活信心有所增强，奴性有所消减，从而使他们受到压抑的创造力得到一定程度的解放。这也是对这一部分社会成员的生产力的某种解放。

另外，雍正实行摊丁入粮制度后，人民的封建隶属关系有所削弱，贱民的除籍正与这一历史趋势相符合。雍正朝这一自上而下的"阶级解放"政策反映了时代的要求，是十分开明的做法。

6. 推行保甲，加强约束

稳定的社会秩序是每一个统治者的追求，只有社会稳定，人心才会安定下来，才不会发生各种各样的破坏统治秩序的事情，家族的统治才能稳固。

保甲制度是中国封建王朝长期延续的一种社会统治手段，它是历代统治者对地方施行统治与管理的常用办法。它的最本质特征是以"户"为社会组织的基本单位。汉代的五家为"伍"，十家为"什"，百家为"里"；唐朝时四家为"邻"，五邻为"保"，百户为"里"；北宋王安石变法时提出了十户为一保，五保为一大保，十大保为一都保；元朝又出现了"甲"，以二十户为一甲，设甲生。到了清朝，终于形成了与民国时期十进位的保甲制极为相似的"牌甲制"，以十户为一牌，十牌为一甲，十甲为一保，由此建立起了封建王朝对全国的严密控制。保甲是国家以民众居住地为基础，令其按一定规则组织起来的自己管理自己的治安教化组织。

雍正实行摊丁入粮制度后，人民的封建隶属关系有所削弱，贱民的除籍与这一历史趋势相符合，雍正朝这一自上而下的"阶级解放"政策反映了时代的要求，是开明的做法。收钱粮没有关系，而这样编审制度就成为多余的了。

第五章 雍正 铁腕帝王 一代名君

由于清初实行户口登记，以户为单位，记注丁口、籍贯、职业。丁口，是政府征发徭役的根据；籍贯关系到人们读书、应试、做官等权利；职业，有的不能随意改变。这些内容关系着政府和人民的利害，双方都非常重视。政府根据这些内容进行统治，同时也更加留心。由于人们的家庭情况总在不断地变化，所以户籍登记也在不间断地进行。清初政府规定三年进行一次编审（后改五年一次），稽查户口，尤其重视核实丁口，所以叫做"编审壮丁"。当编审之年，各省在年终报告户部。如果违限不报，经管官员都要照违限例议处。可见编审户口，是地方政府的重要事务。雍正实行摊丁入粮制度，使编审壮丁的必要性大大降低了。

而废弃编审后，如何管制民人，雍正制订了保甲条例：（1）十户为一牌，设一牌头，十牌为一甲，设甲长，十甲为一保，设保正。（2）畸零村庄、"熟苗"、"熟僮"，一体编入保甲。（3）地方官不卖力奉行，按情节分别议处。（4）建立民间奖惩办法，对违犯保甲条令的人，若被告发，按被揭发的人数给奖；若为隐匿，予以杖责。雍正批准这一条例，命各省通行，限一年内执行完毕。这就在事实上停止了编审，这一制度到乾隆三十七年（1772年）被正式取消。编审停止后的保甲法，与以前的不同，它包含着调查户口与维持治安两项内容，以突出它的治安管制的性质。

也就是说，自此以后，封建政府日常控制人民的手段，主要是保甲法。所以说自雍正四年起，雍正厉行保甲，是在摊丁入粮新形势下对人民进行的约束。自此之后，清朝政府就把推行保甲制当作考核地方官吏的重要内容。

在编排保甲时，雍正解决了对棚民的控制问题。当时，有一部分在本籍无业的农民到异地谋生，或开山种地，或做雇工，因为他们搭棚居住，所以被称作"棚民"。他们多生活在丘陵地带，以江西、安徽、浙江、福建、湖北、陕西、四川等省山区尤多。他们迁徙不定，生活没有保障，还曾发生过武装起义，因而引起统治者的注意。雍正二年（1724年），户部尚书张廷玉认为浙、赣的一些抢掠事件，是棚民煽惑倡首，应设法安置，疏请敕令督抚派遣能干的州县官严行管制，加以编排，在稽核保甲时一体查察，并请允许棚民读书进学，把他们变为土著，以绥靖地方。雍正命有关官员议处。雍正三年（1725年），两江总督查弼纳、浙闽总督觉罗满保疏奏处置浙、闽、赣三省棚民办法。雍正四年（1726年），雍正令仿照保甲的法规，按户将棚民编审入册，租地的山主、雇工的雇主，都要对棚民进行担保；入籍的棚民一经获准，即与土著一体当差；入籍二十年的可以参加文武生的考试。条令颁布后，由各地督抚监督落实。

雍正六年（1728年），大理寺卿性桂到衢州密访后，奏称"棚民近日光景，皆知安分，不敢生事"。雍正自负地说："在昔棚民，何有今日光景，经大费一番措置，方能如是帖然。"编查棚民法令下达时间一长，地方官和担保的山主、地主就忽视它了，但雍正没有忘记，即使是在死前的一个月，仍发出上谕，要求"督抚等转饬有司实力奉行，毋或怠惰，倘有不遵，即行严参，从重议处，若督抚失于觉察，朕访闻亦必加以严谴"。雍正在位，始终大力推行保甲法（包括棚民编查），企图使人民俯首帖耳，任其摆布。

雍正推行保甲制度，是在摊丁入粮新形势下对人民进行的约束。这样既解决了人口的编审问题，又解决了流动人口的安置和管理问题，加强了地方的治安管理，稳固了社会秩序，具有积极的意义。

7. 设祠堂，将统治深入民间

> 老百姓的力量是无穷的，既能载舟又能覆舟。封建统治者深知，只有牢牢地控制了老百姓，才能高枕无忧，天下才能掌握在自己手中。

实行孝道，历来被封建统治者视为做人的根本。顺治、康熙两朝撰述《孝经衍义》，康熙四十一年以前，会试第二场的论题，先从《孝经》选出，后因大力提倡宋儒理学，而改在周敦颐的《太极图说》《通书》等书中出题。雍正继位后，强调"孝为百行之首"，重视《孝经》，下令从元年恩科会试起，仍用《孝经》命题，"庶士子咸知诵习，而民间亦敦本励行，即移孝作忠之道胥由此乎"。就是令人懂得孝道，在家做孝子，而这种人到了社会上，无论是做官还是为民，都能竭尽本分，忠实于朝廷。其实早在东汉时期，就有人说"求忠臣必于孝子之门"。雍正把它概括为"移孝作忠"，这更说明统治者提倡孝道，最终目的是要臣民忠君做顺民。雍正围绕这个目标，便大力倡导孝道以及与它相联系的宗族制度，实行以孝治天下的方针。

孝道实行于家庭，家庭又是宗族成员，推崇孝道，必然重视宗族。雍正把兴建祠堂、设立宗族学校、添置族产、纂修谱牒这四事，当作维持宗族制度的主要事务。

在清代，一部分家族设立宗祠，有的大族还另立支祠，祠堂设有族长，大祠堂还有其他管理人员。祠堂的职责表面上是管理祭祀，实际上是统治族人的机构。雍正为了强化它的职责，于四年（1726年）下令在宗族设立族正，"察族之贤不肖"，即考察本族内人的行为是否符合封建的道德标准，以表彰遵守封建道德的模范，谴责它的破坏者。族长的确定，是宗族内自主的事情，他主持族政，政府一般都会给予支持。族正，由政府指定，代表官方，加重了宗祠的权力。五年（1727年），雍正更改与祠堂有关的法律条例，他说经官惩治而不悔改的人，准许祠堂告官，可以将他流放远方，以为宗族除害；若祠堂私自以族规处治，以致身死，可免执行人的抵罪。经过九卿讨论，根据他的指示精神，确定了相关的律例。司法权原来只在政府手中，如此变更以后，使祠堂也拥有了惩治族人的某种司法权，族长的权力加大了。雍正企图利用宗族权力辅佐政权，使两者更好地结合起来，以维护清朝的统治。但是这种改变，破坏了政府司法权的完整性，造成了政府与宗族的矛盾。因而族正和处理族人司法权的律例能否长期存在，就成了问题。乾隆初年把族正给否定了，至二十二年重新设立，可见雍正父子是在探索如何更好地进行族权与政权的配合问题。

雍正十年，内阁学士兼礼部侍郎张照奏称：读《圣谕广训》有"甲置义田以赡贫之"之教，其祖张淇用己一千亩作为义田，赡养同族的贫民，现今请求皇上允许立案，在政府注册，载入县志，该项土地不许别人夺取，即使张淇子孙也不得出卖，他人亦不能私买，违者照律治罪。如此则该项田产可以长期保持，以利解决贫宗的生活问题。雍正见这是响应他的号召，高兴地允许立册存案，并说："张淇以己田作为公产赡养宗党，其敦本厚族之谊可嘉"，应当表彰他这种义举。张淇用私田作义田，建立义庄，经张照的登记，可以长久地保存，土地不仅他人禁止侵犯，连政府也保证不损害它。义庄开始于北宋的范仲淹，他的事业继续维持下来。该族范瑶又以己田一千亩扩建它，收租赡族，其扩充部分，亦申请立案。该义庄所在地的江苏巡抚尹继善奏称，范瑶的行为是受皇上《圣谕广训》教导的结果，现在"化行俗美，群黎编德，三吴士庶，莫不闻风兴起，咏歌盛世，传为美谈"。雍正说范瑶义风可嘉，应当鼓励，于是将他从候选知州补授为员外郎。雍正同时教训尹继善："地方上偶一善事，何得遽云化行俗美，群黎编德？"他不以有少数义庄为满足，希望大量出现，以实现他倡导义行的主张。义田、义庄的地租，一部分用作赡济宗族内贫宗成员。雍正号召置立义田，是利用宗族的力量实行互助，减少政府的压力，让那些不稳定因素因为生活问题得到解决而暂时稳定下来。这也是用宗族制度支持政权的一种方式。

雍正表彰义庄的建立者，仅仅是他旌表义行的一个内容。元年（1723年）二月，他命礼部讨论建立忠孝节义牌坊事务，他说以前疆吏把此事当作形式，从未认真执行，富室巨姓滥膺表扬，穷乡僻壤的孝子节妇反遭隐没不闻，督抚学政必须加以调查。报请旌表，申请人需要到县城，要花路费，胥吏讨索酒食钱，这笔开销，造成贫民不能申请。雍正着意于贫寒之家，就是要在实际上扩大旌表对象，以发挥它的影响力。礼部遵照雍正指示，议请建立两种祠宇：一为忠义孝悌，一为节孝妇女。建坊银两由政府发给，雍正批准了。实行情况各地不大相同，但都比较重视。

雍正设立族正，倡导孝道，把封建统治真正深入民间，把人民置于保甲与祠堂交织的严密罗网中。他这样做，使政权自上而下地支持族权，宗祠又自下而上地维护政权，二者结合，封建统治就更加稳固了。雍正实施行政机构改革，加强了皇权，加上这些地方组织的强化，增强了政府统治力，所以雍正时代，从上到下，封建统治更加严酷。

8. 兴文字狱，加强思想统治

为了牢牢控制天下，维护自己的家族统治，雍正皇帝还把自己的权力贯穿到了老百姓的思想上。对于那些敢于自由表达思想的士人们，他大兴文字狱，力图倚此禁锢人们的思想。

文字狱是封建统治者树立权威、维护政权的一种有效方式，帝王们拿士大夫开刀，为的是"杀鸡吓猴子"，迫使全体臣民慑服。每一文字狱的构成，总要扣上"叛逆"的帽子，似乎看上去有很大的"敌我矛盾"。其实只要看一看案情就能明白，那是用作借口的护身符，实际上不是那么回事。文字狱的案件，几乎全部是冤案、假案、错案，罪名是罗织而成的，所谓"欲加之罪，何患无辞"。

雍正时，统治阶级内部矛盾激化，文字狱除了用作镇压具有反清思想的知识分子外，同时又成了统治阶级内部斗争的工具。案件数目增多，罪名苛细，吹毛求疵，故意罗织成狱。许多案件，并不只是单纯由于文字内容获罪，而是雍正以文字为借口，打击政治上的异己势力。例如大将军年羹尧恃功骄纵，雍正蓄意诛杀他，给年羹尧制造了很多罪状，其中，重要的一条是年在奏折内将"朝乾夕惕"错写成"夕惕朝乾"，雍正指责"年羹尧非粗心办事之人，直不欲以朝乾夕惕归之于朕耳。观此，年羹尧自恃己功，显露不臣之迹，其乘谬之处，断非无心"，这分明就是罗织罪状。

汪景祺写《西征随笔》，因其中有讥讪康熙的字句，故被处决；钱名世是当时名士，雍正很讨厌他，赐他一块"名教罪人"的匾额羞辱他，因为汪、钱二人都是年羹尧的羽党，汪是年的记室，钱则在诗文中吹捧了年，这是他们得罪雍正的真实原因。考官查嗣庭，出了"维民所止"的试题，被认为是将"雍正"二字砍去了脑袋；谢济世注释《大学》，被告发诽谤程朱；陆生楠写《通鉴论》，被认为反对郡县制，赞扬分封制，有朋党之嫌。实际上，这些案件都和党争有关，查嗣庭依附隆科多，谢济世、陆生楠依附李绂、蔡珽。雍正通过这些案件，要惩戒知识分子，不得依附权门、朋党勾结、非议朝政，因此，处分很严厉。

　　最有名的文字狱是曾静、张熙案。雍正六年（1728年），湖南人曾静令其徒张熙，投书川陕总督岳钟琪，称他是岳飞的后裔，劝他起兵反清，并列举雍正有弑父篡立、杀兄屠弟的罪行。岳钟琪向朝廷告发，穷治主使，查出曾静的反清思想是由于读了吕留良的著作而产生的，又查出他对雍正的指责是从已被镇压的雍正诸弟允禩、允禟手下太监那里听说的。于是，雍正把打击的锋芒指向了吕留良的子孙、门徒以及允禩、允禟的余党。

　　吕留良是清初的著名学者，死去已四十余年。在他的著作中有强烈的反清思想，极力申明华夷之辨，认为这比君臣之义更为重要；又抨击清朝统治，称"今日之穷，为羲皇以来所仅见"，这原本是清初很流行的思想。雍正为了消弭下层人民中以反清复明为号召的起义，进一步泯灭汉族的民族意识，就借此案大做文章。多次发布谕旨，并把这些谕旨刊刻公布，称《大义觉迷录》。其中，极力驳斥传统的华夷之辨，认为这种区别是由于古代疆域不广，实际上华夷都是一家人，舜为东夷之人，周文王为西夷之人，"本朝之为满洲，犹中国之有籍贯"，满汉是一体的。对人的看法、评价应以五伦为准则，而不应该以民族来区分。"惟有德者可为天下君。我朝肇基东土，德教宏敷，仰承天命，为中外生民之主，为臣民者不得以华夏而有异心"。雍正提出的这种观念有一定道理,反映了中国国内各地区政治、经济、文化联系的更加紧密和各民族融合的日益加深,是不同于儒家传统的华夷之辨的。但是,他发布这些谕旨的目的在于巩固自己的统治地位,打击反对势力,借题做文章。雍正对吕留良一家和门生处理极严,将吕留良及其长子吕葆中开棺戮尸,吕的学生严鸿逵监毙狱中,戮尸枭示;吕的另一儿子吕毅中和另一学生沈在宽斩首,此外,将吕的私塾弟子,刊刻、贩卖、私藏吕留良书籍的人有的斩首,有的充军,有的杖责,吕、严、沈三族妇女幼丁给予功臣家为奴。奇怪的是,主犯曾静、张熙却免罪释放,据雍正的解释,曾静、张熙是误信了吕留良的邪说和允禩、允禟余党的流言,是受迷惑的从犯,故免罪释放,予以自新之路。并声明"朕之子孙将来亦不得以其诋毁朕躬而追究诛戮"。但乾隆即位后,不理睬雍正的遗言,仍将曾静、张熙处死。

雍正开了很恶劣的先例,他大兴文字狱,以之作为控制思想、打击政敌、提高自己权威的手段。之后清政府经常以文字罪人,并且都以大逆不道论处,治罪重,株连众。乾隆朝,文字狱成为家常便饭,案件比康熙、雍正两朝合计增加四倍以上。康熙、雍正时的文字狱,主要打击的对象是具有反清思想的士大夫或政治上的反对势力,获罪的大部分是官吏和上层知识分子,尽管也是随意罗织罪状,但多少还抓有点治罪的理由;乾隆时的文字狱,更是望文生义、捕风捉影,硬加上"莫须有"的罪名,获罪的人有很多是下层知识分子。除了有几起追查清初人著作中的反清思想之外,乾隆朝的极大部分文字狱并没有反清抗清的政治倾向,纯属深文周纳,滥杀无辜。它的唯一作用,就是在知识分子中造成浓重的恐怖气氛,显示皇帝生杀予夺的专制淫威。雍正一朝,文字狱使文人明白一点:莫谈国事。

9. 秘密立储，保权力顺利交接

生命快到尽头时，权力会随之转交到新的继任者手中，为了防止家族内部因权力过渡而打得头破血流，雍正创造了秘密立储制度，保证了他死后权力的顺利交接，防止了家族内部的斗争，避免了兄弟相争、手足相残。

乾隆继统，不是雍正亲口宣布，而是靠秘密立储和传位诏书顺利实现的。秘密立储制度，是雍正鉴于康熙晚年，因立储不当而导致内宫动荡，而绞尽脑汁想出的一个创举。

雍正即位不到一年，即创秘密立储，把继嗣写出，藏于匣内，秘不示人。元年八月十七日，雍正召见总理事务王大臣、满汉文武大臣、九卿于乾清宫西暖阁，宣布立储的原因和办法。

雍正说，圣祖仓促立储，并能够取得成功，是因为他"神圣睿哲，自能主持"。今天，我为了社稷的长治久安，更要及早为计，不过考虑自己的孩子尚幼，不便公开建立，于是，想出秘密建储的方法。他说："今朕特将此事亲写密封，藏于匣内，置之乾清宫正中世祖章皇帝御书'正大光明'匾额之后，乃宫中最高之处，以备不虞。诸王大臣咸宜知之，或收藏数十年，亦未可定。"

这储君是谁，其本人不知，诸臣不晓，只有皇上一人预定。而"正大光明"之匾,更是谁都不能碰的。雍正宣布之后,问诸臣有何意见。

隆科多慌忙奏称皇上"圣虑周详,为国家大计发明旨,臣下但知天经地义者,岂有异议,惟当谨遵圣旨"。于是,雍正令众臣退出,只留下总理事务王大臣,将密封锦匣藏于"正大光明"匾后。

雍正所实行的是中国历史上没有过的新的立储方法,雍正预定的接班人是皇四子弘历,即乾隆。康熙生前就十分喜爱这个小孙子,因此,有说法说康熙之所以传位给雍正,就是为了将来让弘历当皇帝。

为了保密,雍正在对待弘历与诸子上没有异样,特别是令弘历、弘昼承受基本相同的待遇,时或命他们代行祭天、祭祖之礼,同日封王,共参苗疆事务。但有两件事,被后来乾隆君臣认为,是雍正立弘历为储君的一种暗示:

一是将弘历招致养心殿,给他一块肉吃,而没有赐给弘昼,因此,弘历认为赐他一块胙肉,大有深意。

二是弘历被雍正封为"宝亲王",这封号被《清高宗实录》监修总裁官庆桂等,解释为将授大宝的表示。所谓"宝",就是将有大宝——玉玺,践位。

这些虽是他们根据弘历嗣位事实进行的推测,但应该说,也符合雍正的心愿。

雍正除了在乾清宫放置密诏之外,另书内容相同的传位诏置放在圆明园内。保留两封诏书分头放置,可见,雍正对立储的高度谨慎。

八年九月,雍正生了一场重病,自觉寿命不长,于是,将圆明园诏书之事,秘密告诉张廷玉、鄂尔泰两位近臣。雍正又于十年正月向鄂尔泰、张廷玉作了说明,说"汝二人外,再无一人知之"。直至雍正死在圆明园,弘历以尽孝子之分,惟事哀号。

这时,张廷玉、鄂尔泰,向允禄、允礼等人说:"如今新主继统是急事,大行皇帝曾示我二人有密旨,应急请出。"诸人同意,但总管太监说不知圆明园有这样一道密旨，所以，不知藏于何处。张廷玉说："大行皇帝当日密封之件，谅亦无多，外用黄纸固封，背后写一封字者即是。"

于是，据之取出，这便是传位于弘历密旨，由张廷玉就灯下宣读，众臣拜请弘历受命，弘历随即令允禄、允礼、鄂尔泰、张廷玉辅政。这样，以两位皇叔和满汉大臣代表的鄂、张四人组成的总理事务王大臣辅佐弘历，保证雍正继嗣统治的稳定。

整个接班过程，毫无差池。雍正的秘密立储制度也十分成功。雍正立太子，收到了立国本以固人心的政治效果；同时，避免了历史上屡见不鲜的由"明立东宫"导致的诸皇子勾心斗角争储位，储君与皇帝争权，储贰骄纵等弊病。

这个制度，可以挑选合适的皇子为储君，不限定长子继位，有"传子传贤"的意思，比汉族实行了上千年的嫡长制要好得多。乾隆继位后，认为这个办法好，于是遵奉实行，于元年（1736年）七月，也就是即位不到一年时，就预书皇二子之名，藏于"正大光明"匾后。

由于皇二子早死，乾隆又密立皇十五子，时为仁宗；之后嘉庆、道光也都相继用这个方法立嗣；咸丰只有同治一子，故无需用秘密立储法；同治、光绪都没有儿子，就无从采用这个办法了。从乾、嘉、道、咸诸君的继统来看，秘密立储方法是相当成功的，自雍正以后，历史上不止一次出现的争夺储位的斗争也就基本绝迹了。这不得不使人再次回忆并赞美雍正的用心周详。

第六章 乾隆 早年建功盛世 晚年骄奢转衰

爱新觉罗·弘历，清高宗乾隆，生于康熙五十年（1711年）八月，卒于嘉庆四年（1799年）正月，于雍正十三年登基，成为清朝第六位皇帝。他是在位最久，年寿最高，对中华帝国的发展起了最大作用的皇帝之一。乾隆继位时的清王朝已经过康熙、雍正两代七十余年的治理，社会上出现一片繁荣的景象，再经乾隆的励精图治，清王朝达到强盛的顶点。以乾隆的雄才大略，巩固和发展了中国这个多民族国家，奠定了今天中国的版图。乾隆在位后期好大喜功，使朝廷上下腐败之风滋长，清王朝由盛转衰。乾隆晚年自号为十全老人。乾隆时代是清王朝的转折点。

1. 改革包衣，促进满族发展

满族是大清王朝发家的根本，在八旗子弟的浴血奋战下，爱新觉罗家族得到了天下，八旗是爱新觉罗家族的统治基础。在得到天下后，八旗弟子享有很多特权，而这些特权却为爱新觉罗的统治带来了不安定的因素，阻碍了满族的发展。为了维护自身的统治，改革势在必行。

开户家奴，原本都是八旗异姓贵族（王、公、侯、伯、子、男）、官员、富裕旗人的"包衣"（奴仆）。从太祖努尔哈赤起，至"开户家奴"两谕下达之日，清帝及八旗王公贵族官员占有大量包衣。包衣的主要来源有，掠民为奴、逼民投充、民人因罪入官（或为清帝占有，或赐予王公贵族官员，或发卖）、买民为奴、民人随母改嫁于旗人或过继于旗人。宗室王公一般都有上千包衣。例如统军入关的摄政王睿亲王多尔衮，仅"投充人"便有一千四百余丁，连带家口，多达数千人。平南王尚可喜、靖南王耿仲明只收留其他王公官员等人的逃亡包衣，就有一千多人。尚可喜因子之隆"蒙恩尚主"，遣派八百一十五名包衣进京服侍公主，他还有在辽东庄园耕地的包衣一千八百余名。清初开国有功的大学士、一等子范文程，除去关内包衣外，在关东种地的包衣还有一百一十九户五百六十四人。顺治五年，整个八旗满洲有五万五千三百三十丁，而包衣却有二十一万余丁，加上其妻室儿女，应有百万之多。

早期，上百万的包衣，主要耕种家主庄园田地，纳租养主，同时，还有部分包衣从事家务劳动，随主从征打仗，形成了"若无阿哈（包衣），主何能生""满洲籍家仆资生"的局面。康熙以来，由于满洲官员、兵丁的阵亡、负伤等因素，一部分包衣被家主收为养子，令其披甲当差（包括少数为官作宦），领取钱粮，赡养主人。

由于广大包衣激烈反对家主的非人待遇，不断地大批逃亡，顺治十年至十一年初，"一年之间，逃人多至数万"，庄主不得不招民佃种。一部分旗人家道中落，将地典卖，许多庄头和包衣也暗中典卖主地。因此，到了乾隆初年，八旗官员庄田和兵丁份地，大多数已由金丁拨庄的农奴制经营方式，过渡到招民佃种收租的一般封建租佃制，"资佃耕种，收取租息"，代替了早年的"满洲籍家仆资生"。

旗地变化，使很多旧日种地之包衣无地可种，需要庄主"养赡"。不少家主境遇恶化，自身尚且衣食不周，焉能供给包衣吃穿，有的还索取赎身银两，将包衣放出本户，令其自谋生路。于是，从康熙中年以后，陆续有包衣脱离本主，自行开户，另载旗册。到乾隆时，这种"别载册籍"的"开户家奴"，无论是北京八旗，还是外省驻防，人数甚多，成为影响八旗制度的一个重大问题。

对于众多的"开户家奴"，处理办法不外乎三种：一是将其释放出旗，载入民籍，从包衣变为"平民""民人"；二是提高其身份，使开户家奴与"正身旗人"（即非包衣的八旗满洲人员）享受同等待遇，取消其"旗下世仆"之奴籍；三是维持现状，因循苟且，不予解决。照道理第二条应是解决"开户家奴"问题的中策，但是，此策难以实行。近两百年里，主奴有别，家主尊贵无比，包衣极为低贱，已经成为清朝社会生活中牢不可破的传统，要想打破主奴之间的界限，化奴为主，奴主相等，那是绝对办不到的，这一办法根本无从谈起。并且，此时旗人的生计问题已很紧迫，人口增多，官职、兵缺有限，正身旗人尚难谋上一个领取钱粮的位置，开户如再提高为正身旗人，人多职少之矛盾必然会显得更加尖锐。

第一条释放"开户家奴"出旗为民，应是最好的，可是阻力很大。尽管有些家主已经得到赎身银，释放了包衣，有些包衣经过斗争已取得了"民人"身份，脱离了旗籍，但是，要让大量"开户家奴"摆脱家主的辖束，出旗为民，可不是一件容易的事。一个世纪之前，乾隆之曾祖父顺治帝福临，便由于包衣是"先朝将士血战所得"，而严惩收容逃亡包衣的"窝主"，重责谏阻的汉官。康熙帝也和其父一样，尽力控制包衣于八旗之内，根本不允许包衣出旗。连乾隆皇帝本人，即位初期亦同样实行列祖列宗保障家主权利的政策，于乾隆三年批准了一条新订的"旗人开户例"，规定："凡八旗奴仆，原系满洲、蒙古，直省本无籍贯，带地投充人等虽有本籍，年远难考，均准其开户，不得放出为民。"这条法例讲的是，凡系八旗满洲、蒙古正身旗人（不论官民）的奴仆，无籍贯者，或虽有祖籍但年代久远难以考订者，均不准出旗为民。第二年，他又批准了一个更为详尽、更为苛刻使包衣很难出旗为民的法例。虽然乾隆本人曾经批准了维持旧制的法例，但随着岁月的推移，他治理国政的才干不断增强，经验愈加丰富，更加感到在"开户家奴"问题上需要承认现实，有所改革。因此，于二十二年二月初二日，连下两道谕旨，彻底解决"开户家奴"问题，将他们释放出旗为民，并允许宗室王公的包衣出旗。

遵照帝谕，户部会同八旗都统会议后上奏，对开户家奴出旗为民提出了下述具体建议：开户家奴中，凡在京文武官员，由吏、兵二部定议，将其调补汉缺，外任绿营将弁和文官，"即令出旗为民"；其系现今捐纳候缺人员、进士、举人、生员等，亦即准其为民；闲散人等，令各该旗询明愿入何处之籍，咨地方官，令其入籍，仍造册送户部备查；其系现食钱粮之人，情愿退粮为民者即令出旗，仍在当差者，待缺出时裁汰。乾隆批准了这些建议。

这样一来，大批"开户家奴"和宗室王公的包衣被释放出旗，转入州县，成为民人，不再是旗奴了。像一等子范文程家，其子孙便遵依帝旨，将关东庄园的包衣，"恩放出户家奴十四户"，在盖平等县"入于民籍"。

乾隆二十四年，还颁布了"八旗户下家人赎身例"，规定："凡八旗户下家人，不论远年旧仆及近岁契买奴仆，如实系本主念其数辈出力，情愿放出为民，或本主不能养赡，愿令赎身为民者，呈明本旗咨部转行地方官，收入民籍，不准求谋仕官。至伊等子孙，各照该籍民人办理。"

以上措施，使八旗的旗下家奴人数迅速减少。顺治五年，八旗有包衣二十一万余丁，相当于满洲正身旗人的四倍，之后，过了一百六十多年，满洲人丁增加了三倍多，照此类推，包衣总数应为八九十万丁，可是，此时包衣才十七八万丁。可见，乾隆确实曾释放了数以十万计的包衣男丁及其家属出旗为民。

这是清朝社会生活中的一件大事。乾隆皇帝在"包衣"这一关系到政治、经济、军事、民族关系等方面十分敏感的重大问题上，敢于突破祖制的束缚，厉行改革，于国于民，皆有裨益，无疑应给予充分的肯定。

另外，乾隆对家主残酷杀害包衣之事，非常不满，予以从重惩处。乾隆三年四月二十六日，刑部议奏：镶红旗满洲三等护卫释伽保，图奸家人破脸之妻金氏，未能如愿，将破脸毒打致毙，"实属行止有亏"，请照故杀奴婢例，革释伽保之职。乾隆查阅案情后，认为拟议不当，下谕令将释伽保发往黑龙江，并修改律例。

刑部之拟议及旧有家主故杀奴仆例，过分偏袒了不法主人。人命关天，怎能因其系殴死包衣，家主遂得安然无恙而仅以革职了结？何况革职之罚，又可以加级记录抵消，这样一来，凶手更是一无所失、万事大吉了。因为有此律例，为官作宦之家主有恃无恐，可以任意打死包衣，可以任意奸淫奴婢仆妇，而包衣则因官府偏袒家主，又有王法尚在，即使不幸惨死于主人之手，亦无法伸冤叫屈，除了逃跑之外，别无他法，只有忍气吞声，遭受主子的虐待。这一律例，助长了官员家主作恶之风，加剧了包衣的灾难，也激化了主奴之间的矛盾，并且促使不少包衣被逼潜逃或直接武力反抗，打死打伤凶横主人，从而影响到封建统治秩序的稳定。乾隆有鉴于此，果断地更改旧律，令九卿重议。九卿遵旨议奏：家主图奸仆妇不遂，毒殴奴仆致毙，将家主不分官员、平人，悉发黑龙江等处当差。至奴婢罪不至死，而家主起意打死奴仆，则将家主处以降级调用，"虽有加级，不准抵消"。乾隆帝批准此议，改革了行之多年祸害包衣之旧例。这不仅减轻了家主对包衣的虐待，而且在促进满族的发展上，也起到了一定的作用。

2. 改革皇庄制度，促进生产发展

任何制度都有一定的时效性，必须随着实践的发展而做出相应的变化，否则就会产生负面作用。因此，对于一个明君来说，即便是祖宗家法也是可以改变的。只有这样，社会才能进步，家族才能适应社会的发展，家族的利益才能得到有效的保障。

乾隆九年，乾隆皇帝批准了一个非常重要的报告，即释放皇庄壮丁出旗为民。乾隆的批示，及其随即遵旨施行的情况，反映出清朝政治、经济等方面发生了重大变化，同时，也说明了不少问题。

其一，皇庄数量很多，作用很大。"口内庄头"、盛京佐领、锦州副都统、热河总管等所属庄园，皆归内务府管辖，为清帝私有，通称为皇庄，亦名内务府官庄，或简称官庄。清朝的皇庄，最初起源于进关之前清太祖努尔哈赤、太宗皇太极占有的"拖克索"（即庄）。入主中原以后，世祖福临、圣祖玄烨采取圈占民田、调拨官地、逼民带地投充、垦拓官荒等方式，掠夺了巨量土地，金拨大批壮丁（关外旧奴、投充人、缘罪无罪发遣人员、庄头置买奴仆），设立了名目繁多的庄园。康熙中年，畿辅有内务府所辖粮庄四百余所、银庄一百三十二所、果园二百五十余所、瓜菜园九十余所，盛京有内务府粮庄三百余所、果园一百三十一园，还有棉、靛、盐、碱庄六十所，以及盛京户部、礼部、工部、三陵所属官庄一百余所，皇帝共拥有庄园一千六百余所，占地近六百万亩，遍及直隶、奉天、吉林、黑龙江、山西及内蒙。此后，不断扩建，乾隆年间增至一千九百余所，壮丁七万余名，以及老幼家口，人数当在二三十万以上。

清朝皇庄之多及其"皇粮"数目之大，远远超过了明朝的皇庄，从而能够提供皇宫大部分消费用品，减少了向户部要银和向民间征派。

一千六百至一千九百余所各种类型的皇庄，六七万名壮丁，六七百万亩田地和大量山场牧场，在此基础上征收的"皇粮"，名称甚多，数量巨大，基本上能满足清帝及其宫中所有人员的需要。"皇粮"的品种，有米、谷、豆、麦、芝麻、苏子、瓜、果、蔬菜、鸡、鸭、鱼、蛋、猪、鹿、油、盐、布、草、石灰、木炭、柳条等一百余种，总数极为庞大。康熙中年，仅畿辅的四百余个粮庄，每年便上纳租谷十余万石，并交鸡、鸭、鹅六万余只，蛋四十余万只，草和秫秸八十万余束，灯油三万余斤，猪二千口。畿辅银庄年交租银三万八千余两。各类庄园、牧场年贡鱼、雉、鹿、狍、马、牛、羊、驼、参、珠、皮张，多达数百万。这为清帝少向户部、光禄寺要银，少科派于民，"躬行俭约"，提供了丰厚的物质条件。

其二，更改祖制。从太祖努尔哈赤到康熙帝玄烨，在这四朝一百余年中，皇庄基本上是采取编丁隶庄耕种应役的农奴制经营方式。庄园的劳动者被称为"壮丁"，身份为奴仆。他们在庄头的管束下，耕种官地，交纳皇粮，遭受皇室严格的束缚和野蛮的压迫，事实上他们处于封建农奴的地位。落后的生产关系与剥削方式，摧残了壮丁，束缚了生产力，激起壮丁强烈的反抗。早在关外，壮丁就不断逃亡，入关以后，他们更是大批外逃，有很多人还参加了反清斗争，还有不少壮丁和庄头争控，"滋生事端"。这种落后的生产关系，在壮丁的反抗与汉族地区封建租佃制的包围和影响下，日益衰落，庄头不得不大量出租庄地和典卖庄地，康熙末年，皇庄采取庄头招民佃种的租佃制已很普及。因此，到了乾隆初年，原先是皇庄主要劳动力的壮丁，竟成为脱离生产、需要庄头养赡的"拖累"。据畿辅四百六十余名庄头的报告，他们所管辖的一万六千八百余名壮丁中，能常年干活的壮丁，仅二百九十余名，不到壮丁总数的百分之二。正是在旧有的农奴制经营方式陷入穷途末路难以延续的形势下，一向自诩为"敬天法祖""以皇祖之心为心"的乾隆帝，采取了非常明智的态度，对旧有的祖制果断地予以改革，允许部分壮丁出旗为民，皇庄制度发生了极大的变化。

其三，促进生产。乾隆帝对皇庄的改革，产生了强烈的影响。首先，将大批壮丁释放为民。据畿辅四百六十余名粮庄庄头向会计司呈报，遵照帝旨，应拨出为民的，有"盛京随来陈壮丁"一万零三百余人，投充人二千零三十余人，庄头自置壮丁三千六百余人，无罪拨庄壮丁一百八十余人，共一万六千余人，仅留下壮丁九百余人。奉天等地内务府庄园，也放出大量壮丁。这样一来，数以万计原本处于农奴、奴仆地位的壮丁，摆脱了农奴制枷锁，成为"良民"。他们有的赴边外垦荒，成为自耕小农，或在原地认租旗地民田耕种，大部分人的境况较前颇有改善。

其四，推动了封建租佃制的迅速发展。乾隆帝批准释放大量壮丁出旗为民以后，畿辅、奉天、热河等地内务府辖属的各种庄园，普遍实行了封建租佃制的经营方式，满汉农民向庄头承佃官地，缴纳租银，不与皇室发生直接联系，庄头再向内务府纳粮当差，佃农成为皇庄的主要劳动力。八旗王公官员庄田也受此影响，租佃关系得到迅速发展。清朝初年，摄政王多尔衮、乾隆之曾祖顺治皇帝，在关内强制移植、扩大的役使壮丁生产的农奴制彻底衰落，农奴制残余仅在旗地中占有很小的比重了。

其五，减轻皇庄的租役。由农奴制到封建租佃制的转化，决定了皇庄的分配关系也要相应发生变化。佃农在法律地位上是"凡人""民人"，自备耕牛、农具、种子，不是皇室的"包衣"（奴仆），人身依附关系比壮丁有所松弛，因此，原来的剥削壮丁的方式必须改变，剥削率需要降低。这个变化主要表现为"皇粮"的折色增多，额租下降和杂差减少三个方面。

乾隆对皇庄实行改革，释放大批壮丁为民，对旧壮丁和承种皇庄的满汉佃民的压迫剥削，有了一定程度的减轻与缓和，这对促进社会生产的发展和满族的进化，起到了积极的作用。

3. 因地制宜，解决西南民族问题

民族问题是一个至关重要的问题，也是爱新觉罗家族统治期间一直存在的问题。它很容易引起纷争和战争，而战争又会更加激化矛盾，带来一系列的社会问题。乾隆在位期间，因地制宜地解决了与苗族之间的问题，维护了帝国西南部的稳定。

雍正去世后，遗留给乾隆最急迫的事，莫过于西南和西北的民族问题。西南民族问题，即"苗疆用兵"，指的是贵州古州台拱一带苗族原土司叛乱。元明以来，中央在西南少数民族聚居地区，普遍实行土司制度。中央政府委令当地少数民族的首领为土官，土司允许世袭，中央政府征以赋税，也可以驱使其众。土司虽"大姓相檀，世积余威"，但也必须凭借中央政府予以的爵位、名号，对部民"易为统摄"。土司制度的建立，是封建专制主义中央集权统治的拓展，也密切了西南少数民族地区与内地政治经济文化的联系。但是，土司制度毕竟是与农奴制相适应的落后的政治体制。土司拥有大量世袭的土地，强迫土民为其农奴，耕田纳赋当差。土民在政治上没有人身自由。各土司间，为争土地与劳力，常兵戎相见，战争连接不断，给少数民族带来了深重灾难。明朝以来，为强化中央对西南地区的管辖，陆续对各土司实行改土归流政策，罢撤土官，由中央派流官直接治理。雍正年间，采纳云贵总督兼兵部尚书鄂尔泰建议，清朝在西南更大规模地改土归流。鄂尔泰制定改土归流政策的基本点,是要削弱土司的政治经济特权。其具体内容包括:改土司为州县,取消土官世袭制度;没收原土官田产,发给士兵屯种;废除原土司的土贡制度,土民向官府自报田产,按内地税制计亩征赋。

改土归流削弱了少数民族地区割据势力,同时,也是促使社会政治经济发展的进步政策。但它触犯了土司利益,必然会引起土司的强烈反对。鄂尔泰以武力为后盾,剿抚结合,加以推行。雍正四年(1726年)五月,他首先出兵荡平广顺州长寨后,建营驻兵,分扼险要,并乘胜招服黔边东、西南的定番、镇宁、永宁、永丰、安顺等苗寨两千余。古州(今贵州榕江县)的改土归流迟至雍正七年(1729年)才着手。此处"自恃地险峻,出没靡宁,扰害居民,劫夺行旅","为地方良善之患",是"自古未归王化之地"。又有人传播说"改流升科,额将岁倍",因此,当地土司顽固地抵制改土归流。当年三月,鄂尔泰平定古州,雍正当即嘉奖鄂尔泰与协助鄂尔泰执行改土归流政策的贵州巡抚张广泗。

雍正九年鄂尔泰返京。古州苗族头人"伺公已北上,文武官弁又不善防范,致复作乱"。雍正十二年,当地谣言四起,说是"出有苗王"。十三年二月,所属八妹、高表等寨"听信谣言",纠众滋事。叛乱以古州、台拱为中心迅速蔓延,攻掠所至,达凯里、施秉、黄平州、清平、余庆、镇远、思州,震动省城。五月,雍正派湖广、广西、云南、四川官兵两万名进剿,命贵州提督哈元生为扬威将军,统一调遣,湖广提督董芳副之。同时,还任命皇四子弘历、皇五子弘昼、大学士鄂尔泰、张廷玉、户部尚书庆复、礼部尚书魏廷珍、刑部尚书宪德、张照和工部尚书徐本等为办理苗疆事务王大臣,令张照和副都御史德希寿立即赶到贵州,指挥征剿。

张照是鄂尔泰的政敌,古州叛乱发生,鄂尔泰引咎辞去伯爵。张照到达贵州后,没有集中全力征剿,而是费尽心思地进一步攻讦鄂尔泰。他一方面上书密奏"改土归流非策",另一方面,策动哈元生也上疏弹劾鄂尔泰。哈元生是鄂尔泰一手提拔的,自然不愿与张照合作。张照转而支持董芳,在前方专主招抚。此时,西南改土归流面临着失败的危险。

就在这关键时刻,雍正撒手而去。年轻的新皇帝面对群情汹汹,弃苗疆之论甚嚣尘上而毫不动摇。他坚持用兵,果断地采取三项措施,力挽危局。

首先,迅速撤换前方主帅。八月二十四日,乾隆执政第二天,降旨调张照返京,以张广泗总理苗疆事务,谕令速往办理。乾隆用张广泗代替张照,可谓知人善任。张广泗,汉军镶红旗人,以监生入赀授知府。雍正四年,协助鄂尔泰在云贵搞改土归流,次年擢贵州按察使,六年率兵讨平都匀、黎平、镇远、清平叛乱,因功超授巡抚。十年,以副将军之衔,随宁远大将军岳钟琪出兵西路,讨伐准噶尔部叛乱。出任苗疆总理事务大臣之前,是湖广总督。

其次,指示前方剿抚结合,停止滥杀无辜等暴戾行径。区别已抚与凶顽,分清首恶和胁从,采取不同的政策,以减少阻力,有利于战争胜利。

最后,批驳"弃置"论,坚持改土归流的政策。所谓"弃置",绝不意味着让它从中国分裂出去,而是对少数民族上层分子割据势力听之任之,放弃中央政府对它的行政管辖,从改土归流倒退到土司制度之前的牵制政策,显然不利于维护国家的统一和各民族之间经济文化的交往。雍正因苗疆叛乱,后悔改土归流,"以为以前原不应料理",叛乱平定之后可以考虑"弃置"问题,纯属因噎废食之论,也是张照"弃置"论的根源。乾隆对张照"弃置"论的批驳,表明他维护国家和民族统一的立场,甚至比雍正更坚定。

乾隆帝采取的另一重要措施是,更换统帅,惩办失职官将。他刚一即位就将张照撤了下来,委任湖广总督张广泗为经略,"统领军务",自扬威将军哈元生、副将军董芳以下,俱令听张"节制调遣"。他多次降谕,慰抚张广泗，寄予厚望，授予大权，言及苗疆用兵事关重要，旷日持久，尚无头绪，"是以命卿为经略，总统军务，一切惟卿是赖"，并命张兼领贵州巡抚，增拨兵饷一百万两，使张广泗感激涕零，发誓尽全力平苗报恩。乾隆多次下谕，指责张照扰乱军务，副都御史德希寿随声附和，贵州巡抚元展成抚绥不当，玩忽公事，轻视民命，文武不和，扬威将军、贵州提督哈元生不能预先防范，用兵又观望迟疑，筹谋无术，调度失宜，稽迟军务，副将军、湖广提督董芳仗恃张照之势，与哈元生"有意龃龉"，仅以招抚为事，皆令革职拿解至京，严审定罪。这样一来，赏罚严明，对保证平定苗疆起了很大作用。

乾隆帝对剿抚之间的关系，作了明确的规定，禁止滥杀，欲图以"德"济"威"。他于九月二十一日，谕总理事务王大臣和办理苗疆事务王大臣，多次指责官兵不应焚毁被迫胁从的苗寨，屠杀老弱子女。他于十一月十八日，再谕总理事务王大臣和办理苗疆事务王大臣，命赦投诚苗众之罪，让他们传谕经略张广泗。这对劝说苗民降顺，些微限制一下官军的滥杀，是有一定影响的。

在乾隆坚主用兵、改流的正确方针指导下，张广泗认真总结了前面八九个月战争的利弊得失和经验教训，他建议集中兵力，以整击散。

乾隆完全信任张广泗，对他的奏请，全部批准，大力支持。张广泗拥有军政大权，号令统一，率领六省官兵，放手进行征剿，先分兵三路，攻上九股、下九股和清江下流各寨，"所向克捷"。乾隆元年春，又分兵八路，剿灭抗拒之苗寨，直到秋天，先后毁除一千二百余寨，赦免三百八十八寨，斩一万七千余人，俘二万五千余人，获铳炮四万六千余及刀、矛、弓、弩、标甲十四万八千余，尽平苗变。原来黄平等州县逃居邻近省份的汉民，陆续回到旧地。战火纷飞，兵荒马乱，连续折腾了一年多的苗疆事件，终于平定下来了。

对苗疆地区的迅速平乱，是乾隆即位以后的一大胜利。这位年方25岁刚刚主持朝政的青年君主，竟能在战局不利的形势下，不受一大群庸臣劣将的影响，摒弃他们妥协退让的错误主张，甚至冒着违背父皇止兵弃地圣旨的危险，坚主用兵，坚持改土归流，毅然采取得力措施，更换统帅，惩办失职官员，全权委付张广泗率军征剿，最终力挽狂澜，扭转了战局，大获全胜，办好了父皇未能办成的"最重要事件"。对此，乾隆帝当然感到十分高兴，重赏有功官兵，厚赐银米，晋张广泗为贵州总督兼领贵州巡抚，授三等阿达哈哈番世职，并每年赏给养廉银一万五千两。但是，他并未沉醉于成功的喜悦之中，而是在积极着手进行更为艰巨的工作。

征剿苗变，并非易举，未必能稳操胜算。但是，以全国之力制一隅之地，遣派六省官军对付数万素无训练的苗民，只要调度有方，最终是能够办得到的，可是要治理苗疆，使其今后不发生或少发生变乱，则是一件有长远意义的大事，显然就更为艰难。苗变表明，清廷必须采取正确措施，才能真正稳定苗疆，少起动乱。因此，乾隆在平定苗变后，开始在苗疆地区实行与其他地区不同的新政策。首先他免除了苗赋，其次，强调尊重苗疆地区的风俗，第三个政策是，在苗疆地区实行屯田。这几项措施实施后，产生了良好的作用，苗疆地区从此基本上安定了下来。

4. 平定金川，开黩武邀功先河

武力不是解决问题的最有效手段，也不能最终解决问题。相反，大规模地动用武力，会动摇国之根基。长期动用武力，让国库为之拮据，而最终还可能是一无所获。乾隆帝在金川长期用兵，带来的是一系列恶果，这对于国家和爱新觉罗家族都是不利的。

四川西部金沙江的上游，有两条大河，因山中出产黄金，俗称为大小金川。藏族部落居住在这两条河的附近地区。大金川首领嘉勒塔尔巴，于1666年被清廷授予嘉勒巴演化禅师职衔，统领部众。他的后世子孙莎罗奔曾随岳钟琪部进军西藏，有功于清廷，1723年被授予金川安抚使的封号。莎罗奔依靠清廷的支持，雄踞一方，声势渐盛。又将自己的女儿阿扣嫁给小金川首领泽旺，希望借此控制小金川。1745年，莎罗奔曾捉拿了泽旺，之后，被川陕总督庆复制止了，泽旺回到小金川。

十二年，莎罗奔起兵攻掠革布什札和明正两土司地区。清廷命四川巡抚纪山派兵弹压，反为所败，遂命云贵总督张广泗为四川总督，统兵3万分两路由川西、川南进击大金川。六月，进屯小金川之美诺（今小金县城），以泽旺弟良尔吉（实为莎罗奔间谍）为向导，期以是年告捷。莎罗奔对清军动向了如指掌，固守勒乌围（今金川县东），令其侄郎卡居噶尔崖（又作噶拉衣，今金川县东南），倚山临河，致清军师劳无功。张广泗复请增兵万人。

十三年春,清廷派大学士讷亲为经略,前往督师,并起用岳钟琪以提督衔随行。讷亲初至,锐意进取,督军竭力攻噶尔崖,总兵任举、参将买国良战死,军士多有伤亡;又采取以碉逼碉、逐碉争夺的战法与土司相抗。张广泗轻视讷亲不知兵事,故意推诿。清军株守半载无功。九月,乾隆帝弘历闻奏,将张广泗、讷亲革职治罪,改授大学士傅恒为经略。

十二月,傅恒赴任,诛良尔吉,增调邻省精兵3.5万。十四年初,傅恒采用岳钟琪建策,分兵两路:北路出党坝(今金川县北)、泸河(大金川别名),水陆并进;南路自甲索攻马牙冈、乃当两沟,避坚就隙,直逼大金川官寨,连克碉卡,军声大振。岳钟琪兵至勒乌围,乘莎罗奔恐惧,亲率13骑入营劝降成功。接着,赦免莎罗奔父子,仍命其为土司。第一次金川之战遂告结束。

此后,两金川土司仍时起战乱。至乾隆中期,郎卡继莎罗奔主持土司事务,日益恣肆,攻掠小金川及革布什札土司,并拒绝四川总督的调解。为控制各土司,郎卡遂与绰斯甲布土司官和小金川泽旺之子僧格桑结成三部联姻。不久,郎卡病死,其子索诺木与僧格桑结好益坚。三十六年,索诺木诱杀革布什札土司官,僧格桑再攻鄂克什和明正土司。四川总督阿尔泰奉命率军进击,在打箭炉(今康定县)半载按兵不进,被治死罪。清廷命大学士温福为定边右副将军,由云南赴四川督师,以尚书桂林为四川总督,再度率兵征战。

温福由汶川出西路,桂林由打箭炉出南路,夹攻小金川。时僧格桑割地向索诺木求援,索诺木遣兵相救。清军初战顺利,连夺关隘。三十七年五月,桂林遣部将薛琮领兵三千,携五日粮,进入墨垄沟(今小金县西南),被土司兵截断后路。桂林闻警不救,导致全军覆没。清廷罢桂林职,授阿桂为参赞大臣,率军深入,直达小金川河南,以皮船宵渡,连夺险隘,直捣大营。十二月,清军抵美诺,僧格桑势穷,辗转入大金川与索诺木合兵。清军至底木达，泽旺降，小金川平。乾隆帝命温福为定边将军，阿桂、丰伸额为副将军，合兵攻大金川，遭索诺木顽强抵抗。温福又袭用以碉逼碉的战法，建筑碉卡数以千计，将两万余兵四处分散，与索诺木对峙。三十八年夏，温福以敌扼险不得进，屯兵于大金川东之木果木。索诺木指使小金头人及诸土司集兵数千，乘机攻陷清军提督董天弼的底木达营地，切断清军粮运，突袭木果木，夺取炮台，四面突入，击败清兵万余。温福中枪死，各碉卡守兵望风逃散，提督马全、牛三畀战死，兵士阵殁3000余人，小金川得而复失。乾隆帝闻败，命阿桂为定西将军，明亮、丰伸额为副将军，舒常为参赞大臣，征调健锐、火器营2000人、吉林索伦兵2000参战。十月，阿桂统领各地兵数万，以三路分进合击小金川：自率主力为西路，攻美诺；明亮为南路，攻美诺西翼门户僧格宗；丰伸额为西北路，攻宜喜（今金川县西北），牵制大金川。阿桂督军转战五昼夜，直抵美诺，各路也所向克捷，至十一月初，再次降服小金川。诸将移师进讨大金川，大金川多年增碉筑垒，防守严密。阿桂分兵三路，自率一部自小金川攻其东；丰伸额、明亮先后督兵自党坝渡大金川上游攻其西北；领队大臣富德督兵渡大金川下游攻其西南。三十九年正月至七月，阿桂又命部将海兰察率兵五千，与领队大臣福康安合兵，分路进击，屡克要寨，直逼勒乌围屏障逊克宗垒。索诺木震慑，遂鸩杀僧格桑，献尸乞赦，被阿桂拒绝。清军攻逊克宗垒不到半年，遂改攻勒乌围周围其他山寨。四十年七月，清军抵勒乌围。勒乌围碉坚垒厚，西临大河，南有转经楼，与北部官寨互为犄角，设木栅石卡，长里许，下可暗通，其东部山麓分层立碉，各设重兵把守。阿桂挥军先击其要害，破卡栅数十重，断其犄角，又毁桥梯断其退路。明亮在河西猛攻，封锁水上通路。八月十五夜，清军以火炮轰破勒乌围，次日黎明，克转经楼，索诺木与莎罗奔已先期遁走噶尔崖。阿桂转逼噶尔崖，与富德、明亮会师。十二月，清军三路集于噶尔崖城下，断水道围困，大炮昼夜轰击。索诺木计穷，于次年二月初四，率众2000余人出降。

第二次大小金川之战结束。此战，清廷经多次筹划，历时数十年，终获胜利。但屡易将帅，战法不当，且缺天时、地利、人和，致劳师糜饷。战后，清廷改土归流，废除两金川土司制，设厅委官，又置重兵镇守，加强对该地区的管辖。

乾隆先后多次发动对大小金川的征剿，战事经年，为当地居民带来极大的灾祸，清廷也遭受了重大的损失。战争的发动，并非由于藏族居民反抗清廷，只是因为边地出现了某些纠纷。这些纠纷原本并不是不可以妥善处理的。乾隆帝轻率出动大兵，又一再拒不接受当地土司首领的投降，务期"尽灭"，以维护所谓的军威国体，事实上也就是树立乾隆帝的声威。乾隆帝横暴的镇压，遭到边地居民的顽强抵抗。清廷先后处死大学士、总督等满汉重臣三人，官员多名战死，伤亡兵士数千。战争耗费军需银七百七十五万两，以致不得不动用各地的后备，使"财用枯窘"。清廷在付出巨大代价后，仍然不得不收兵纳降，继续承认当地土司的统治。军事上的表面胜利，并不能掩盖实质上的失败。不必要的连年战争，不仅冲击了乾隆初年保持的承平局面，也为此后的黩武邀功开了端绪。

5. 平定叛乱，维护边境安宁

在统治阶级看来，民族矛盾就像一颗炸弹，说不定什么时候会爆发，而民族的分裂却是一个国家所不能接受的。该出手时就出手，在爱新觉罗家族的前几位统治者身上，这一点，是一脉相承的。

天山南部，塔克拉玛干大沙漠周围分布着片片绿洲，当地居民引高山雪水灌溉。早在汉武帝反击匈奴时，曾派张骞出使西域，清代所称的回部，即汉代的西域地区。公元7世纪，伊斯兰教兴起于阿拉伯半岛，元末传入南疆，称为回教，因此，当地被称为回部。清初"元太祖十九世孙阿布都拉依因为叶尔羌汗，以其弟分长吐鲁番、哈密、阿克苏、库车、和阗、喀喇沙尔、乌什、喀什八城。惟是时元裔势衰，回教势力日益强大，由和卓掌握政柄"。噶尔丹兴起后，兼并回部，将其酋长阿布都实特囚禁伊犁。康熙三十五年（1696年）清军打败噶尔丹后，阿布都实特从伊犁投奔清朝，受到康熙帝的优遇，派军护送经哈密返回叶尔羌故地。到其子玛罕木特，因不服从准噶尔部，又被噶尔丹敕令将玛罕木特及其二子布拉尼敦（博拉尼都）和霍集占拘禁伊犁，使所率部众数千人种地交赋。清军首入伊犁时，玛罕木特已死，布拉尼敦和霍集占才被放出。由于二人系回部首领，令其仍回天山南麓统率当地回民。

阿睦尔撒纳发动叛乱时，布拉尼敦和霍集占却乘机率领在伊犁种地的回民数千人众，逃回叶尔羌和喀什噶尔。清政府认为他们此举是为逃避战乱，因此，应积极进行招抚。乾隆二十一年，定边右副将军兆惠得到此消息，意识到布拉尼敦和霍集占有叛乱迹象，派副都统阿敏道率索伦兵一百、厄鲁特兵三千前去招抚。布拉尼敦原本愿集合所部归附清朝，霍集占却因曾帮助阿睦尔撒纳叛乱，并认为清军初定准噶尔，无力征讨，应该在此时独立，不然将永久受制于人。当时，布拉尼敦对霍集占说："我家三世为准夷所拘，蒙天朝释归，得统所部，此恩何可忘也？"霍集占反对道："我方久困于准夷，今属中国，则又为人奴，不如自长一方。"霍集占还反过来煽动布拉尼敦说："若听大皇帝谕旨，你我二人中必有一人唤至北京以为质，当与禁锢何异？莫若与中国抗拒，地方险远，内地兵不能即来，来亦率皆疲惫，粮运难继，料无奈我何。且准噶尔已灭，近地并无强邻，收罗各城，可以自立。"布拉尼敦接受了霍集占的蛊惑。当阿敏道率索伦和厄鲁特兵行至库车时，霍集占关闭城门，并欺骗阿敏道说：我们关闭城门，是怕你带来的厄鲁特士兵骚扰，若将厄鲁特兵撤回，就开门投降。阿敏道轻信了这种谎言，命随行的三千厄鲁特兵撤退，仅带百名索伦兵入城，霍集占借机将阿敏道及其所带士兵逮捕。不久，又杀害了阿敏道，公开举起叛清的旗帜。

二十二年（1757年）年底，乾隆命兆惠为定边将军，车布登扎布为副将军，负责平定南疆叛乱。当时，兆惠因沙喇伯特地方还有相当一部分的阿睦尔撒纳叛军没有消灭，便请求乾隆允许他和副将军车布登札布彻底解决北路厄鲁特叛乱各部，待腾出手以后，再进军天山南路，解决霍集占兄弟。乾隆遂改派兵部尚书雅尔哈善为靖逆将军，率上万清军先向天山南路进军。其戡乱过程是十分艰难的。

二十三年五月，雅尔哈善所率清军前进至库车时，遭到叛军的顽强抵抗。库车叛军头目阿卜都克勒木是霍集占的心腹，率一千骑兵，再加上城内回众，依仗该城倚山而筑、地形险要，城墙又用沙土坚实密筑，清军大炮轰击不倒，因此抗拒不降。雅尔哈善命部下招降无效后，当即命清军将库车城四面包围，接着，发起攻击。霍集占闻知库车被围后，率八千人马越阿克苏戈壁来援，清军在城南截击叛军，杀死援军上千人，霍集占也被打伤后逃进库车城。提督马得胜用挖地道炸城的方法，从城北一里处开始掘入，快接近城墙时，因雅尔哈善急于成功，竟下令让士兵连夜点灯挖掘，被城中叛军发现，用水灌入地道，担任挖掘地道的士兵全部被淹死。雅尔哈善无计可出，只好采取长期围困的办法，每日唯知饮酒，寄希望将守敌困死城中。新降清的维吾尔人提醒雅尔哈善防敌突围，主张在城西鄂根河和北山通戈壁处设伏兵擒敌，可惜未被采纳。数日后，霍集占果然乘夜黑从城西涉鄂根河逃走，"侍卫噶布舒报知顺德讷，而顺德讷必俟天晓往追"，丧失了活捉霍集占的极好机会。很快，叛军头目阿卜都克勒木也乘夜逃走，最终，仅剩老弱妇稚出城投降。乾隆得知库车之役的结果，大发雷霆，将纵敌逃跑负主要责任的雅尔哈善、哈宁阿、马德胜和顺德讷四人处死，任定边将军兆惠全权指挥平叛。

兆惠接到乾隆的命令后，率所部清军急速奔赴库车时，霍集占已退守叶尔羌。因此，兆惠一路顺利，经阿克苏，该城首领颇拉特降；至和阗，其城主霍集斯将以前曾擒获达瓦齐献给清军，当兆惠领兵到来，霍集斯即刻开城迎降，并招降了乌什城。乾隆闻讯，当即宣布封霍集斯公爵，赏戴双眼孔雀翎。霍集斯之降，使乾隆陷入对平叛前景盲目乐观的歧途中，以为擒获霍集占指日可待。他甚至命令定边右副将军车布登扎布回游牧地休息，不必参加平叛。尤其是乾隆得知霍集占率兵撤退时，随行人马仅有三千左右，叛军士气低落，沿途毁弃军器，宰杀马驼，怨声载道等情形后，更认为"贼党俱已离心，大功自可立奏"。他竟不顾天气严寒、清兵连续作战等不利因素，谕兆惠"桥梁虽毁，我兵或浮渡或拴筏无不可者。兆惠宜努力前行，乘回众离心，渠魁自当就缚"。兆惠所率虽有上万清军，由于库车、和阗、阿克苏、乌什等城需分兵守卫，兵力已失去大半。乾隆却鼓励兆惠驱兵急进，"叶尔羌、喀什噶尔相继投诚，亦未可定"，甚至幻想会出现维吾尔人擒霍集占来献的奇迹。在这种急于求胜的思想指导之下，兆惠率四千清军行至叶尔羌时，最终陷入叛军重围之中。

十月初三日，兆惠率清军至叶尔羌城外。为对抗清军，叛军方面由霍集占守叶尔羌，布拉尼敦守喀什噶尔，以互相支援。霍集占将叶尔羌附近村庄人民的粮草全部移进城中，还欺骗城中维吾尔人说，清军见人就杀，散布"伯克霍集斯已被杀"等谣言，以煽动叛军拼死抵抗。叛军在人数上远远超过清军。叶尔羌城比库车城大几倍，四面有十二个城门，兆惠所带清军只能围城一面。清军从乌什长途行军一千五百里，来到叶尔羌，已是人困马乏。至此，兆惠通过俘虏口中得知霍集占牧群尽在南山，因此，派清军先夺取牧群。清军渡喀喇乌苏（译名黑水）河，大约过去四百人时，忽然桥断，大批叛军向清军进攻，过河的清军都拼死战斗，并泅水退回。将领高天喜、鄂实、三格、特通额战死，兆惠所骑战马也两次中枪死，本人脸部及颈胫负伤，只好被迫收军退回营地。霍集占率马步骑万余人把清军团团围住，清军扎营在黑水河边，因此，又称黑水营之围。清军虽被围困，所幸携带军粮可供两个月，因此，兆惠掘壕结寨，固守待援。霍集占围住清军，布拉尼敦也从喀什噶尔率军赶来，企图一举歼灭清军。叛军首先决河水灌清军营地，兆惠则派兵挖渠，将水引入下流，并因此接着解决了饮水问题，且又掘地得泉水。叛军一计未成，又生一计，在清军四面树起高台四座，向清军营地施放巴喇特鸟枪。清军安营林中，也搭起高台与之对射。叛军所射枪弹多击中树木，清军伐木做饭，"每斫一木，即坠落无数"，弹药反而不缺。清军又在营地中挖出维吾尔人埋藏粮食二十余处，每处有米数石，军心较为稳定。霍集占率叛军久攻不下，就这样，双方相持达三个月之久。

乾隆从驻守阿克苏的办事大臣舒赫德处得知兆惠被围的消息，立即命令富德为定边右副将军，阿里衮、爱隆阿、福禄、舒赫德俱授为参赞大臣，"无论何队兵丁，惟择马力有余者作速前往"，以尽快解兆惠之围。他把兆惠轻敌深入的失误算在自己身上，实事求是地作了自我批评。并且，封兆惠武毅谋勇一等公，赐红宝石帽顶、四团龙补服，以鼓舞士气。

二十四年（1759年）正月初六，富德率兵至呼尔，途中遇到霍集占和布拉尼敦率五千骑兵的截击。清军为解围而来，勇气倍增，无不以一当十，布拉尼敦被清军打伤，抬回喀什噶尔。但清军远道奔袭，马匹乏力，战斗到初九逐渐不能追击。恰巧在这天夜里，参赞大臣阿里衮送马赶到，合军抵叶尔羌河岸。兆惠在围中听到数十里外枪炮大作，知援军赶到，趁夜选精兵千名，造云梯冲出营垒，杀死叛军上千人，与富德合军后，率其余部队还阿克苏休整。

清军抵巴达克山，霍集占授首。兆惠率军退回阿克苏，经过休整与补充军需，乾隆于二十四年（1759年）六月，命令兆惠和富德两路并进，兆惠领兵由乌什取喀什噶尔，富德由和阗取叶尔羌。两路清军合计有两万人，在数量上占有一定的优势。经过叶尔羌之战，霍集占兄弟对清军的战斗力存有畏惧之心，一听说大队清军前来，慌忙把叶尔羌和喀什噶尔两城烧毁，胁迫大批人众逃往巴达克山。乾隆得知霍集占兄弟逃跑的消息，传谕兆惠令清军急速追袭。

之后的战事证明，乾隆的判断和决策是非常英明的，此时，叛军已呈土崩瓦解之势。八月，明瑞率九百清军在霍斯库克岭与叛军六千相遇，清军奋勇鏖战，勇敢向前冲击，叛军人无斗志，纷纷越岭逃窜。富德等率清军，一直追击到巴达克山部所属的叶什勒库勒诺尔山。清军一面发起进攻，一面树起招降大旗，广大维吾尔人众毕竟不甘心流落异国他乡，因此，便纷纷下山投降。霍集占起初还在山头拦阻，后来见大势已去，只好与布拉尼敦携余党几百人逃至巴达克山。

乾隆得知霍集占兄弟逃到巴达克山的消息，当即命富德陈兵巴达克山边界，以武力索取叛军魁首。这时，霍集占被杀，布拉尼敦被俘，但巴达克山人以"我回部经教，凡派罕帕尔子孙不得执送人为由"，抵制清军。因而，乾隆敕谕巴达克山汗素勒坦沙，素勒坦沙汗迫于清政府的外交和军事压力，于十月份交出霍集占首级，并说布拉尼敦尸首已被人窃走了。至此，清军平定回部叛乱，宣告取得彻底胜利。

  清政府统一了天山南北广大区域，为开发大西北、促进统一的多民族国家的发展，奠定了必不可少的坚实基础。但是，事情并没有就此结束，这一伟大事业才刚刚开始，不能半途而废。紧接着，乾隆帝又作了长期不懈的努力，花费了大量人力、财力和物力，采取了种种措施，为建设、巩固大西北做出了极大的贡献。

6. 大兴文字狱，禁锢世人的思想

文字狱在雍正、乾隆父子身上，可谓一脉相承、子继父业，这两位爱新觉罗氏的掌门人，选择了同样的方式去实现同一个目的。然而，从这个政策的效果来说，他们的努力并没有达到预期的目的。

乾隆继任皇帝后，为了加强封建专制主义统治，继承前朝的传统，大兴文字狱，以达到在思想上控制和愚弄人民的目的。

对进步的、敢于抨击时政的知识分子横加迫害。首先，从他们的著述入手，字字挑剔，钦定"逆案"，致使许多文人志士惨死于文字狱之害。其中，发生在乾隆二十年的胡中藻案，是最显著一例。

胡中藻是江西新建县人，乾隆元年（1736年）考中进士。曾是乾隆初年辅政大臣鄂尔泰的门下，他先后担任过翰林、内阁学士，陕西、湖南、广西学政等官职，在当时文人中享有很高的声望。在乾隆初年,被卷入统治阶级集团内部派系斗争之中，因此，引起了乾隆皇帝对他的注意。

乾隆对胡中藻的迫害，最初从查办他的文章开始。胡中藻是当时著名的诗人，著有《坚磨生诗钞》四本。于是，乾隆命令协办大学士、礼部尚书蒋溥秘密查办此书，从中字字挑剔，以确定其逆反罪行。乾隆二十年（1755年）二月，乾隆命令广西巡抚卫哲治将胡中藻在任广西学政时所出的试题与诗文一并严行察出，迅速上奏，并令他严加保密。卫哲治在接到密旨后,自然不敢怠慢,急忙调查,将胡中藻在乾隆十三年任广西学政以来一年多时间所出的试题和倡和诗三十六首各抄录一本,秘密送给乾隆。三月初,乾隆又命令陕甘总督赴甘肃巡抚衙门,将与胡中藻往来书信、诗文严行搜查,送往朝中。三月十一日,乾隆命总理王大臣对曾为《坚磨生诗钞》作序的礼部侍郎,在上书房行走的张开泰"严加讯究"。

乾隆经过一系列的准备工作,从胡的诗钞及书信等文中,字字琢磨,罗列了一系列胡中藻"叛逆"罪状。在三月十三日,他召集朝中大学士、九卿、翰林、詹事、科道等廷臣面谕,指责胡中藻有叛逆之心,声称他的"悖逆之词"要比雍正时的查嗣庭、汪景祺、吕留良还要多。并从《坚磨生诗钞》中摘出一些诗句,逐句加以指剔。比如,诗文中的"一世无日月",被认为是影射清朝统治的黑暗;"又降一世夏秋冬",被认为是诅咒清朝将为新的朝代所代替。再如,诗中还有这样几句:"南斗送我南,北斗送我北""虽然北风好,难用可如何""撇云揭北斗,怒窃生南风",乾隆指剔这些诗句中的"北"都是暗指清统治,诗中南北分提,重言反复,这是对清统治的不满和攻击。又有"亦天之子亦菜衣",认为在"天子"句中用两个"亦"字悖慢已极,是对皇帝的最大不敬;"一世璞谁完,吾身甑恐破""若能自主张,除是脱缰锁""一世眩如鸟在簸""虱官我曾惭""直道恐难行"等诗句,都被认为是胡中藻对朝廷发泄不满。

乾隆一方面从胡中藻的诗句中摘取一些可疑的字句,进行字字挑剔,罗列他的罪名;另一方面,还从胡在担任学政时所出试题中大做文章。如胡中藻在任广西学政时,曾以"乾隆三爻不象龙说"作为试题。乾隆皇帝认为"乾隆"是他的年号,"龙"与"隆"同音,题中的"乾不象龙"显然是对他的讥讽与恶意攻击。此外,乾隆又从试题中挑出许多处,都认为是另有所指,别有用心,与清朝朝廷作对,完全是十足的大逆不道。

乾隆为胡中藻罗列了一大堆"叛逆"的罪状后,下令将胡中藻交给大学士、九卿、翰林、詹事、科道等廷臣共同严审具核。廷臣上承乾隆皇帝的旨意,将胡中藻按着"大逆罪","拟以凌迟处死",其亲属"男十六岁以上皆斩立决"。弘历接到廷臣的拟判后,又装出一副仁慈的姿态说:"朕自登基以来,从未因为文字制罪于人,只是因为胡中藻的诗钞内连篇累牍的无非却是诽谤、诋毁朝廷之词,因此,不得不申明宪典,以儆嚣顽。"但对胡又格外开恩,免其"凌迟","著即行处斩",以此儆戒天下后世。另外,与胡中藻诗文唱和的甘肃巡抚鄂昌则被"赐死"。已死的大学士鄂尔泰被撤出贤良祠,不准再入贤良祠。

乾隆从胡中藻的诗文中刻意挑剔,对胡强加叛逆的罪名并予以处死。他自觉很难让人心服口服,又担心因此引发事端,于是特命江西巡抚必须严密捉拿,并做好防范准备。到此时,乾隆初期著名文字狱——胡中藻案宣告结束,由乾隆帝钦定这场"逆案",无辜地杀害了许多人。这就是封建专制主义的强制,更加禁锢了人们的思想,让人民俯首在自己的统治之下。

据《清代文字狱档》记载,乾隆年间所兴文字冤案数超过其父祖,竟达六十余案,的确是冤狱横兴,滥杀无辜。乾隆实行的这种文化专制政策,带来了严重恶果,不仅窒息了人们的思想,而且破坏了文化学术思想界自由探讨、勇于创新的传统,使许多文人提心吊胆,不但不敢议论时政,也不敢撰写富有教育性质为前车之鉴的政治历史书籍,而逃避现实,埋首于故纸堆,烦琐的学风恶性膨胀,以致后来龚自珍发出了"避席畏闻文字狱,著书都为稻粱谋""万马齐喑究可哀"的叹息。

7. 取缔"邪教"，维护统治秩序

哪里有压迫，哪里就有反抗。在爱新觉罗氏统治期间，民间的反抗一直没有停止过。同样，对反抗的镇压也一直在进行。在这一次次反抗与镇压的过程中，爱新觉罗氏的统治基础，也在不知不觉地动摇着。

乾隆前期，社会阶级矛盾虽未尖锐化，但人民的反抗斗争却没有停止。民间秘密宗教成为群众的反清组织。各地秘密传播的宗教，有大乘教、罗教、宏阳教、收元教、长生道等。这些秘密宗教，与元末以来的白莲教相比较，在教旨、信奉对象、教仪、经卷和组织形式上，既有许多相似之处，又各具特征。由于他们的信仰背离了封建正统思想，因此被清朝视为"邪教"。他们的行为和组织更是与封建政权相对立。在各种秘密宗教中，大乘教传播最广泛。这自然引起了乾隆的关注，并坚决予以取缔。

大乘教的组织最早是在贵州被揭露的。乾隆十一年（1746年）闰三月，贵州总督张广泗密奏，雍正时云南大理鸡足山"妖人"张保太，"妄刻《皇经注解》及《先后天图》，惑人入教，行踪诡秘"，张保太本人虽于雍正十年（1732年）事发，被云南地方官拿获，"监毙狱中"，但党羽流入贵州、四川，传及各省，要求降谕查缉。

张保太，又作张保泰，原是云南大理府太和县秀才。康熙二十年（1681年）间，在鸡足山开堂倡教，法号道岸，释名洪域。他所传大乘教，又称无为教，属于白莲教的支派。张保太师从48代祖师杨鹏翼，原是云南腾越州生员。张保太得杨鹏翼传教,时为第49代收圆祖师。据上述张广泗奏书,张保太于雍正十年被逮入狱监毙。但是,据直隶总督那苏图奏报,乾隆四年(1739年),逮捕的常州府江阴县长泾镇西来教首犯夏天佑供称,乾隆三年,夏天佑曾亲往云南,面见张保太,年已八十余岁。也就是说,乾隆初,张保太还活在人间。又据十一年七月乾隆说,"如云南之张保太因从前遇赦释放,今日遂至蔓延"。这里所谓"遇赦",当指乾隆登基时特赦。再据乾隆十一年九月,云南总督兼巡抚张允随奏:"滇省火官会,臣自乾隆六年将张保太拿禁监毙后,即檄令全省通行严禁。"可见,张保太不是死于雍正十年,而是死于乾隆六年之后。

作为白莲教支派的大乘教,与弓长的圆顿教有因果关系。关于弓长,黄育梗《破邪详辨》卷:"噫,弓长即张,分姓为号,粗俗之至。再查邪经,知弓长飘高等同为明末妖人。"又据方家研究,弓长创立圆顿教时在天启四年(1624年)。他曾撰《古佛天真考证宝经》,简称《龙华经》。《龙华经》分二十四晶,其中《混沌初晶》云:"有始以来,无天地,无日月,无人物,从真空中化出一尊无极天真古佛来。"又云:"古佛出现安天地,无生老母先天立。"《龙华真经》是圆顿教的经卷,而古佛天真和无生老母则是圆顿教中二尊最高的男女佛。圆顿教还宣传末劫思想,而弓长就是领无生老母旨意来拯救末劫中黎庶,渡他们回真空家乡,赴龙华会的。

"初会龙华是燃灯,二会龙华释迦尊,三会龙华弥勒祖,龙华三会愿相逢。"赴龙华会是乘法船去的。《排造法船晶》云:"无生老母令太上老君无影山前排造大法船一只,大金船三千六百只,中金船一万二千只,小法船八万四千只,小孤舟十万八千只,又令五千数百佛祖佛母真人,及九十六亿皇胎儿女。"

上述这些无生老母、龙华会、燃灯、法船等教义,都被大乘教吸收和传播。张保太自称为第49代收圆祖师,负有收圆的使命,收圆即收皇胎儿女回真空家乡团圆。

张保太大乘教从云南传播到贵州、四川、江苏、江西、湖北、湖南、山西等地。张保太死后，云南由其子张晓继承衣钵。贵州的首领是魏明琏和其妻魏王氏，也即魏斋婆，他俩得张保太"左右中官授记"。魏明琏死后，魏王氏以右中官兼领左中官，接法开堂。在贵州受封于张保太的，还有承中授记唐世勋、上绕授记吕仕聘、果位护道金刚授记魏之璧，退职千总雷大鸣被授为上绕执事。可见，其内部已形成一套组织机构。云贵大乘教还有固定的聚会日期。张保太大乘教内，除天官、地官、水官三会外，又添一火官会，每逢会期，齐集建醮，其中，火官会期是每年四月十五日。

四川大乘教首领刘奇，即刘权，又名刘元亨。他曾随张保太到泸州学"无生最上一乘教"。张保太死后，大乘教内部传说刘奇是"张保太转世"，"张保太已借刘奇之窍，临凡度众"，将来兴龙华会时，要推刘奇为教主。因此，刘奇在四川及其他各地教徒中享有很高声望。四川大乘教内还有法船、瘟船、铁船组织。法船首领是刘奇本人，瘟船首领是僧人雪峰，铁船掌教是朱牛八。

江苏的大乘教传播极为广泛。江阴县原有西来教，教头夏天佑是张保太弟子，于乾隆四年（1739年）被取缔。宜兴有僧人吴时济倡立龙华会，会内骨干杜玉梁等人各有"授记封号"。震泽、宝山、嘉定等地有燃灯教。太仓州燃灯教首领王一岩，素来宗张保太。王一岩死后，由妻王徐氏接法开堂。王徐氏自称是"活佛临凡"，称她的外甥女周氏是"观音转世"，他们与四川刘奇保持密切往来。王徐氏多次遣人入川，与刘奇通声息，并且还给刘奇送"香金纱衣"。

湖广邻近贵州，当地大乘教传自贵州，教徒很多。湖北教首是金友端，湖南教首是莫少康等人。

大乘教也传播至直隶与北京。直隶掌教的是保定的唐登芳。在唐登芳之前，有个从贵州来的吕斋婆，在北京西便门外白云观传教。对于大乘教在各地传播，地方官初时不以为意。在他们看来，大乘教徒"不过吃素念经，并无别情"，"托名烧香礼拜，经文亦不过寻常劝世之语"。但是，在乾隆的心目中，大乘教是危险的异端："从来左道惑众，最为人心风俗之害，理应严加惩创，庶足儆顽悖而安善良。"并且他还看到，"邪教"蔓延必将从思想上、政治上，对封建统治都构成极大威胁。

因此，当乾隆接到张广泗报告时，就亲自布置对大乘教的清查取缔。乾隆十一年（1746年）六月六日至八日，他下了九道谕旨，指示云南、贵州、四川、江苏、直隶、湖广、江南、江西、山西等地缉拿大乘教首领。在乾隆的旨意下，云南省总督兼巡抚张允随逮捕了张晓及刘奇的徒弟刘钧和要犯杨声等6人。张晓、刘钧凌迟处死，杨声等斩立决。张允随还派兵看守张保太、杨鹏翼埋尸处，准备到定案时毁坟戮尸。

贵州省总督兼巡抚张广泗是这一案件的"发奸摘伏"者，深得乾隆赏识，清查尤其卖力。他经过秘密查访，缉拿了张保太徒弟张二郎。从审讯张二郎获得口供，得知火官会聚期，遂于乾隆十一年四月十五日会期之际逮捕了贵州大乘教首领魏斋婆等人。经审讯，魏斋婆又供出大乘教内部组织情况以及某些掌教人情况。四川大乘教首领刘奇，湖广教首莫少康、刘选升、孙其天，北京吕斋婆等人，都是魏斋婆供出的。张广泗还上奏，除了法船首领已获，瘟船首领僧人雪峰已获旋毙外，唯铁船首领朱牛八难以缉获。牛八实乃朱字，朱牛八显然非真实名字，而是含有怀念朱明王朝、反清复明深意的化名。白莲教经常散布牛八复位的传说。

四川巡抚纪山，从一名铁船教徒胡恒口供中认定，朱牛八在贵州罗贡生家被招为女婿。乾隆谕令张广泗缉拿，张于仁怀、黔西一带细访无踪。仁怀县安罗里虽有一家姓罗，非贡生，当地佃户多系苗人，并没有秘密教派的传播。

纪山对大乘教追查不热心，多次受到乾隆斥责。他虽然逮捕了刘奇,却未"搜查陈奏",且误信铁船不与刘奇大乘教同派,"并非通达声气"。乾隆斥纪山:"汝办理此等事,甚不满朕意"。此后不久,纪山看到张广泗咨文,知道铁船教原是大乘教中的支派,感到问题的严重性,立刻上奏:"将刘奇供出在川之王清直、王之璧、张万学等十四名迅速密拿。在云南、贵州、直隶、江南、江西、湖广、山西之胡大思、朱牛八、吕斋婆等十九名密咨该省查拿。"乾隆阅后更加恼火,立即批道:"此汝等所能究出!想接到张广泗之咨会耳!攘人功而为己有,甚属无耻。朕自愧无知人之明。"但是,四川缉捕大乘教也不是一无所获。降至乾隆十一年七月,共捕获大乘教骨干人物129名,其中,由贵州、云南移咨应捕的56名内,已获35名;本省审讯出应捕的124名,已获94名。特别是,纪山逮捕到自称李开花的要犯苏君贤。早在乾隆六年(1741年)时,广西迁江县被获的"邪教"李梅一案中,案犯已供出李开花、覃玉真等"捏造谣言,蛊惑愚民"等情节,但未抓获。而大乘教又广泛传播说,法船教主刘奇是弥勒下凡管理天下,李开花作皇帝。纪山经过查访,得悉苏君贤冒称李开花,"狂悖惑人,妄图非分",抓获后斩立决。纪山还通过审讯刘奇,"供出各省斋头办事之人"。

大乘教在江南有一定势力。乾隆十一年五月,江苏巡抚陈大受在太仓、宝山缉拿燃灯教首领王徐氏及其甥女周氏等人。六月,太仓州教徒数十人持香拥到该州公堂,声言"周氏系观音转世,王徐氏是活佛临凡,我辈迎接供养"。其时适知州高廷献下乡,教徒即转赴苏州请愿。另外,当陈大受出郊劝农时,太仓、宝山、昆山、新阳、青浦等地教徒一百数十名,"伊等皆卖产人教之人,今活佛被拿,不可得见,求提来一见,死亦甘心"。此前,陈大受虽抓获龙华会首领吴时济,但未审出吴时济与张保太的关系,曾被部驳。乾隆对此本来就很不满,如今再加上教徒二次聚众滋事,火上浇油。他斥责陈大受欺隐案情,失之宽纵,要两江总督尹继善负起责任,留心查缉,"不应专听巡抚办理"。

为清查曾在北京传教的吕斋婆，清朝费了不少工夫。四川审讯刘奇，审不出有关吕斋婆的情况。同案犯供说，湖广的金友端知道吕斋婆的下落。但刑讯结果，金委实不知。后来，贵州抓获吕斋婆女婿张天序。张天序供认，有个江南人年尚科，曾带着张保太一张委帖，授给吕斋婆，叫吕斋婆到北京开道。贵州魏王氏也供认，江南仪真人黄中清曾和吕斋婆一同赴京传道。经追查，年尚科、黄中清均已死去。京城步军统领舒赫德查询白云观道士张士诚等，说乾隆五年（1740年）冬，的确有一四川道姑，携带儿子、侄儿来观居住，半个多月后就到平郡王府去了。乾隆降旨询问平郡王福彭。福彭复奏，乾隆六年正月，是有四川重庆府一个道姑与子、侄在京住月余后返川。道姑姓宋或姓李，记不清了，线索又回到四川。纪山于重庆府白衣庵内拿获一个宋道姑，口供夫家娘家均不姓吕，显然，不是那个吕斋婆，追查吕斋婆终无结果。

除上述重点地区外，保定、湖广、江西、山西以及广东等地，也在黑风腥雨中追捕大乘教要犯，烧毁"谣书伪谶"。乾隆十一年，由于首犯云南张晓、四川刘奇、贵州魏斋婆、江苏王徐氏等均已抓获正法，胁从犯亦分别治罪，乾隆宣布"邪教"追查结束，但邪书应继续收缴。

乾隆十三年（1748年）正月，福建建安、瓯宁二县发生了老官斋教徒暴动。福建老官斋是罗教支派，罗教是明代正统至嘉靖时，山东即墨人罗清创立的。罗清又名罗静、罗怀，被信徒尊称作罗祖。罗清著有《苦功悟道卷》《叹世无为卷》《破邪显证卷》《正信除疑自在卷》《巍巍不动泰山深根结果宝卷》，共五部六册。罗教的教义，既吸收佛教的"空论"，把"真空"作为宇宙本源，又吸收宋儒思想，把无极、太极作为宇宙本源，认为"万般都是无极化"，所以，罗教又称无极教、太极教。无极圣祖，也就成了福建老官斋崇拜的神灵。

福建老官斋传自浙江，官府视它为大乘教。乾隆前期，庆元县姚氏后裔姚正益每年来闽传教一次，教徒奉姚氏若神明。最初，教徒不多，仅遗立村会首陈光耀即普照的斋明堂一处。后又有周地村的千兴斋堂、芒田村的得遇堂、七道桥的兴发堂、埂尾村的纯仁堂等相继建立。各堂教徒人数不等，或数十人，或百余人。"各堂人教命名者，每名收香火银三钱三分"，每月朔、望各聚会一次。

老官斋徒聚会吃斋，地方官本不在意。乾隆十二年（1747年）十一月，斋明堂会首陈光耀等搭盖篷厂，聚集乡民，点烛念经，被乡长告发。瓯宁县派兵擒获陈光耀等。斋明堂头人被捕，其他各堂首领人心惶惶，怕陈光耀在审讯中将他们供出。于是，被通缉的逃犯葛竟仔，伙同妻舅魏现、七道桥会首黄朝尊、教徒宋锦标之妻女巫严氏（法名普少）等商议攻城劫狱。严氏"素能降神，又能舞剑召魔"。她遂谎称坐功上天受师父嘱咐，弥勒即将下降治理，用以动员教徒。葛竟仔、魏现等又私造伪箭兵符旗帜，设立元帅、总帅、总兵、副将、游击、守备、千总等职，搜集鸟枪、刀、枪、器械、火药，制造包头绸布，人手一块，上绘"无极圣祖图记"。乾隆十三年正月，严氏再次假托降神，谶语说弥勒佛要入府城。魏现等遂以"神言煽惑同会"，他们约定十四日齐集各堂，十五日各执刀枪器械，抬迎菩萨进城，由居住在城内的教徒、画匠丘士贤为内应。葛竟仔还同时封锁各村口，只许进山，不许出山，挟各处乡民入伙。十五日上午，千余名教徒在芒田村祭旗，严氏乘轿张盖，率众先行。魏现、黄朝尊、官月照等会首，指挥教徒扛抬神像，手执大小蓝白旗，上书"无为大道""代天行事""无极圣祖""劝富济贫"等，一路跳跃，直奔建宁府城。

最先向官府报告老官斋徒发动暴动消息的，是一位布贩张国贤。正月十四日，他挑着四十余匹布，在离县城四十里地方，被老官斋徒扣押。张国贤逃回府城禀报。知府徐士俊并不相信，到后来，接到塘兵报告，才派兵赶往镇压。途中老官斋徒队伍被打散，纷纷逃窜进山，官兵又进山搜捕三百余人。

对于老官斋徒暴动，乾隆颇为注重。他接到地方官奏折后，将徐士俊革职。乾隆亲自过问对漏网的老官斋要犯的追捕。在堵截暴动队伍时，为首的魏现逃跑了。乾隆指示说："此一犯不比他人，必当弋获。"对于其他参加暴动的教徒，乾隆指示，"即多戮数人，亦使奸徒知所畏惧，不特孽由自作，亦除暴安民，理当如是"。在乾隆督促下，闽浙总督喀尔吉善派兵四出搜捕魏现等要犯。五月二日，魏现终于在深山老林中被逮捕。参加暴动的老官斋徒，共被抓获300名，打死和自缢的9名。喀尔吉善拟定对暴动教徒分别六等治罪：首恶凌迟，助谋立斩，以邪教诱惑愚民绞候，被胁同行充发乌剌（即服差役），知情不首流徙，仅噢斋实未知暴动事者概缓查拿。拟罪结果，计凌迟1名，立斩49名，立绞6名，绞候1名，发遣乌喇者88名，枷责99名，罪犯家属没为奴发遣乌喇19名，共265名，其余或被监毙或自缢。处以刑罚如此之多，特别是处以死刑者居之多，充分暴露了统治者的残暴。

老官斋徒暴动虽说规模小、时间短，并没有给清朝造成任何威胁，但乾隆从中悟出清查"邪教"的紧迫性。乾隆十三年，他下令各地官员留心察访，一有访闻，即行擒捕，不可稍存怠忽。乾隆此谕后，全国各地加强了对民间宗教的追查。通过取缔各种教派活动，乾隆将各种反清势力逐一扼杀，巩固了自己的统治。然而，民间的反抗并没有因此而绝迹，相反，随着统治秩序的恶化，反抗越来越激烈，不断动摇着爱新觉罗家族的根基。

8. 宠信和珅，败坏帝国吏治

和珅与乾隆的关系的确很奇怪。面对和珅这样的贪官，乾隆居然视而不见，任其为所欲为，败坏祖宗基业。也许，个人的喜好要比整个爱新觉罗家族的利益更重要吧。

和珅是中国历史上最著名的贪官，2001年曾入选《亚洲华尔街日报》世界级历史富翁行列。他也是18世纪首富。和珅出生在一个并不富裕的武官家庭，但他与弟弟和琳从小都受到较好的教育，十几岁时被选入咸安宫官学，接受儒学经典和满、汉、蒙古文字教育。和珅天资聪颖，勤奋努力，成绩突出，因而得到老师吴省兰等人的器重。乾隆三十四年，20岁的和珅继承祖上三等轻车都尉的爵位。第二年，参加顺天府科举乡试，未能考中举人。不过，没有功名的和珅，之后却因颇有才学主管了许多文化、教育事业。

乾隆三十七年十一月，23岁的和珅被任命为三等侍卫（正五品），这成为他人生的一个重要转折点。皇帝的侍卫很多，但为什么和珅会得到乾隆的赏识？

《庸庵笔记》记载：某日乾隆要外出，仓促中找不到仪仗用的黄盖（或一说"云南急呈奏本，缅甸要犯逃脱"），乾隆责问："虎兕出于柙，龟玉毁于椟中，谁之过欤？"这是引用《论语》中的一句话，来责问"是谁的过错"。众侍卫都吓得不敢出声，只有和珅应声说道："典守者不得辞其责也！"意为"执掌此事的难辞其咎"。这句答话，正好也是《四书》中对上句话的注解"岂非典守者之过邪"。和珅作了巧妙的变通，用在这个场合，显得自然贴切。乾隆大喜，当即将他升了职。

另一说法是，某日乾隆在轿中背诵《论语》忘了下文，和珅顺口背了出来，乾隆很是欢喜。总之，年轻的和珅英俊潇洒，又颇有才学，可能在某一偶然的机遇中引起了乾隆的注意，从此，时来运转，飞黄腾达。

乾隆四十一年（1776年）正月，授户部右侍卫。三月，命在军机大臣行走，四月授内务府总管大臣。乾隆四十三年（1778年），又兼步军统领，和珅更加春风得意。他对皇帝的起居体贴入微，"皇帝若有咳唾之时，和珅溺器进之"，已是红顶花翎的大臣，这时仍像一个浑唐阿，真是拍马有术。四十五年（1780年），乾隆帝想要严饬一下贪污之风，命和珅查办云南总督李侍尧贪污案，他风驰电掣般跑到云南，立即拷问李家仆人，竟然查出证据，随后，又面奏云南盐务、钱法、边防等政务情况，"多称上意，并允行"，立即升任户部尚书，议政大臣。这一年五月二十日，乾隆帝又特意下谕旨："尚书和珅之子赐名丰绅殷德，指为十公主之额驸，赏戴红绒结顶，双眼孔雀翎，穿金线花褂，待年及岁时，再派结发大臣，举行指婚礼。"

和珅既无文治，也无武功，论资历、门第威望、才干和人品均不及阿桂、稽璜、王杰、福康安等人。但是，从乾隆朝后期深受皇帝宠信并委以大权，主要原因是他擅长揣摩帝意，迎合君旨，玩弄权术，故能博取皇帝欢心，蒙受特宠。乾隆五十五年（1790年），有个叫尹壮图的官员上书反映各省库藏空虚的情况。和珅立即出来打棍子，奏请"命壮图往勘各省库"，并派亲信庆成同行。结果，尹壮图以"所奏不实"降职，和珅更得宠信。官库虽然空虚，皇帝却少不了白花花的银子。于是，和珅又多次为乾隆献计献策，聚敛增收，并以"宰相"自居，兼任属于皇帝内务府包衣专差的崇文门税务盐督,为皇上守住这个重要的进财口。

有了皇上的宠信和关照,和珅便更肆无忌惮地揽权索贿。他一人得道,便鸡犬升天,弟封公爵、子尚公主,连仆人也家财万贯,横行霸道,而且拉拢党羽,排斥异己。他和大学士傅恒的儿子十皇后的内侄福长安勾搭一起,轻而易举地使福长安进入军机处,做他的帮手。和珅的姻亲苏凌阿是个老耄昏聩、卑鄙无耻的老官僚,在任总督时"每接见属员,曰:皇上厚恩,命余觅棺材本来也",这样一个只要钱不要脸的家伙,也被和珅提为大学士。吴省兰、李璜、李光云是和珅以前的老师,此时,也都身居高官。

当阿桂任首席军机大臣时,和珅还有所顾忌,阿桂死后,他升任首辅,便恃宠弄权,独霸军机。以前朝臣奏章要直达御前,由皇帝亲自拆开。但和珅却下令,以后奏章需缮写两份,副本要交军机处。从此,上奏的渠道也就被他一手控制了。

和珅不但具有政治野心,而且对金钱、财货更为贪婪。他公开向属员索要贿赂,连皇子永锡想承袭肃亲王爵位,也要给他送礼才求得获准。他甚至连宫廷进物都划归己有,"四方进贡之物,上者悉入珅等,次者始入宫也"。连他家干私活,也从步军统领衙门抽调兵丁,多时,竟达上千人之多。

乾隆四十七年(1782年),御史钱沣奏劾和珅的党羽——山东巡抚国泰贪污、侵蚀公帑的罪行。和珅急忙通风报信,让国泰借挪搪塞。但是,钱沣机智地发现,官库银锭规格杂乱,不合统一标准,最终抓获了国泰的真赃,使国泰伏法,而钱沣从此不得升迁,抑郁而死。

乾隆五十一年(1786年),陕西道监察御史曹锡宝上书,弹劾和珅家奴刘全,上书说:"和珅家奴刘秃子本系车夫,管理家务,'服用奢侈、器具完美,苟非侵冒主财、克扣欺隐,或借主人名目,招摇撞骗,焉能如此。"由于事机不秘,被和珅得知,马上指使刘全藏赃,连夜毁屋重造。

由于调查失败，曹锡宝反被乾隆帝谴责，革职留任。

乾隆末年吏治腐败，贪官之首便是皇帝最宠信的和珅。但和珅持权恃大，忘记太上皇年事已高，他该为自己预备退路。早在乾隆帝有意选颙琰继位时，和珅早早打探到这一消息，在宣布此事的头一天，送给颙琰一柄玉如意，表示自己对此事劳苦功高。乾隆帝退居幕后，和珅专权更甚，嘉庆帝有什么事反而要托和珅转告父亲。嘉庆帝的老师朱硅由两广总督升任大学士，嘉庆皇帝写诗祝贺，没想到和珅向太上皇告一状，说嘉庆帝在向下属"市恩"，结果，朱硅降为安徽巡抚，嘉庆帝也因此得罪了父亲。嘉庆帝隐忍不发，表面上更重视和珅。

嘉庆四年（1799年）正月初三，太上皇乾隆弘历驾崩。次日，嘉庆帝命和珅与户部尚书福长安轮流看守殡殿，不得擅自出入，实施软禁。接着，下了一道突兀的圣旨，命令着实查办围剿白莲教不力者及幕后庇护之人。当天，就有大臣领会到皇帝的意图，于是，弹劾和珅的奏章源源不断送到嘉庆帝手中。嘉庆帝宣布和珅的二十条大罪，当即下令逮捕和珅入狱。

嘉庆帝本要将和珅凌迟处死，但由于皇妹和孝公主（也是和珅儿媳妇）的求情，并且参考了董诰、刘墉诸大臣的建议，改为赐和珅狱中自尽。为避免政坛风波，嘉庆帝宣布，对能弃恶从善的和珅余党一律免于追究。

经查抄，和珅财产的三分之一价值二亿二千三百万两白银，玉器珠宝、西洋奇器无法胜数，有些珍品比皇宫甚之。民间谚语说："和珅跌倒，嘉庆吃饱。"

9. 传位不交权，帝国遍烽火

权力的魅力，是这些身居高位的人无法抵挡的。一个年近九十的老头子，为了满足自己的权力欲，死抱着权力不放。面对着江河日下的帝国，只知享乐，不顾繁华盛世掩盖下的江山已是千疮百孔。爱新觉罗家族的危机就在盛世中悄无声息地来临了。

乾隆皇帝二十五岁登基，处处以皇祖康熙为楷模，理刑处政都以康熙圣训为金科，甚至一言一行都效仿他的祖父。

乾隆还多次表示，若蒙苍天保佑，能执政六十年，就立即将皇位传给儿子，不敢超越皇祖执政六十一年的年限。

时光荏苒，这一承诺很快需要兑现了。乾隆六十年（1795年）九月初三这一天，高宗在勤政殿召见皇子、皇孙及王公大臣，宣布立皇十五子嘉亲王永琰为皇太子，以明年为嘉庆元年。他还命令将"永"字改为"颙"字，取吉祥宏大之意，希望他的继承人发扬康乾盛世的光辉，普照天下万民。

经过几个月的充分准备，丙辰（1796年）年初的一天，终于迎来了授受大典，也就是传位仪式。嘉庆陪同太上皇先到奉先殿堂子行礼，随后，遣官祭告太庙，最后，即举行正式仪式。只见乾隆在太和殿，亲自将金光闪闪的皇帝玉宝交给嘉庆皇帝，嘉庆帝双膝跪地，头微垂，用双手接过父亲手中的玉玺，群臣高呼"万岁"，太上皇受贺结束后回宫，嘉庆帝正式即位，接着，又是群臣祝贺。嘉庆帝又将太上皇颁写的传位诏书颁行天下，并对有功人员予以封赏，整个仪式完成。这一年，乾隆已八十六岁高龄，嘉庆帝已进入成年，三十七岁。

乾隆当了太上皇，按年龄及以往朝代的规制来说，就应颐养天年，不再处理政事了，更何况新皇帝已不是个孩子，完全有能力处理国家大事。但乾隆人老心不老，他在退位前及退位后多次说自己身体很健康，仍能处理大事。乾隆四十三年（1778年），他发了一道谕旨，表示到期传位，但紧接着又为自己将来训政大造舆论，他说："朕今年春秋六十八，康强一如往时，自然应该代替上天爱养百姓，治理百官，以不负祖宗的重托。现在距乙卯年（即乾隆六十年）还有十七年，为日还长，我怎么能有息肩（即休息、退休之意）之想法呢？如果朕的精力始终这样旺盛，每天都很勤勉，这不正合了朕的意愿，这难道不是很好吗？"

乾隆六十年（1795年），高宗在传位诏书中，对后事做了种种安排后，紧接着又宣布："朕仰承上天保佑，身体健康，一日不至倦勤，一天也就不敢怠倦。归政后，凡遇有军国大事，及用人行政等大端，岂能置之不问，仍须朕躬亲指教。至于嗣皇帝，只能朝夕聆听训谕，将来知道有所秉承，不致出现差错，这难道不是国家的大福？"他认为颙琰统治经验不太丰富，还需学习。但颙琰也不是无事可做，乾隆觉得自己年近九旬，对于登降跪拜等礼节，已经做得不很好了，因而须将"郊、坛、宗、社诸祭祀"的行礼事交给颙琰来做，也算"人尽其才"。乾隆还命令部院衙门及各省题奏章疏，夸大连引见文武官员等寻常事也要"嗣皇帝一同披阅"，以便效法乾隆的所作所为。

乾隆不服老，事实上是不愿放弃权力。因而，直到他死也没有离开养心殿。早在乾隆三十七年（1772年），高宗就在宫中外东路兴修宁寿宫，作为归政之后当太上皇时的休养之所。但乾隆退政后，并未真的归政休养，而是改归政为训政，这就为他继续留住养心殿找到了理由。按清代礼制，皇帝退位之后，应该迁出养心殿，移居宁寿宫，而让新皇帝移居养心殿，即使训政也应如此。但乾隆不愿离开养心殿，让嘉庆居住在毓庆宫，并且还提出两点理由：一是"寝兴六十养心惯"，就是说，即位之后居养心殿已六十年了，最为安全吉祥；一切照旧，应当继续居住养心殿，诸事便利。二是"己便兼亦欲人便"，也就是说，养心殿在乾清门西边、遵义门之内，召见王公大臣、六部九卿及引见官员等，便由乾清门进，趋走甚近，若在宁寿宫则相距较远，不便利。乾隆还一再声明，自己年近九旬，若将来幸越期颐或稍觉倦勤，即当迁居宁寿宫。但他并没有这样办，最后，仍死在养心殿寝宫。

太上皇帝大权不放，事事让嗣皇帝嘉庆学习效法，这可难为了嘉庆。在乾隆去世前的三年间，嘉庆仁忍坚耐，韬光养晦，的确有帝者之风。据朝鲜《正宗实录》记载，嘉庆元年（1796年）三月十二日，朝鲜国王召见朝鲜赴大清国进贺使李秉模等人时，询问太上皇及新皇帝有关情况，再现了当时的真相。朝鲜国王问李秉模说："太上皇精力还好吗？"李答："还好！"又问："新皇帝仁孝诚勤，誉满四方，是这样吗？"秉模回答说："状貌和平洒脱，皇笑他也笑。于此可知大概了。"李秉模接着报告说："太上皇帝派和珅阁老对我们宣旨说：'朕虽然归政，大事还需回国问国王平安，由于道路远，不必派人来谢恩。'"

太上皇虽然把持大政不放，使儿皇帝变成木偶一般，毕竟已经是年近九十岁的人了，记忆力明显衰退。书状官洪乐游报告朝鲜国王说："太上皇帝容貌气力，不很衰老，但却健忘异常，昨天的事今天就忘记了。所以他身边的人，都无所适从。新皇帝平时与临朝时，总是沉默寡言，喜怒也不形于色。但开经筵时，却虚已听受。"偌大一个帝国，由一个年近九旬的老人统治着，不能不说是一种悲哀。

为了不让嘉庆帝操持政权，和珅出主意，让嘉庆帝每天陪太上皇看戏游乐。当时，白莲教起义遍及川、楚、陕几省，清军禁旅大战疆场，天下已无太平可言，而出于权力旁落的恐惧心理，乾隆让自己的儿子陪着自己每日嬉戏不止，这无论如何也是说不过去的。从此，康乾盛世最终走到了它的尾声。

第七章 嘉庆 大厦将倾 难挽狂澜

　　清仁宗嘉庆名爱新觉罗·颙琰（1760—1820年），乾隆皇帝第十五子。嘉庆于乾隆三十八年（1773年）被密建为皇储。乾隆五十四年（1789年）被封为嘉亲王。乾隆六十年（1795年）九月，被正式宣布立为皇太子。第二年正月初一日，受乾隆帝禅位即帝位。其后，朝政仍被太上皇乾隆帝控制，颙琰暂时居住在毓庆宫。嘉庆四年（1799年）正月，乾隆帝死后，开始亲政。面对乾隆末年危机四伏的政局，嘉庆帝打出了"咸与维新"的旗号，整饬内政，整肃纲纪。诛杀权臣和珅，罢黜、囚禁和珅亲信死党。诏求直言，广开言路，祛邪扶正，褒奖起复乾隆朝以言获罪的官员。诏罢贡献，黜奢崇俭。要求地方官员对民隐民情"纤悉无隐"，据实陈报，力戒欺隐、粉饰、怠惰之风。但是，对内政的有限整顿，并没有从根本上扭转清朝政局的颓败。与他的祖、父相比，嘉庆皇帝是一位既没有政治胆略又缺乏革新精神，既没有理政才能又缺乏勇气的平庸天子。"平庸"两个字，是嘉庆皇帝的主要性格特点。嘉庆朝是清朝由盛转衰的时代，上承"励精图治、开拓疆宇、四征不庭、揆文奋武"的"康乾盛世"，下启鸦片战争、南京签约、联军入京、帝后出逃的"道咸衰世"。清朝社会的固有矛盾已经积累了180年，嘉庆皇帝扮演了大清帝国由极盛转为衰败的历史角色。

1. 杀权臣，新皇登基树权威

经过长久的等待，嘉庆终于成为了爱新觉罗氏的掌门人，有权力去做自己想做的事情了，那位"千古第一贪"遇到了自己的克星。不论为公为私，嘉庆都有理由杀掉和珅，然而，杀一个和珅对于整个吏治来说，是远远不够的。

大清王朝二百九十六年，在诸多大臣中，和珅是最为贪婪的一个，在历史的纬度上，他的名字几乎成了大贪官的代名词。经查抄，和珅财产的三分之一，价值二亿二千三百万两白银，玉器珠宝、西洋奇器无法胜数，相当于当时清政府国库15年收入的总和。

和珅生于乾隆十五年（1750年），比乾隆小39岁，钮祜禄氏，满洲正红旗人。家原住在北京西直门内驴肉胡同，父亲曾任福建副都统。和珅十几岁时，有幸进咸安宫官学（地点在皇宫咸安宫），学习儒家经典和汉、满、蒙文字，受到良好的教育。他勤奋学习，对经史子集非常在行，精通满、蒙、藏、汉四种语言，为他以后的发迹奠定了基础。后来，被大学士、刑部尚书英廉看中，召他做了孙女婿。乾隆三十五年（1770年），和珅参加了顺天府乡试，未能考中举人。但由于他出身满洲，便做了宫廷三等侍卫，开始出入宫廷。这个差事给和珅接近乾隆提供了机会，也是他人生的一个重要起点。

第七章 嘉庆 大厦将倾 难挽狂澜

和珅有6种才华：审案、理藩、外交、理财、文化、千叟宴。拿审案来说，乾隆朝有个李侍尧，在云南主政时，组织了一个严密的贪赃枉法关系网。乾隆派和珅作为钦差大臣前去办案。和珅到后，先把李侍尧安抚好，接着，在老百姓中调查，仅用3天就掌握了李侍尧贪赃枉法的相关证据，了结了此案。再如文化，和珅作为官修《四库全书》的"正总裁"，文化鉴赏力很高，发现并刊印了《红楼梦》；他善于做诗，精于模仿乾隆笔迹，现在有很多"乾隆御笔"都是和珅留下的。当时的文坛大家袁枚，这样夸奖和珅：少小闻诗礼，通侯及冠军。弯弓朱雁落，健笔李摩云。

随着乾隆的年龄越来越大，执政时间也越来越长，身边的宫女、妃嫔、太监都少有文化，不能同他谈诗文、品书画、论佛经，也不能帮他处理军国大事、进行多种语言文字交流。因此，和珅对老年乾隆来说，是没有一个人可以替代的。由于乾隆的宠信，和珅的官职扶摇直上，在清朝近三百年历史上，是空前绝后的。

和珅升官的同时，也在为自己挖掘坟墓。和珅靠乾隆宠信发迹，也必然随乾隆升天而自毙。嘉庆早在做皇子嘉亲王时，就对和珅不满。嘉庆继位后，乾隆还在，他投鼠忌器，没敢动手。嘉庆四年（1799年）正月初三日，乾隆驾崩于紫禁城养心殿。嘉庆帝颙琰在乾隆死日亲政，在办理大行皇帝乾隆大丧期间，采取断然措施，惩治权相和珅，举朝上下，大为震惊。

乾隆做了四年太上皇，仍牢牢地把持着实权。这时的和珅依然受宠，但是毕竟形势已发生了变化。和珅在乾隆与嘉庆间采用"四手"：第一手是紧紧依靠太上皇乾隆；第二手是讨好嘉庆皇帝；第三手是限制嘉庆皇帝的权势；第四手是防止嘉庆日后对自己进行惩处。所以，他在乾隆和嘉庆之间、在嘉庆面前和背后，都是"两面派"的表现。

嘉庆当皇子时，被定为储君。和珅密知此事，于乾隆公布嘉庆为皇太子的前一天，送给颙琰一柄如意，暗示自己对嘉庆继位有拥戴之功。嘉庆笑在脸上，恨在心里，但因和珅是乾隆的宠臣，老奸巨猾，朝廷上下，各种关系盘根错节，不便动手。嘉庆在乾隆死后短短的15天里，就把一个被先帝恩宠30年的"二皇帝"加以惩治，举措得体，干净利落，取得胜利。

既然和珅是治世之能臣，那为什么还会在乾隆皇帝死后仅15天，就被嘉庆皇帝查抄并赐死了呢？民间有种说法：和珅跌倒，嘉庆吃饱。表面上看来，和珅是由于过于贪婪、富可敌国惹来了杀身之祸，事实上，他不过是嘉庆皇帝树立帝王权威的政治牺牲品而已。可以说，只要和珅处于一人之下、万人之上的地位，即便他不是大贪官，一样也得死。因为清朝一直有新皇帝即位，即诛杀前朝重臣、树立新皇帝权威的传统。

乾隆皇帝临死时，跟当时的皇太子颙琰、后来的嘉庆皇帝说，他只给嘉庆留下了一个人——和珅，如果你想一世无忧，就把和珅留下，让他替你理财、看守百官；如果你想超越我，树立帝王权威，就把和珅杀了，那天下还有谁敢不听你的号令。嘉庆选择了后者，和珅也就必须得死。可惜，和珅是个聪明过头的人，他不甘心自己就这样死去，于是，在他知道乾隆皇帝将传位给颙琰后，便给颙琰送去玉如意，事先泄露了消息，反而弄巧成拙，及早地召来杀身之祸。

嘉庆惩治和珅案没有株连，也没有扩大化，这是嘉庆的聪明之处；但他只把和珅当作个案处理，而没有以此作为契机，进行制度性的改革，这是嘉庆的平庸之处。

2. 勤于政务，积弊太深无力回天

面对父亲留下的烂摊子及千疮百孔的大清帝国，嘉庆皇帝试图重塑往日的辉煌，维护祖宗的基业。他勤于政事，不知疲倦，只可惜天公不作美，他没有能力阻止国家在下坡路上滑落的速度。

嘉庆上台之后，面临的是一个危机四伏的烂摊子，为了改变这种局面，他以"勤"为万事之根本，因此，他勤政是出了名的，也是勤政的典范，处理政务更是连半天也不肯延搁。嘉庆从亲政以后，立即提出要勤政戒惰，他自己更是事无巨细都躬自总揽。每天天未亮，他已经在秉烛批阅奏章了，稍事用过早膳后就召臣问政，往往多达十余人，披览奏书几十件，由此而常常忙得忘记了吃饭，甚至还忘记了睡眠。每到外出巡视的时候，也是早起一段时间办案。为了倡导勤政、革除陋习，在嘉庆十一年的时候，发布谕告，要求王公大臣要像他一样勉力勤政，在这点上，他还颇具他的皇祖雍正皇帝"事业狂"的遗风。

嘉庆帝在谕告里说：从天子到普通老百姓，都要以敬勤为立身之本。如果君王勤劳，那么国家就能大治，反之，就会使国家处于危险；大臣们勤劳，那么政务就处理得有条不紊，否则，就会导致政务松弛，处事没有章法；如果读书不勤，那么就一定学不到东西；农民如果贪惰的话，那么就一定没有收获。百行百业，事虽异而道理却是相同的。

嘉庆帝以勤为万事之根本，一直认为勤能补拙，勤政勿惰。嘉庆帝曾经私下对他的心腹直隶总督颜检说，古今中外的吏治，都是贪污腐化的官员多，懒惰偷闲的多，由此来看的话，这实际上已成为国家最大隐忧，必须加以整顿。

嘉庆对于官员们办事效率低下、对经办的事情任意拖延耽搁极为不满。嘉庆六年，内务府处理膳房一件罚款的小事，竟然被官员们拖延了40天，他曾为此而大发雷霆。嘉庆帝从在自己眼皮底下发生的这件事情看出，朝廷中执政效率是何等的低下，办事推诿、互相扯皮现象又是何等严重。嘉庆十三年，嘉庆帝亲自书写整治八旗子弟的诫文，告诫八旗人不要忘记祖上。

杨怿曾是受到嘉庆重用的大臣，曾在大理寺卿出任多年的翰林，之后调任湖北学政。有一次，杨怿曾奉旨回京拜见嘉庆皇帝，那时正值酷暑，京城异常炎热。杨怿曾掀帘入室时，看见嘉庆帝正在摇扇挥汗。他跪拜请安，嘉庆立刻把扇子搁置一旁，便开始非常详细地向他询问他的任上政务情况，尽管热得汗如雨出，嘉庆帝却始终没有再把扇子拿起。等到杨怿曾出门的时候，汗水已浸透了皇帝的龙袍。

还有一次，也是因为京城天气炎热，管理宗人府的睿亲王淳颖，担心嘉庆帝劳累过度，私自把宗人府递上需要引见的官员奏折撤去。谁料嘉庆得知后大怒，于是把淳颖召来，对他讲道："朕刚刚四十来岁，尽管日理万机，但也从未感到这么做有多辛苦，只是引见这么几个人，本来祖先的艰苦创业，要保持祖先的优良传统。实在算不上劳累。"随后斥责淳颖太偷懒了，下令将他交到宗人府严加议处。他还就这种陋习时弊训谕诸臣，说以后内外衙门，凡是有上奏的事件，只要收受了，就要立即直接交到他面前，听候他的批示，不准随意耽搁或者擅自撤掉。如果再有人敢像淳颖那样做，一经查出，就要从重治罪，决不宽贷。

一次，嘉庆觉得他的女儿已经出嫁多月了，可一直没去探望，便决定翌日到公主的府第去吃饭。于是，他就再三嘱咐值班大臣说，如果在这天有官员需要引见，那么就改天接见他们，如果是有奏折进呈，那么就一定照常呈递。

第二天清晨，嘉庆起得比以往更早，准备披阅完奏折以后，再动身去女儿的府第，可是，这天竟然没有一人陈奏。到了第二天再上朝的时候，才发现昨日奏折都被积压了。于是，下令惩办了那个当值大臣。

一个月以后，嘉庆帝依照惯例来到中南海观看雾凇，这天又没有奏折递进。由此嘉庆大为恼火，对随从的大臣们说：朕每日孜孜不倦，勤求治理，即使是有事情外出，也一定早起一段时间把事情办完后才出去，你们这帮大臣啊，怎么就是上行而下不效呢？朕高居内宫之中，尚且不贪图安逸。再说，这观看雾凇只是祖宗传下来的规矩，大冷天的虽然也没有什么好看，但它可以锻炼一个人的意志和品德。你们却趁机在家睡懒觉，害怕、逃避早上的寒冷。年长者倒也情有可原，而年少者就太可恨了。于是下旨，把满汉文武大小衙门的官员，一概严行教训了一番，并宣称，从此以后，如果再有因为皇上外出，而偷懒不上朝的官员，一律严加惩处。

嘉庆帝从小养成的克勤用劳的习惯，是皇父母与师傅的教诲使然。当然，面对着严峻的国情，嘉庆又怎敢掉以轻心呢？总之，嘉庆在亲政之后，为挽救清王朝由盛而衰的颓势，时刻在想方设法矫正乾隆后期的种种积习弊政。

然而，为政之道怎一个"勤"字就够了？嘉庆从乾隆手中接过的是一个乱摊子，在盛世的表象下掩盖的是一个吏治腐败、贪污成风、各地起义不断的政权。嘉庆上台之后，虽然迅速地除掉了和珅一党，实行了一系列的除旧布新的措施，对于改变乾隆后期的种种弊政起了一定的作用，然而，他却无法从根本上扭转局面，不可能从根本上扭转清代中衰之势。从嘉庆帝个人来说，他始终开不出一个根治日趋严重的腐化和怠惰的药方，对一大批"尸禄保位"的官僚只能警告、恫吓，最终还是徒呼奈何而已。

他对西方殖民主义者的侵略有一定的认识，但对于一个日趋衰弱的封建古老国家，不可能真正有效地对付外来侵略者，此后，只能沿着衰败的道路滑下去。

在嘉庆一朝，贪赃枉法、吏治腐败，与之形影不离，尾大不掉。也许是山中无老虎、猴子也称王的缘故，和珅被除掉后，在各级政府中的官吏贪污腐败现象，不但不见有多少好转，反而越演越烈，几乎接近失控的状态。这与嘉庆帝本人不无关系，因为他既没有乾隆的威望、魄力和手腕，又对贪污腐败打击不力，畏首畏尾，所以，这一顽疾成为嘉庆中兴梦破灭的主要原因。

再有，天公也不作美，在嘉庆当政的25年里，人祸天灾，此伏彼起，使嘉庆应接不暇，疲于应付。河患这个甩不掉的包袱，压得他喘不过气来，高昂的付出和投入，带来的却是无尽的忧虑和苦恼，治理河患，成为治理国家重要的组成部分。

洪灾过后，腐败也像洪水一般向他袭来，导致一有洪灾必有腐败，令嘉庆帝极为惶恐，不知所措。黄河是中华民族的象征，它养育着亿万中华儿女，在这片广袤的大地上生生不息，人民要求治理它。治理它吧，费用浩繁，有关官员视之为个人发财良机，穷奢极欲，丧尽天良，使得治洪工程几乎变为他们发家致富的聚宝盆。不管它吧，洪水成灾，生产遭到破坏，百姓流离失所，对社会稳定构成严重的威胁。所以，嘉庆朝的河患频犯频治，可总是不能彻底根除，治理河患的开支一直是军费以外最浩大的一宗。因此，河患成了嘉庆帝一块挥之不去的心病，如同梦魇一般紧紧纠缠着他。嘉庆没决心、没魄力、没智慧处理，一些贪官酷吏得到了降职或革职处分，但舞弊侵蚀之风，依然如故。嘉庆没有办法惩治这帮贪官，河患又不得不治理，所以就只能开捐例敛钱，虽然自知这种做法使吏治更加败坏，却也不得不为。

嘉庆朝几次开捐例，都以河费为由，而搜刮来的钱财，又使这帮治河大吏更加奢侈，河务之事依然无望。这使得素以"节俭""爱民"自居的嘉庆帝，留给后人一个莫大的笑柄，同时，也难怪他暗生闷气，烦躁易怒了。种种原因导致河患问题，始终成为他难以诊治的难题。

嘉庆帝晚年总结自己的为政之道时说："朕图治维殷……所谓为政不在多言，无奈衰敝之势已成定局。"

第八章 道光 以俭德著称 守其常而不知其变

道光帝，即爱新觉罗·旻宁，嘉庆第二子，庙号宣宗，年号道光，1821—1850年在位。即位时，正值外国侵略者觊觎中国，鸦片害人病国，吏治腐败，农商凋零。他曾多次下令禁止鸦片入口，并禁止各省种罂粟，熬制烟土。1834年诏令各省复兴书院，查保甲，修水利，严禁扣饷派兵积弊。但整个封建制度已病入膏肓，上下因循苟且，管理唯知苛剥，军备戎务废弛，租赋日渐加重，阶级矛盾和民族矛盾十分尖锐。他骄傲自大，对世界形势懵然无知。在位期间，签订了《南京条约》等一系列的不平等条约，中国一步一步地沦为半殖民地。他病死时，正处于太平天国革命爆发前夕。

道光所处的时代，正是新旧两个时代的交替时期，历史给他创造了一个施展抱负和才干的舞台，可惜，他无法力挽狂澜，未能成为放眼看世界的人，未能领导中国应对变局走向富强，因此他不是一个合格的传统守成君主。

1. 父亲猝死，有惊无险接权力

一次权力的交接，基本上就意味着一次惊心动魄的斗争爆发。虽然到了嘉庆时代，清朝的权力交接制度已经固定了，但是，凡事都有意外，而一次意外对于权力交接来说，却是一件十分敏感的事情。

嘉庆二十五年（1820年）七月二十五日夜晚，就在电闪雷鸣及众人惊恐的表情中，六十一岁的嘉庆帝离开了人世。医案说他是中暑而死，野史说他是给雷电击死。无论如何，嘉庆时代已经结束了。正当众人为皇帝猝然弃世不知所措之际，他们又发现了一件更令他们惊慌的事情：皇位继承人到底是谁，老皇帝没有任何交代！于是，众人唯一的指望，全落在了"鐍匣"里的传位诏书上。

鐍匣传位诏，是雍正皇帝吸取自己兄弟为储位相争相残的教训而发明的创举。此后，乾隆帝也遵循了这一原则。按照雍正帝和乾隆帝的做法，传位诏书放在一个密封的匣内，此匣藏在乾清宫正大光明匾的后面。

军机大臣们都知道，嘉庆皇帝早就照着父祖的方式写下了传位诏书，只是他没有把鐍匣放置在正大光明匾后。这倒不是说他不想放在那里，而是由于宫中二十几年来小偷、刺客、火灾风波不断，他压根就对挂那块匾的院子的安全一千个一万个不放心，宁可把匣子走到哪带到哪。

第八章 道光 以俭德著称 守其常而不知其变

然而问题是，皇帝的行李千件万件，谁也不知道嘉庆帝把那个匣子、把那份传位诏书放在了哪里！

惊慌之下，皇子龙孙和王公重臣们，就在嘉庆帝的尸身旁边闹了起来。

内务府大臣禧恩首先站了出来，认为国不可一日无主，此时是非常时期，应尽快立定新君。他随后提议，皇次子绵宁不但年长，还是嘉庆帝的元配皇后所生，在几个皇子中最出色，理应由他继承皇位。此言一出，有人赞成，也有人反对。而反对者不是别人，正是军机大臣戴均元、托津。他们认为这一做法有违祖制，只怕会惹出乱子。

僵持一段时间之后，终于有人又想出了一个圆滑的法子：一面在山庄中寻找，一面派人向远在北京城的嘉庆帝皇后钮祜禄氏报信，看她的主张。主意一出，当即得到了响应。就在当天深夜，钮祜禄皇后的亲哥哥、内务府大臣和士泰带着两名首领太监启程，连夜赶回北京皇宫。

嘉庆帝死时，他的儿子有四个：最大的是元配喜塔腊皇后所生的皇次子绵宁，最小的是如皇贵妃所生的皇五子绵愉，除此之外，就是钮祜禄皇后所生的两个儿子，一个是25岁的皇三子惇郡王绵恺，一个是15岁的皇四子瑞亲王绵忻。

目前，皇位究竟传给谁，选择权摆在了钮祜禄皇后的面前。钮祜禄皇后怎么也不会想到，哥哥给自己带来的竟是丈夫的噩耗，更没有想到由于皇宫多年来安全屡出意外，竟使得传位诏书不知去向，使这样一个关系大清王朝传承的微妙选择摆在了自己面前。

当然，这也是她的一次机遇，一切就看她的决定了。

决定很快就做了出来。钮祜禄皇后的选择，不是自己的儿子，而是丈夫与元配妻子所生的绵宁。随后，钮祜禄氏第一次以皇太后身份发布了一道懿旨。这道旨意于七月二十七日迅速送至承德，送到了皇次子绵宁的手里："大行皇帝龙驭上宾，皇次子智亲王仁孝聪睿，英武端醇，见随行在，自当上膺付托，抚驭黎元。但恐仓促之中，大行皇帝未及明谕，而皇次子秉性谦冲，予所深知。为降谕旨，传谕留京王大臣，驰寄皇次子，即正尊位。"

事实证明，钮祜禄太后的这一项选择，不但理智，而且明智。因为正当她在北京城里写下这道懿旨之时，避暑山庄中的人们也最终找到了鐍匣——准确地说，那不是人们早已熟悉的鐍匣，而是一个太监携带的没有任何特色的小金盒。然而，里面装的确实是货真价实的传位诏书。这份诏书写于嘉庆四年（1799年）四月初十清晨卯时，嘉庆帝在那一刻选定的继承人正是皇次子绵宁，并且一直没有更改过。算起来，那时候的绵宁还只有十六七岁。

当然，假如传位诏书真的找不到，那么皇太后的决定就是不可违背的了。而钮祜禄太后指定的皇位继承人与嘉庆帝传位诏书上的继承人完全一致，不得不使人佩服她的见识眼光远非一般女子可比。她没有在这个时候抱着侥幸心理册立自己的儿子搅浑水，而是循公办事，不但使皇室避免了一场政治危机，也使自己的家族和儿女们逃过了一劫，更重要的是，她以此真正在新皇帝绵宁（旻宁）的心目中，树立了她作为母亲的形象地位。可以说，在亡父和继母双重的支持下，喜塔腊皇后的独子旻宁登上了清王朝皇帝的宝座。从此以后，旻宁（道光帝）对这位仅比自己大六岁的继母十分尊敬，对与她有关的一切都千方百计地周全，无论她有什么样的要求和愿望，都竭尽全力地满足。

相比之下，在传位诏书没有找到、在皇太后态度不明确之前，对旻宁继承帝位的权力不表态甚至质疑的朝臣们，可就没有这么幸运了。道光帝正式登基并将众事理出头绪之后，就立即开始和他们算账。九月初七，道光帝就以"拟遗诏错误"为由，令托津和戴均元退出军机处，文孚、卢廕溥留用，四人一起交刑部严议。又经过一系列的调整，最终，只有文孚一人平平安安地在军机处干到了自愿退休为止。

第八章　道光　以俭德著称　守其常而不知其变

就在朝臣们胆战心惊纷纷倒霉的同时，钮祜禄氏却平稳舒服地过起了皇太后的日子。她于当年十一月移居寿康宫，十二月得到了"恭慈"的徽号，之后继续主宰着整个后宫。

2. 提倡节俭，因小节害大局

在道光登上皇帝之位时，爱新觉罗家族在下坡路上已经走得很远了，此时的大清帝国需要的是一个有魄力的强势君主，需要的是一个能力挽狂澜的掌门人，可惜，道光却不具备这种素质。他只会注重小节，而无法左右大局。历史选择了道光，而道光却无法改变历史，这对大清帝国和爱新觉罗家族来说，是一出悲剧。

虽然是世界第一大国拥有绝对权威的最高统治者，真正富有四海，但道光皇帝却是一位非常节俭的人。

道光即位后，首先想到提倡节俭，力戒奢靡，希望满族臣民都能"返本还淳"，恢复入关前淳朴节俭的旧风俗，文武百官及天下百姓都以俭朴为荣，从而使国库丰盈，恢复祖宗的盛世。于是，他决心挺大，带头从吃、穿、用上提倡节俭。从吃上，取消皇帝每餐至少有二十几样菜肴的惯例，每天每餐最多准许做4样菜，有时，只要1碗豆腐烧猪肝。

道光如此节俭，开始文武百官将信将疑，直到道光两次大宴群臣，亲眼目睹的赴宴官员才相信道光是来真的。一次是皇后生日，道光设宴赏赐内廷诸大臣，大臣以为皇后的生日应该不会马虎，定能一饱口福。谁知面前就放着一碗打卤面，搞得赴宴的文武官员哭笑不得。另一次，是大学士长龄平定"回疆"叛乱班师回朝，文武百官认为道光高兴，定会好好庆祝

第八章　道光　以俭德著称　守其常而不知其变

一番，谁知每张桌上只摆了几样小菜，质低量少，搞得百官不敢动筷。从此，百官上朝都装出节俭的样子。有一次，道光问及颇受宠信的大学士曹振镛，在家吃鸡子要花多少银子，曹振镛竟说因自幼患有"胀气病"，生平从未吃过鸡子。

从穿上，道光服饰的节俭，在历代君王中也实属罕见。以前清代皇帝冬季常穿珍贵毛皮罩衣，道光以为"出风"部分纯系装点好看，毫无实用，因此想改制。谁知，官员却上奏"改制罩衣，需要白银一千两"。道光立即改变主意，下令："改制花费既多，著暂免，此后新制，概勿出风"。随后，又将此事上谕给当值的军机大臣，致使京城大小官员，从此冬季穿着毛皮罩衣，十几年间不敢有"出风"的人。为了节俭，道光长年多穿旧裤，日久膝盖处先行磨破，就令内务府差人给他补上一块圆形补丁。于是，大臣们也尽力"节俭"，不管是真的破了还是假的破了裤子，纷纷在膝盖处打起补丁来，一时间，套裤打补丁之风盛行。

从用上，取消为皇帝准备御用砚台40方的惯例。御用毛笔历来都是特制紫毫笔，道光觉得紫毫笔珍贵难得，即命令此后不再征用，御用笔改换为普通臣民常用的纯羊毛或羊毛与一般的兔毛相间合制而成的毛笔。如此俭朴，在历代封建帝王中，简直是笔中紫毫，"千万毛中选一毫"了。

道光身体力行，如此节俭，却事与愿违。表面上看也能在一定程度上影响统治阶级上层的一部分人，多少遏制了奢侈之风的恶性发展。但经康乾盛世之后的奢靡之风业已形成，要再想让吃惯了满汉全席的文武百官回去挖野菜，谁也不愿意，为了给道光一点面子，只好装模作样，"俭外奢中"。传统的节俭观丝毫无助于"起弊振衰"，大清王朝不可避免地在腐败的道路上越走越远。

上文提到的曹振镛，是道光皇帝第一信任和重用的大臣，也是当朝的头号人物，他有句名言"多磕头，少说话"，这是他官运亨通的秘诀。他非常善于揣摩道光的意图，知道他好求全责备，吹毛求疵，因此，处处投其所好。

科举是自隋以来中国帝制时代最重要的一项人事制度,明清八股取士已经难以选拔人才,但到了道光时代,更是登峰造极。曹振镛多次主持过科举,只以不违反政治原则为标准,看重文章的细枝末节,而真正有创见、有才华的人反而无法录取。由于道光喜欢楷书,当时的殿试"专尚楷法,不问策论之优劣,甚至有抄袭前一科鼎甲策仍列鼎甲者",结果,导致"末学滥进,豪杰灰心"。

道光皇帝倦于政事,再加上年事已高,没有足够的精力处理政务,于是,曹振镛建议他对臣子们"指陈阙失"的奏章,可"择其最小节目之错误者谴责之",使臣子们感到皇帝"察及秋毫",变得畏惧、恭顺、不敢言。于是,道光帝吹毛求疵,闭塞言路,"奏章中有极小错误,必严斥罚俸降革",导致"中外震惊,皆矜矜小节,无敢稍纵",因此,大臣们几乎都成了"多磕头,少说话"的庸碌之辈,所上奏章也"语多吉祥,凶灾不敢入告"。曹振镛不仅自己身体力行"多磕头,少说话"的官诀,甚至劝诫本应直言敢谏、弹劾权贵的御史:"道光初,曹太傅振镛当国,颇厌后生躁妄。门生后辈有入御史者,必戒之曰:'毋多言,毋豪意兴!'"继曹振镛执政的是穆彰阿,人称其"在位二十年,亦爱才,亦不大贪,惟性巧佞,以欺罔蒙蔽为务"。曾国藩上奏批评道光时代:"九卿无一人陈时政之得失,司道无一人折言地方之利病,相率缄默。"

道光皇帝与曹振镛的确是一对完美的君臣,彼此相知相契,可惜,他们共同创造的是一个万马齐喑、平庸、衰败的时代。时人龚自珍一针见血直斥这个貌似治世实为衰世的时代:"人心混混而无口过也,似治世之不议",不仅找不到有才能的文武大臣、有才能的文人、有才能的老百姓、有才能的工匠、有才能的商人,甚至连有才能的小偷、流氓、强盗都没有,不仅君子少,就连小人也少,因为所有的人实在是太平庸了。偶尔出现了有才能的人,"则百不才督之、缚之,以至于戮之。戮之非刀、非锯、非水火，文亦戮之，名亦戮之，声音笑貌亦戮之……徒戮其心，戮其能忧心、能愤心、能思虑心、能作为心、能有廉耻心、能无渣滓心"，就像一个没有缝隙的黑屋，所有的人在里面一起昏睡，根本不知道外面的世界正在发生的巨大变化。道光执政的第十九个年头，鸦片战争爆发，最后以签订《南京条约》赔款割地而告终。

　　道光处于内忧外患历史转折的关键时期，按理说要敢于冲破传统思想文化羁绊，并具有足够胆识去开拓未来，他却偏偏"守其常而不知其变"。在中国即将进入一个"三千年未有之变局"，面临空前危机之际，道光不进则退，他的庸碌、琐碎、气度狭小的个性和作为却倒行逆施地恶化了整个政治环境，让中国进入了一个平庸乏味、扼杀人才的衰世。

3. 平叛固边陲，天朝颜面无存

随着大清王朝的没落，一些固有的矛盾又开始浮出水面，边疆又开始出现动乱。这时的大清帝国，还是果断地出兵进行了平乱，保住了边疆的安宁。但是武力并没有从根本上解决问题，在内忧外患的干扰下，一纸协议让曾经的统治者们颜面无存。爱新觉罗家族的脸面被边陲小族重重地打了一记。

当年清朝平定准噶尔叛乱时，曾经被准部俘虏的维族各城首领大小和卓木（博罗尼都和霍集占）逃回了老家。他们为了恢复过去的地位，遂于乾隆二十二年（1757年）煽动叛乱活动。次年，清朝派军平叛。到1759年，最终将这次叛乱镇压下去。之后，清政府在喀什噶尔等地设置参赞大臣、办事大臣及劣谟大臣，他们受伊犁将军的管辖。

嘉庆十五年（1820年），逃亡浩罕的大和卓木的孙子张格尔，在英国侵略者的直接支持下，潜入喀什噶尔，煽动维族上层反动分子发动了一次武装叛乱。英国侵略者企图通过张格尔把中国的新疆变成他们的殖民地，因此，积极训练张格尔叛军，提供武器。另外，张格尔还和浩罕国的统治者进行勾结，答应事成之后，割让喀什噶尔，平分喀什噶尔等四城的人口和财产。

道光六年（1826年），张格尔叛军占领了天山南路的喀什噶尔、英吉

第八章 道光 以俭德著称 守其常而不知其变

沙尔、叶尔羌、和阗等城。英国侵略者也随之而入,并对张格尔进行着严密的监视和控制。

张格尔自称赛亦德·张格尔苏丹,宣布为南疆统治者。英吉沙尔(今英吉沙)、叶尔羌(今莎车)、和阗(今和田)三城,相继为叛军攻占。张格尔控制南疆后,"残害生灵,淫虐妇女,搜索财物,其暴虐甚于前和卓千倍万倍",与其入疆之宣传完全相反。广大维吾尔族人民强烈反对,转而支持清军。占领叶尔羌之叛军五六千人,进攻阿克苏(今属新疆)。阿克苏办事大臣长清,派参将王鸿仪率兵600人阻击,在都尔特(今阿瓦提北)被叛军所歼,王鸿仪战死。当叛军进至距阿克苏仅八十里处,企图强渡浑巴什河时,由库车及喀喇沙尔(今焉耆)来援之达凌河、巴哈布两部清军到达。在当地维吾尔族人民自发组织的数百抗叛部队协助下,击退渡河叛军,并进至南岸立营。叛军多次进攻,均被击退,被俘斩千余人。叛军不敢东进,东部局势趋于稳定。道光帝命伊犁将军长龄为扬威将军,署陕甘总督杨遇春、山东巡抚武隆阿为参赞大臣,调集吉林、黑龙江、陕西、甘肃、四川五省兵三万会攻叛军。十月间,陕西等地清军万余到达阿克苏,开始转为攻势作战。时叛军三千人据守阿克苏西南约二百五十里之柯尔坪(今柯坪),该地西南通巴尔楚克(今巴楚)、喀什噶尔,是清军进军必经之路。长龄派陕西提督杨芳,以突袭攻占该地,打开了西进的通道。返时,和阗伯克伊敏亦率当地群众二千余人击败叛军,收复和阗。只因大雪封路,清军不能驰援,又为叛军夺占。

七年二月六日,清军主力开始西进。二十二日,在大河拐击败三千人后,次日又击败叛军二万于浑阿巴特(今伽师东),二十五日再歼叛军万人于沙布都尔,二十八日进至浑河(又称洋达玛河,今博罗和硕河)北岸,距喀什噶尔城仅十里。叛军十余万阻河列阵,亘二十里。清军用声东击西战术,先以一部骑兵在下游渡河,将敌军注意力引向下游,之后,以主力乘夜暗由上游急渡,突袭敌阵地,叛军溃逃。清军乘胜疾进,于三月初一日收复喀什噶尔城,初五日收复英吉沙尔,十六日收复叶尔羌,五月收复和阗,前后歼灭叛军近三万。但张格尔已先期由木吉(今布伦库勒西北)逃往达尔瓦斯山之藏堪,杨遇春、武凌阿衔,仍勒限擒获。十二月二十七日,张格尔率五百余人潜入阿尔瑚(今阿图什西北),当其退走时,在喀尔铁盖山(今喀拉铁克山)被清军全歼。张格尔逃布鲁特,被缚送清军。最终,张格尔叛乱平定。

这场战争历时十年,甚至在1847年鸦片战争时还有一场余乱,后也被平定。清廷在武力平叛张格尔之后,迫令浩罕国放弃他们的特殊权益要求,禁止他们在新疆的一切贸易。并且,还没收了他们的茶叶和大黄药材。浩罕国原本想利用张格尔向新疆延伸势力,没想到地盘没要着,生意也做不成了,哪里肯甘心。于是,在1830年再次入侵新疆。新疆大漠之地,不说派兵难,后勤补给也难。为了稳定边疆,清廷无奈之下只有和浩罕国谈判,达成协议,规定:

(1)浩罕在喀什派驻一个代表,另在其他五个城市里派有商务代理人;

(2)这些官员对于该地方的外国人(多半是浩罕来的)有领事、司法和警察权力;

(3)他们有权向这些外国人征收货物税。

此外,清政府还赔偿一切没收之物。

这与鸦片战争的结局极其相似,堂堂天朝大国,竟与浩罕国作出如此协议,实在是令人扼腕唏嘘!

第八章 道光 以俭德著称 守其常而不知其变

4. 禁烟失败，民族国家蒙羞

在道光时代，西方的殖民者开始大量向大清输入鸦片，导致国库空虚，国民的精神萎靡，士兵的战斗力丧失。禁烟活动势在必行。可惜，道光帝惧怕外国势力，软弱求和，签订了《南京条约》，这让整个民族的脸面尽失。曾经的八旗雄风，成了一种永远的回忆。爱新觉罗家族、曾经强势无比的天朝大国成了列强眼中的待宰羔羊，正被一口一口地吞噬着。

道光即位后，西方殖民者为了扭转在对华贸易中的不利地位，赢得巨额利润，开始费尽心机，不择手段地将大批鸦片运进中国。随着鸦片的不断输入和烟毒的日益泛滥，中国人民的身心健康被严重摧残了，国库也越来越空虚，民不聊生。

道光十八年（1837年），鸿胪寺卿黄爵滋上书主张以死罪严惩吸食者，道光帝令各地督抚各抒己见。林则徐坚决支持黄爵滋的严禁主张，提出六条具体禁烟方案，并率先在湖广实施，成绩卓著。八月，他上奏指出，历年禁烟失败在于不能严禁，并警告："若犹泄泄视之，是使数十年后中原几无可以御敌之兵，且无可以充饷之银。"林九月应召进京，在连续八次召见中，力陈禁烟的重要性和禁烟方略。十一月受命为钦差大臣，前往广东禁烟，并节制广东水师，查办海口。

道光十九年（1839年）正月，林则徐抵达广州。他会同两广总督邓廷桢等传讯洋商，令外国烟贩限期交出鸦片。采取撤买办工役、封锁商馆等正义措施，挫败英国驻华商务监督义律和烟贩的狡赖，收缴英国趸船上的全部鸦片。四月二十二日（6月3日），开始在虎门海滩销烟，20天中销毁鸦片19179箱、2119袋，共计2376254斤。在此期间，林则徐注重了解外国情况，组织翻译西文书报，供制定对策、办理交涉参考。所译资料，先后辑有《四洲志》《华事夷言》《滑达尔各国律例》等，成为中国近代最早介绍外国的文献。为防范外国侵略，林则徐大力整顿海防，积极备战，购置外国大炮加强炮台，搜集外国船炮图样准备仿制。他坚信民心可用，组织地方团练，从沿海渔民、村户中招募水勇，操练教习。七月因义律拒不交出杀害中国村民的英国水手，又不肯具结保证不再夹带鸦片，他下令断绝澳门英商接济。义律诉诸武力，挑起九龙炮战和穿鼻洋海战。林则徐亲赴虎门布防，督师数败英军。十一月遵旨停止中英贸易，道光十九年十二月实授两广总督。此时，他已觉察英国正蓄意发动侵华战争，以所得西方消息五次奏请令沿海各省备战。

道光二十年（1840年）六月，鸦片战争开始后，英军攻粤闽未战功，改攻浙江，陷定海，再北侵大沽。道光帝惊恐求和，归咎林则徐在广东"办理不善"，屡次下旨斥责。九月林则徐被革职，留粤备查问，但仍奔走察看要隘，筹募壮勇守卫广州，反对钦差大臣琦善畏敌求和，继而向主持粤战的奕山上防御建议，不被采纳。英国殖民者于1840年正式挑起了第一次鸦片战争。洋枪洋炮的殖民者以少胜多，击败了腐败无能的清军，虽屡有抵抗，但整个鸦片战争，中国军队没有守住一个英国人攻击的地点，没有夺回一个英国人占据的地点。1842年，在英国侵略者的军舰上，签下了中国近代史上第一个屈辱的不平等条约《南京条约》。

由于抵抗外侵的战争军费支出大，加上赔偿销毁英国的鸦片烟费，本已十分拮据的国库开支濒于崩溃。原本道光试图整顿吏治，但都遭到百官

第八章　道光　以俭德著称　守其常而不知其变

反对而最终不了了之。在此情况下，战后的道光就更顾不了那么多，只有默认各级官吏大肆搜刮民脂民膏了。这样正合腐朽堕落的官员的胃口。之前在鸦片输入过程中，各级官吏就无视朝廷禁令，袒护中外鸦片贩子从中渔利，致使烟毒迅速弥漫全国。有了道光的默认，这些提笼架鸟、吸食鸦片、精神萎靡的各级官员就更不会管什么国格、人格，也就开始变本加厉巧取豪夺了。

5. 因循守旧选择接班人

在风雨飘摇中，道光也要着手选择自己的接班人了。面对暮气深沉的国家，选一个好的掌门人无疑是改变现状的恰当机会。可惜的是，道光帝的决定无法让爱新觉罗家族重振雄风。

在选储的问题上，清朝历朝历代帝王做得还算不错。而道光帝的决策，从今天看来，他做的决定难说是很正确。

道光皇帝共有九个儿子，先前三个都死了，第四个皇子便是奕詝。若论长幼，应立四皇子奕詝为太子，可六皇子奕訢无论是口才、文才、武功都比奕詝强，因此，道光一直拿不定主意，多次对四皇子和六皇子掂量考验。道光三十年春，这天风和日丽，道光要带领六个皇子去南苑打猎，意在考验各个皇子文才武略和应变能力，以便确立皇位。

皇帝要选太子，这已是公开的秘密了，因此，六个皇子各做准备，都想取得父皇的欢心，以便将来捞得皇位，尤其是四皇子奕詝和六皇子奕訢，更是竞争的对手。

道光皇帝是一个很节俭的人，一辈子没有到外面巡游、狩猎，不像乾隆、嘉庆皇帝动不动就到关外狩猎。但这一次，道光皇帝提出要率皇子们到京郊的南苑狩猎，奕詝明白这是父王为选皇储故意设的一道考题。老六的箭法很好，自己的箭法不行，腿又是瘸的，明显比不赢，怎么办呢？他

第八章 道光 以俭德著称 守其常而不知其变

的老师杜守田就给他出主意说,既然你的箭法不如老六,就干脆什么都不射,到时候皇帝肯定会问你为什么,你就说春天来了,母兽都怀着崽,不忍心杀生。

第二天,道光带领六个皇子来到南苑,传旨开始围猎。诸位皇子各显身手,直追得那些飞禽走兽东奔西跑,到处乱蹦乱飞,其中,六皇子奕䜣,几乎箭无虚发,满载而归,而四皇子奕詝却是两手空空,一无所获。道光帝不由龙颜大怒,大声呵斥。奕詝因有老师提前安排,不慌不忙地奏道:"儿臣以为目前春回大地,万物萌生,禽兽正是繁衍之期,儿臣不忍杀生害命,恐违上天好生之德,是以空手而回,望父皇恕罪。"道光帝听罢,心想这倒是我没有想到的,他却想到了,倘若让他继位,必能以仁慈治天下,不禁转怒为喜,当下夸奖了四皇子的仁慈之心。

又过了几年,道光忧虑成疾,自知不久人世,急唤诸皇子到御榻前答辩。消息传开,四皇子和他的老师杜守田都知道这是最关键的一次较量了,能否登基在此一举,必须作好充分准备。杜守田要奕詝到时伏地痛哭,以表忠孝。

次日,六位皇子被诏于龙床前,果然道光提出了一些安邦治国的题目让诸皇子回答,别人谁都比不上六皇子答得头头是道,道光甚为满意,却发现四皇子一言不发。道光一问,他头一扭泪如雨下说:"父皇病重,龙体欠安,儿臣日夜祈祷,唯愿父皇早日康复,此乃国家之幸,万民之福,此时儿臣方寸已乱,无法思及这些。倘父皇如有不测,儿臣情愿龙驾而行,以永侍身旁。"说完泪水涟涟,越擦越多。

道光听了心中甚为感动,心想此真孝子仁君,于是,决心立四子奕詝为太子,这就是二十岁登基的"咸丰"皇帝。

最后,奕詝当了皇帝。但道光在遗诏里也封了老六为"亲王",这在清朝众多亲王中绝无仅有,可见其之尊贵。或许在道光的潜意识中,他希望把身后的江山交给两个儿子共同治理,取长补短。但道光没有想到皇四子当上皇帝后，对文武兼备的"皇弟"长期排挤压制，直到临死前也没放过，道光的良好愿望成了弄巧成拙的历史遗憾。

对当时的朝廷和爱新觉罗家族来说，道光选择的接班人是不合时宜的，如果是像汉朝文帝景帝之时，也许他的这位皇子会是盛世明君，慈爱万民，休养生息。可是，此时的大清内忧外患，狼烟四起。而治国平天下，光有柔肠是远远不够的，还需要侠骨、雄心、铁的手腕，而不是一位生活在童话里的王子。如果当时道光能看清时势，选储君为奕訢，也许这位强硬的王子，能对软弱中的家族注入一点新鲜的血液，不至于在后来的岁月里如此般地惨败。只可惜的是，一切都没有回头路了。

第九章 咸丰 苦命天子 在位多蹉跎

咸丰帝奕詝，道光十一年（1831年）生于北京圆明园。道光于1850年正月丙午日病死后，他于同月己未日继位，第二年改年号为"咸丰"。咸丰刚刚即位，就于咸丰元年（1851年）元月爆发了太平天国农民起义。正在咸丰镇压太平天国之时，英、法两国于咸丰六年（1856年）再次对华宣战，史称"第二次鸦片战争"。而俄国却趁火打劫，蚕食中国领土。对于英、法、俄等国的侵略军，咸丰又妥协求和，被迫同各侵略国签订了《天津条约》《北京条约》《瑷珲条约》等不平等条约，迫使清政府进一步对外开放国门，并割让了大片土地，使中国进一步沦为半殖民地社会。

1. 力图革兴，罢免穆彰阿

新官上任三把火。咸丰帝接手大清帝国之后，面对满目疮痍的国家，效法祖宗的勤政风范，试图力挽狂澜。他罢免了父亲的重臣穆彰阿，把鸦片战争的责任推到一个臣子的身上，企图以此来打开振兴的大门。然而，积重难返的大清帝国那蹒跚的、走向深渊的步伐却没有丝毫停留。

年轻的奕詝登上皇位时，颇有点大干一番的味道。他极力效法祖宗的勤政风范，从《实录》中看，他此时的工作极为勤奋，每天都有许多谕旨下达，其中，不少是亲笔写的朱批、朱谕，不劳军机大臣动手。他暗下决心，一定要守住这份祖业，重显祖宗昔日荣光。咸丰帝在上台后的八个月，便主演了一场好戏——罢免首席军机大臣穆彰阿。

穆彰阿（1782—1856年），字子朴，号鹤舫，郭佳氏，满洲镶蓝旗人。出身于满族官僚家庭，父广泰，官至内阁学士、右翼总兵。

穆彰阿于嘉庆十年（1805年）中进士，选庶吉士，累迁礼部侍郎，历任兵部、刑部、工部、户部侍郎。道光初年，受到道光帝的信任，由内务府大臣擢左都御史、理藩院尚书，两署漕运总督，继授工部、兵部、户部尚书等职，并自太子少保晋太子太保，充上书房总师傅，拜武英殿大学士。他于道光七年（1827年），入军机处学习行走，次年授军机大臣，蝉联十年,至道光十七年又升任首席军机大臣。"终道光朝,恩眷不衰",前后担任军机大臣有二十余年。

穆彰阿长期当国,专擅大权。对上奉承迎合,固宠权位;对下结党营私,排斥异己。他利用各种考试机会,招收门生,拉帮结派,形成一个极大的政治势力集团。《清史稿》记载他"自嘉庆以来,典乡试三,典会试五。凡复试、殿试、朝考、教习庶吉士散馆考差、大考翰詹,无岁不与衡文之役。国史、玉牒、实录诸馆,皆为总裁。门生故吏遍于中外,知名之士多被援引,一时号曰穆党"。

在禁烟运动和鸦片战争期间,穆彰阿主张维持鸦片走私现状和对外妥协投降,在道光帝的对外决策中起着极大的负面作用。鸦片战争爆发前,他包庇鸦片走私和官吏层受贿,阻挠禁烟,对于道光帝授予林则徐以钦差大臣的大权,极为嫉妒。

战争爆发后,穆彰阿极力打击以林则徐、邓廷桢为代表的抵抗派,主张向英国侵略者求和。他先赞同琦善对英军妥协求降,之后更支持派遣耆英等为代表与英国侵略者签订南京条约,继而与美国、法国等签订其他不平等条约。在林则徐被任命为钦差大臣派往广州查禁鸦片时,穆彰阿虽不敢公然反对和出面阻挠,暗地里却伺机进行破坏。当英舰北上大沽口进行威胁时,他看到道光帝"意移",即由主战动摇为倾向于妥协,便以"开兵衅"的罪名加给林则徐,表示赞同和议,促使道光帝"罢林则徐,以琦善代之"。

而当琦善在广州向侵略者委曲求全,擅自与义律谈判赔款与割让香港的问题败露,以致被革职锁拿回北京等候审判时,他又示意直隶总督讷尔经额等,出面要求道光帝对琦善从轻处理;直到奕经被任命为扬威将军派往浙江主持战事,他又保举琦善随军"戴罪立功"。另一方面,他颠倒黑白,混淆是非,在鸦片战争和战后推波助澜,为英国侵略者张目,连续制造冤案,阻挠抗英反侵略斗争的进行,林则徐、邓廷桢被远戍伊犁,在台湾坚持抗英斗争的姚莹、达洪阿被革职押解进京，都与他从中陷害有关。

在战争进行期间，穆彰阿持消极态度，反对对英军侵略进行自卫反抗。江浙每一败仗警报，他就"相顾曰：'如何！'盖谓不出所料也"。等到战争结束时，他又公开表示，"兵兴三载，糜饷劳师，曾无尺寸之效，剿之与抚，功费正等，而劳逸已殊，靖难息民，于计为便"，竟全盘否定东南沿海四省广大爱国军民浴血抗战、流血牺牲的反侵略斗争。而也正是他有资格劝说，道光帝才接受英国侵略者所提出的全部不平等条款。之后，他更进而支持战后一系列不平等条约的签订。当时的爱国士人曾赋诗道："海外方求战，朝端竟议和，将军伊里布，宰相穆彰阿。"反映了人们对他作为投降派首要人物的一般看法。

穆彰阿对于道光末年的政治败坏，应负有无可推卸的责任。一八五〇年十二月一日，咸丰帝终于动手了。这一天，他打破向皇太贵妃（即其养母博尔济锦氏）请安后再办公的惯例，首先，颁下一道《罪穆彰阿、耆英诏》的朱谕。这份文件的分量不亚于一次政变，紫禁城为之震动，空气也变得凝重起来。

通过罢免穆彰阿、耆英，咸丰帝表述了其全新的对外政策：将起用对外强硬的官员，使用强硬的手段来对抗英国等西方国家。他的这种全力保住并尽可能挽回国家权益的意向，是值得肯定的；但就实际举措而言，以为用忠摈奸即可抗"夷"的策略则显得十分幼稚。对外强硬取决于武力的强大，若非如此，只是一种虚张。

此道谕旨颁下后，安徽布政使蒋文庆、前漕运总督周天爵、福建学政黄赞汤亦先后上奏，提出具体计谋，咸丰帝皆发下，令沿海各省参照执行。蒋文庆建议：一、沿海各省将备弁兵，日日讲求训练；二、沿海地方官，力图团练之法；三、仿造台湾定例，道、府地方府节制辖地驻军。周天爵判断英国再犯有三个方向，即长江、天津、山海关。他建议用木头或石料制作三十万斤大炮，并在战术上诱敌登岸，用火攻、陆战制敌。黄赞汤要求在粮饷、器械、义勇上早作准备,以便早定出奇制胜的计谋。

咸丰帝的谕旨,只令筹防,而未言及如何筹防。蒋文庆、周天爵、黄赞汤的计谋未能切中要害,甚至不着边际,与战时杜守田的"木筏火攻法"相类似。然而,圣旨又是不能不执行的,各地的做法也就阳奉阴违,各行其道。对此,咸丰帝也无能为力,他制定不出像样的海防政策来,地方官也没有制敌良策,只好各行其是,独自行事了。

虽然咸丰还在做着中兴大梦,试图力挽狂澜,希望有所作为。但是,罢免一个穆彰阿,对已经死气沉沉的大清帝国来说,已起不到任何作用了,这个东方帝国正越来越迅速地滑向深渊。

2. 闻风而逃，酿华夏千古奇耻

面对强敌入侵，爱新觉罗的子孙居然望风而逃，致国家民族不顾，作为在马背上夺得天下的爱新觉罗家族来说，不得不说这是一种悲哀。对外敌的恐惧，预示了这个家族最终的结局。

咸丰当政时对外碰到的最大难题，是英法联军入侵北京。咸丰四年（1854年），英、美、法三国向清政府提出修改《南京条约》等要求，遭到清廷拒绝。咸丰六年（1856年），英国借口"亚罗号"事件，进犯广州，被击退。

咸丰七年（1857年）十一月，英法联军攻陷广州。两广总督叶名琛兵败，后被俘，解送印度加尔各答，死于囚禁。

咸丰八年（1858年）三月，英法联军及英、法、俄、美四国公使，抵达天津大沽口外，要求所谓"修约"。咸丰令直隶总督谭廷襄"以夷制夷"：对俄示好，对美设法羁縻，对法进行诱劝，对英严辞责问。谭廷襄奉旨行事，结果未能成功。四月，英法舰队在俄、美支持下，攻陷大沽炮台，逼近天津，清军8000余人溃败。

此时，咸丰想起当年同英国签订《南京条约》的耆英，但英、法却拒绝同耆英谈判。咸丰无奈，只好派大学士桂良、吏部尚书花沙纳为钦差大臣，赴天津谈判。五月，钦差大臣桂良、花沙纳分别与英、法、俄、美等国代表,签订中英、中法、中俄、中美《天津条约》。条约样本奏上,咸丰虽然愤怒,却不得不批准。他在愤怒之下,令耆英自尽,算是找了一只替罪羊。

同时,沙俄西伯利亚总督穆拉维约夫也趁火打劫,兵逼瑷珲(今爱辉),约黑龙江将军奕山谈判边界事务。俄用武力迫使奕山签订中俄《瑷珲条约》,割去黑龙江以北、外兴安岭以南中国领土60万平方公里,并将乌苏里江以东40万平方公里中国领土划为所谓中俄"共管"。

咸丰九年(1859年)五月,英、法借口换约,又率军舰到大沽口。英法舰队进攻大沽炮台,清提督史荣椿下令开炮还击,重创英、法舰队,击沉4艘、击伤6艘,死伤400余人,重伤英舰队司令贺布。英法联军在美舰掩护下狼狈退走。咸丰见大沽获胜,尽毁《天津条约》。之后,英、法两国都在调兵遣将,准备新的侵略。

咸丰十年(1860年)春,英军18000余人,法军7000余人,陆续开赴中国。不久,占舟山、攻烟台。六月,英法联军再向大沽进攻。清僧格林沁率兵守大沽,而疏防北塘。僧格林沁上奏要在大沽同英法联军决战,咸丰谕旨:"天下根本,不在海口,而在京师。"七月,英法联军由北塘登陆。咸丰战和不定,痛失歼敌良机。英法联军攻陷塘沽后,又攻占天津。咸丰派大学士桂良、直隶总督恒福为钦差大臣,赴天津谈判。英、法提出天津开埠、赔款等要求。桂良拟好接受条款奏报,咸丰谕先退兵、后定约。英法联军以谈判不成,向通州进军。八月,咸丰派怡亲王载垣、兵部尚书穆荫为钦差大臣,前往通州议和。载垣接受英、法要求,但英、法又提出向皇帝亲递国书,被载垣拒绝,谈判失败。载垣、穆荫拘囚英使巴夏礼等,解到北京。英法联军继续进攻,大战于通州张家湾。僧格林沁战败,退到通州八里桥。英法联军6000余人进犯八里桥,僧格林沁、胜保兵再败。

英法联军进逼北京,咸丰帝让皇六弟、恭亲王奕䜣为钦差大臣,以便行事，办理和局。咸丰心生一计：暗示大臣奏请"秋狝木兰"。初八日，咸丰以"秋狝木兰"为名，从圆明园启程奔往热河，授权恭亲王办理与各国换约事宜。英法联军进至北京德胜门外，二十二日（10月6日），攻占圆明园，总管园务大臣文丰投福海自尽。奕訢奏请放还巴夏礼等。这个事件影响重大：

第一，签订中英、中法、中俄《北京条约》，又定中俄《瑷珲条约》，将黑龙江以北、外兴安岭以南中国领土60万平方公里，并将乌苏里江以东中国领土40万平方公里，割给了俄国。之后，俄国又占去巴尔喀什湖以东44万平方公里土地。

第二，英、法两国索赔白银1600万两。

第三，九月初三日（10月18日），英法联军焚毁圆明园，大火冲天，数日不熄。圆明园惨遭焚劫，使中华园林之瑰宝暨珍藏之文物珍品，或惨遭劫掠，或化为灰烬。

第四，英法联军侵入京师，这在中华历史上是破天荒的第一次。英法联军侵入京师，使得大清庙社震惊，圆明园三遭焚掠，京师百姓遭殃，中华文明受辱。这是中华千古未有之奇变，也是民族千古未蒙之奇辱。

可是，咸丰皇帝是怎样对付英法联军侵略的呢？

第一，咸丰没有下诏决战。他没有作战决心，也没有周密部署。起初，英军18000余人，法军7000余人，陆续开赴中国边境。咸丰皇帝没有发布诏书动员军民积极抵抗，也没有派军队守住天津塘沽海口，反而在圆明园庆祝他的30寿辰，在正大光明殿接受百官朝贺，并在同乐园连演四天庆寿大戏。咸丰和王公大臣沉醉在园内的听戏欢乐中，英法联军却加紧了军事进攻。

第二，咸丰没有政治韬略。咸丰战和不决，小胜即骄。打了败仗，签订《天津条约》；略获小胜，又撕毁《天津条约》；再打败仗，又拒绝妥协。施展猫伶狗俐小技，使得事态逐渐扩大。没有使天津谈判当即解决，而支持肃顺、载垣、穆荫一伙,将英使巴夏礼等诱擒到北京,导致事态进一步扩大。咸丰帝没有韬略,没有格局,耍小把戏,玩小权术,使主动局面变成被动局面,又使被动局面更加被动。

第三,咸丰没有身守社稷。面对英法联军6000余人犯八里桥,咸丰没有动员兵民"勤王",全力守卫京师,而是准备逃跑。当年,明成祖朱棣迁都北京,原因之一是"天子守国门",抵御入侵。明朝的崇祯皇帝,在社稷危难之时,既不迁都逃跑,也不巡狩围猎,而是发出"朕死无面目见祖宗,自去冠冕,以发覆面"的哀叹,登上煤山,自缢而死。可是,咸丰皇帝在大敌侵入之时,不尽职守,不守国门,却带领老婆儿子、军机大臣、王公贵族,逃之夭夭,美其名曰"巡狩"。

咸丰皇帝不仅没有国君的使命感,也没有历史的责任感。咸丰皇帝在英法联军侵入北京的历史责任上,不但有过,而且有罪。咸丰皇帝应是《北京条约》签订的直接责任者。咸丰在外敌入京、义军蜂起、社稷多难、江山危急之时,逃离皇都北京,躲在避暑山庄,而且恐惧洋人,拒不回銮返京,从而铸成大错。

3. 沉迷美色，为中华民族埋下祸患

面对内忧外患，咸丰帝很快就失去了初登大宝时的雄心，整天沉迷于女色，而后来那位赫赫有名的慈禧太后就在这个时期走进了宫廷，受到了咸丰的宠爱，为后来专权铺就了道路。这对爱新觉罗家族来说，可谓雪上加霜。

咸丰帝刚刚即位时，也是想有所作为，面对此起彼伏的变乱，召对批章，励精图治。然而，波澜壮阔的太平天国起义如此猛烈地荡涤着大清江山，极大地动摇了封建统治秩序；英、法、美、俄列强也攻城略地，加紧在军事、经济、文化等方面入侵中国。面对内忧外患的交织缠绕，国家时运空前艰难，才识平平的咸丰帝绞尽脑汁，却无济于事，眼睁睁地看着大清国这辆破烂沉重的马车，在茫无边际的泥潭里越陷越深。之后，咸丰帝很快丧失了精气神儿，对大清彻底失去信心，索性破罐子破摔，沉湎于美色之中。

不久，咸丰帝对后宫内留着天足的旗籍后妃们便失去了兴趣。他渴望弄到一批江南小脚美女，供自己享乐。但是，早在顺治年间孝庄皇太后就留下一面铁牌，赫然警示："敢以小脚女子入此门者，斩！"此铁牌历代子孙无一胆敢拔去，咸丰帝虽色胆包天，也不敢动它半个指头。但他很快有了新主意，将那面讨厌的铁牌无声地粉碎了。

他暗遣心腹官吏，到江浙一带花重金购买了数十名美女。祖上不允许小脚美人逾越那面锈迹斑驳的铁牌进入紫禁城，他便将她们引入圆明园的行宫之中。按照祖上通例，皇帝一般在三四月间入住圆明园，到八月间完成木兰秋狝之后，返回紫禁城皇宫。

小脚美人的吸引力实在太大了，咸丰帝哪里按捺得住！总是一过新年，他就急匆匆地赶往圆明园，直到十月份，才依依不舍地从那群娇俏艳丽的江南尤物中钻出来，颇不情愿地回到那群旗人后妃中去。

咸丰帝为了女色自娱，在冲破祖训方面可谓是独具匠心。他追求淫乐不知满足，并且充满想象力。他以加强圆明园安全警卫为由，雇佣十几位美貌女子为保镖，每人装备一个绑铃，打更巡警。每当夜幕降临，就有三名装备绑铃的巡逻女子，到皇帝寝宫外敲击响铃。咸丰帝增设这一节目后，淫乐更加方便，对一些佳丽呼之即来，呵之即去。

"上好色，下必献之。"之后，善于拍马的臣子将几个特别美貌的女子弄进圆明园，咸丰帝龙颜大悦，给她们一一上了封号，这就是民间传闻的所谓"四春"：杏花春、武陵春、牡丹春、海棠春。

四春中，杏花春尤为娇冶，幼年曾被卖给妓院，咸丰的心腹特意购来敬献给圣上，对此，咸丰帝极为喜爱。这时，海棠春也刚好入住圆明园，咸丰帝更为欢喜，倍加赏赐心腹。很快，心腹又献来牡丹春，牡丹春是江南人，善于媚工歌舞。咸丰帝在温柔乡里乐不思蜀，过着纸醉金迷的生活。有了"四春"的陪伴，咸丰帝的斗志更加消沉了，他开始肆无忌惮地放纵自己，纵情声色。

咸丰除了这四春外，还宠爱所谓的"天地一家春"慈禧。慈禧在咸丰二年的选秀中进入宫廷，之后，受到了咸丰的宠爱，而这个权力欲极强的女子在后来通过一系列手段，将大权集于自己手中，奉行所谓的"量中华之物力，结与国之欢心"的无耻政策，让国家的尊严荡然无存，彻底将大清帝国推向了深渊，咸丰帝实在是愧对其列祖列宗。

4. 判断错误，辛酉政变遗祸无穷

谢幕的时候到了，咸丰将权力移交给了自己唯一的儿子。为了让最高权力不外落，他为自己的儿子设计了权力平衡构架。作为一个父亲，咸丰帝的设想是好的，但由于他没有看清当时家族内部的实际情况，他的安排并没有取得预期的结果。在他去世后，发生了辛酉政变，家族的最高权力也就旁落他人。

1860年8月16日，咸丰一行逃难者终于到达了热河行宫，住进了清帝在热河时的寝宫——烟波致爽殿。咸丰十一年（1861年）正月初二日，咸丰诏定二月十三日回銮。其后，又规定了启銮后详细的行程安排。这边在京城留守的王公大臣们都翘首以盼，希望皇帝尽快回宫，一来人心大定，二来可以使咸丰早日摆脱肃顺等人的左右，为下一步行动创造条件。但令他们失望的是，皇帝的病情又有反复，并进一步恶化。

咸丰十一年七月十六日下午，咸丰帝病情突然加重，昏厥不醒，奄奄一息。经御医紧急抢救，直到晚上，皇上才慢慢苏醒过来。到半夜时，皇上吃了一副药后，精神略有好转。他知道这是回光返照，死神已向自己招手。为了使自己的皇子能够顺利地当上大清国的皇帝，咸丰皇帝急忙派人把大阿哥、宗人府宗令、御前大臣和军机大臣召来，临终托孤。咸丰谕："立皇长子载淳为皇太子。"又谕："皇长子载淳现为皇太子，著

第九章　咸丰　苦命天子　在位多蹉跎

派载垣、端华、景寿、肃顺、穆荫、匡源、杜翰、焦祐瀛，尽心辅弼，赞襄一切政务。"以上就是历史上著名的"顾命八大臣"或"赞襄政务八大臣"。载垣等请咸丰帝朱笔亲写，以昭郑重。而咸丰帝此时已经病重，不能握管，遂命廷臣承写朱谕。咸丰在病逝前，授予皇后钮祜禄氏"御赏"印章，授予皇子载淳"同道堂"印章（由懿贵妃掌管）。

为什么此时才立大阿哥为皇太子呢？虽然清朝皇帝在立嗣君时，一直沿用雍正建立的"密储制度"，但咸丰帝除了大阿哥载淳之外，别无他子，所以一直没写密诏。现在他自知命在旦夕，如不临时变通，自己一旦突然崩逝，将出现历史上多次发生的争夺皇位之惨剧，他宠爱的独苗儿子将无以安身，国脉很难在本支永传。因此，他决定今天就把这件事定下来，使大阿哥能名正言顺地成为皇位继承人。

皇上确定了大阿哥为皇太子，为了让皇子能够顺利地度过过渡期，学到更多治理国家的经验，使国家大事不因自己的离去而受到影响，随即又下旨委任载垣、端华、景寿、肃顺、穆荫、匡源、杜翰、焦祐瀛八人专责辅弼皇太子。1861年8月22日凌晨，咸丰病逝于承德避暑山庄，卒年31岁。

应该说，咸丰这样安排，是费尽心思的。两位皇太后和幼帝为一方，八位赞襄政务大臣为一方，不突出任何一方，缺了任何一方又不可。这既不是垂帘又不是辅政，而是"垂帘辅政，兼而有之"。然而，令咸丰意外的是，他选择的托孤大臣在随后不久的辛酉政变中，这些人就很快走下了历史的舞台。而造成这一切的结果是，咸丰没有看清朝廷内部的形势，当时，朝廷的主要政治势力，可以分为三股：

一股是咸丰临终顾命、赞襄政务的八位大臣，主要为两部分人：载垣、端华、肃顺、景寿四人为宗室贵族、军功贵族；穆荫、匡源、杜翰、焦祐瀛四人为军机大臣。当时军机大臣共有五人，其中，文祥兼户部左侍郎（尚书为肃顺兼），因上言力阻"北狩"而被留在北京，是军机大臣中唯一被排除在赞襄政务大臣之外者。

第二股是咸丰帝的几位兄弟。咸丰死时,道光九个儿子中健在的还有五阿哥惇亲王奕誴、六阿哥恭亲王奕訢、七阿哥醇郡王譞等。在咸丰死时,几位亲王尚年富力强。他们同朝中顾命大臣以外的势力联合起来,成为朝中一股强大的政治势力。

第三股势力,就是6岁的同治皇帝和两宫太后——东太后慈安和西太后慈禧。他们虽是孤儿寡母,在帝制时代却是皇权的核心。咸丰在临终之前,特制"御赏""同道堂"两颗印章,作为日后颁布诏谕的符信。换句话说,奏折"经赞襄大臣拟旨缮进,俟皇太后、皇上阅后,上用'御赏'下用'同道堂'二印,以为凭信"。这两颗印章,"御赏"之章,为印起;"同道堂"之章,为印讫(结束)。将"御赏"章交皇后钮祜禄氏收掌,而将"同道堂"章交皇太子载淳收掌,因载淳年幼,"同道堂"章实际上由其生母懿贵妃掌管。咸丰的旨意是,在他死后,由皇后钮祜禄氏、懿贵妃叶赫那拉氏与八大臣联合执政,避免出现八大臣专权的局面,也避免出现皇后钮祜禄氏与懿贵妃叶赫那拉氏专权的局面。皇后钮祜禄氏与懿贵妃叶赫那拉氏的实权在八大臣之上,因为她们都有对于八大臣所决策军政大事不予盖章的否决权。

很明显,如果皇后钮祜禄氏与懿贵妃叶赫那拉氏不加盖"御赏"和"同道堂"这两颗起、讫之章,那么,八位赞襄政务大臣是发不出"诏书"和"谕旨"的,赞襄政务八大臣之议决均不能生效。相反,由内臣拟旨而不经过顾命八大臣同意,加盖"御赏"与"同道堂"两章即能生效。

从表面上看,这是一个权力平衡的结构,但咸丰没有把自己兄弟的势力纳入"赞襄政务"的权力系统内。比如说,用恭亲王奕訢"摄政"或"议政"或"辅政"或"赞襄",后来情况也就会不一样。

1861年11月1日,慈禧等人发动政变,宣布解除肃顺等人的职务,当场逮捕了载垣、端华,并派人去路上逮捕肃顺。很快,慈禧发布上谕,否认咸丰遗诏，下令将肃顺斩首；让载垣、端华自尽；另外五大臣则被革职或充军。八大臣的第一个重要罪状就是"不能尽心和议……以致失信于各国"，也等于向侵略者表示，她是"尽心和议"的卖国贼。接着，宣布废除八大臣原拟的祺祥年号，改明年（1862年）为"同治"元年，表示东、西二太后共同治理朝政。慈禧之号也是从这时开始使用的。这一年，正好是辛酉年，故又称"辛酉政变"。而发生此事的地点又在北京，故又称"北京政变"。

从此，慈禧登上了历史舞台，在半殖民地的中国进行了47年的罪恶统治。她上台的第一桩罪行，就是"借师助剿"，和外国侵略者共同血腥镇压了著名的太平天国革命。中国历史上许多不平等条约，如中英《烟台条约》《中法新约》中日《马关条约》《中俄密约》《辛丑条约》等，都是在她统治时期与外国签订的。她的篡政和统治，使近代中国蒙受了无穷无尽的屈辱。

咸丰皇帝临终前没能正确平衡主要政治力量之间的关系，导致辛酉政变的发生，从而出现皇太后"垂帘听政"的局面，影响中国历史近50年，咸丰的责任不容推卸！

第十章 同治 傀儡皇帝 因病早亡

同治帝载淳，是咸丰与叶赫那拉氏的独生子，生于咸丰六年（1856年）。咸丰十一年，咸丰皇帝病逝于承德，六岁的载淳即位，是为同治帝。由于同治尚幼，故两宫太后"垂帘听政"至同治十二年亲政，次年卒，年仅19岁，谥号"穆宗"。同治帝在位14年，在此期间，清朝政府依靠曾国藩、李鸿章、左宗棠等一批重臣，镇压了太平天国起义等一系列农民起义，同时，兴办洋务新政，大清帝国出现了回光返照似的瞬间兴盛。

1. 权力争夺，母子反目

历史上母子之间争夺权力的事情并不多见，对于那个时代来说，女人当政是让人难以接受的。而在爱新觉罗家族的暮年，面对最高权力，同治帝和他的母亲却为此而反目成仇。面对强势的母亲，软弱的皇帝终归无可奈何。

咸丰驾崩后，早有预谋的慈禧与奕䜣联手对付辅政八大臣。结果，遗诏尚在，尸骨未寒，改变中国近代历程的"辛酉政变"便发生了。

三天后，皇太子载淳在太和殿举行登基大典，改称"祺祥"为"同治"。到十二月二日，慈禧和慈安在奕䜣等大臣的多次"敦请"之下，打破了清代留传下来的禁止女性预政的祖制，共同"垂帘听政"。从此，慈禧太后便将大权抓在了自己的手中。

同治登基后，虽为一朝天子，但有慈禧太后垂帘听政，自己的圣旨如同废纸，亲政的念头始终萦绕在心头，但苦于没有机会。同治十二年，十八岁的同治帝，在种种条件具备的情况下亲政了，但程序是相当的复杂，前后经过了半年的准备。

慈禧垂帘十余年把持朝政，用荣华富贵笼络了一批朝臣，他们与慈禧早已结成依附关系，可以说是一损俱损，一荣俱荣。因此，这批臣子对慈禧撤帘归政也有不安之感。

第十章 同治 傀儡皇帝 因病早亡

同治十一年（1872年），垂帘听政后的慈禧，可以说是日理万机，一国的大事，都要自己处理，因此，身体状况不是很好，同时，在皇帝选后问题上，自己中意的人选竟被慈安选中的人选所代替，憋了一肚子火。眼看皇帝大婚后就要亲政，她已感到形势的严峻，这一切使她焦虑不安，情绪十分不佳，时不时地生一些小病，常常因"圣体违和"，不能临朝听政帮助小皇帝处理政事。

慈安太后虽然位居东宫正位，地位高于慈禧，但她对玩弄权术没有太大的兴趣，甚至可以说根本没有兴趣。垂帘听政原非慈安本意，因而，当同治帝大婚后，就想立即撤帘归政。但她也深知慈禧嗜权如命的个性，因而不能自作主张，免不了要向慈禧做一番"思想工作"，讲明归政后颐养天年的好处。

慈禧虽然心中很不愿意，但慈安的倡议很有道理，再厚着老脸不归政，怎么也说不过去了。万不得已，勉强同意明年撤帘归政。

此时，慈禧看到形势已经明了，不免也自我安慰一番，心想，同治帝虽然对自己不是很亲近，但毕竟是自己的亲生儿子，无论怎样，一些关乎国计民生的大事，会跟自己商量的，这样大权不还在自己手里吗？这样想心里宽慰了许多。

同治帝和大臣们一看慈禧太后答应归政，都认为慈禧太后明事理，顾大局，内心激动不已。为了给她以心灵上的安慰和报答，于是，借着大婚的喜庆气氛，在同治十一年十月（1872年11月）举行隆重盛典，给慈安、慈禧两太后敬上徽号，慈安徽号为"端裕"，慈禧徽号为"端佑"。

同治十二年正月二十五日（1873年2月22日），对同治帝来说是个幸运的日子，两宫太后正式在这天宣布撤帘。二十六日，又是一个不平常的日子，年轻英俊的同治帝御临太和殿，接受王公以下文武官员的朝贺。从此以后，他就成为大清朝名副其实的最高统治者了。

同治帝操权柄后，有一股新官上任三把火的味道。他在亲政的第三天，就下令整顿财政，严禁内务府动支户部款项；谕令各省督抚举荐人才，以备任用；下令各地整顿厘金，严禁官吏侵渔百姓；让言官踊跃进谏，广开言路，以备采择……他一改过去懒散的习惯，召对大臣，细览章奏，兢兢业业，井然有序，就连御史考试，他也亲自与他的师傅徐桐商量试题。

同治帝亲政后，当然不会忘记太后归政的大恩大德。他在亲政不久，又一次举办大典，再次给两宫太后恭上徽号，慈安太后加的是"康庆"二字，慈禧加的是"康颐"二字。而且还主动增加了拨给两宫太后的"交进银"，从原来的每年银十万两增至十八万两。

但慈禧并不满足于此，她孜孜以求的是能够拥有朝廷大权。而同治帝在这一点上却毫无表示，他天天独自处理朝政，从不请示、汇报。刚开始，慈禧还能忍受，还能自我安慰一下。但慈禧的忍耐是有限度的，后来她发现同治帝不是自己想象的那样听话，就忍不下去了。她把同治帝召来大加训斥，而同治帝性格刚强，非常执拗。她要干预政事，同治帝偏不吃她这一套。这样一来，母子俩的矛盾越积越深，慈禧更加不给同治帝好脸色了，更是动不动就训斥，而且越发厉害。同治帝为此非常伤心，终于认清了自己生母的真面目，没想到自己的努力换来的却是这样的结果，因此对母亲的感激之情荡然无存。

令同治更为恼火的是，慈禧蛮横干涉他的私生活。同治八年，同治帝已年满14岁，按照惯例，就该举行大婚了，大婚之后就要亲政。西太后权力欲极强，视权如命，她不愿归政给同治，所以，对同治的婚事也一再向后推延。到同治十一年（1872年），同治帝已经17岁了，西太后无论如何也没有理由再拖下去了，只好为同治帝议婚。当时，在备选的女子中，侍郎凤秀之女富察氏，相貌出众，而侍郎崇绮之女阿鲁特氏，虽然相貌上较富察氏逊色，但雍容华贵，举止端庄。东太后嫌富察氏轻佻，十分喜欢阿鲁特氏，意立阿鲁特氏为皇后；西太后则不喜欢阿鲁特氏，因为阿鲁特氏是西太后的政敌郑亲王端华的外甥女，不愿把皇后这个位子让给这样的人，所以意欲立富察氏为皇后。东太后告诉西太后说："凤秀的女儿太轻佻，怎能选为皇后呢？只能当一个贵人。"这话正刺中了贵人出身的西太后的痛处。两太后争议不下，就让同治拿主意，结果大出西太后的意料，自己的亲生儿子竟不向着自己，同治表示喜欢阿鲁特氏，要选她为皇后。九月，同治举行了大婚典礼，阿鲁特氏入宫，被封为孝哲毅皇后，富察氏同时入宫，被封为慧妃。

　　结婚以后，同治和孝哲毅皇后相敬如宾，情投意合。孝哲毅皇后不苟言笑，气度端凝，同治十分钦佩和敬重。宫中没事的时候，同治常常向皇后提问唐诗，皇后都能对答如流，同治心中极为喜欢。可是，西太后却不能理解儿子的心情，有意挑拨他们夫妻之间的关系，因此不仅婆媳关系不好，也使母子关系进一步紧张。西太后多次向同治说："皇后太年轻，不懂礼节，皇上不要常到中宫去，以免妨碍政务。"并且还极力赞扬慧妃贤惠，要同治多加眷爱。不仅如此，西太后还派人时时刻刻监视同治。同治对其干涉自己私生活的做法非常不满，偏偏不听母亲的话，索性独自一人居住在乾清宫，以示对母亲的抗议。

2. 同治中兴，老迈帝国不甘挣扎

在痛苦挣扎中，年迈的帝国迎来了最后的回光返照似的繁荣，朝廷上下都沉醉在这虚幻的成就中。然而，外患未除、内部矛盾依然激烈，爱新觉罗家族的前途仍然是一片黑暗。

"同治中兴"是指清朝中叶后，同治帝在位期间（1862—1874年）的一个中兴阶段。适逢1860年清政府与英法媾和，及太平天国被消灭（1864年），政治上出现了一个和谐时期，大开洋务运动。古时亦有人把清代咸丰至同治时期定为咸同中兴，作为一个中兴的阶段，但现今普遍都认为，中兴时期主要在同治统治年间。

同治三年（1864年），慈禧依靠曾国藩、左宗棠、李鸿章等汉族军阀统率的湘军、淮军，扑灭了太平天国起义的烈火，使行将就木的满清王朝又延续了下来。从1864年太平天国农民起义失败，到1894年中日甲午战争爆发，爱新觉罗氏又"太平"了三十年。在这三十年中，虽然在光绪十年（1884年）爆发了中法战争，但战争的结局，尚未造成割地赔款，受到战争刺激的中国社会各阶层人士，加快了海军的建设，使洋务运动蓬勃发展起来。

洋务运动旧称"同光新政"。1860年后，在中外联合镇压太平天国革命的过程中，清朝封建集团中逐渐形成了一批具有买办性的官僚军阀。他们在与外国资本主义打交道的过程中,不仅认为清政府与外国侵略者的矛盾可以调解和妥协,"借洋助剿",镇压国内人民的反抗,而且还可以采用一些资本主义生产技术,以达到维护摇摇欲坠的封建统治的目的。这部分人,就是当时清政府内当权的洋务派,他们从19世纪60年代至90年代所从事的洋务,史称洋务运动。

主持和提倡办洋务的洋务派,是在镇压太平天国革命的过程中,在外国侵略者扶植下,发展起来的清朝统治集团中的一个派别。起初人数不多,但他们的势力与日俱增。在朝廷里是总理各国事务衙门的大臣奕䜣和文祥等人,在地方上则是握有实权的大官僚曾国藩、李鸿章、左宗棠、张之洞等人。其中,以曾国藩为首的湘系集团和以李鸿章为首的淮系集团,以及后起的张之洞集团影响较大。

洋务运动的内容很庞杂,涉及到军事、政治、经济、外交等,而以"自强"为名,兴办军事工业并围绕军事工业开办其他企业,建立新式武器装备的陆海军为主要内容。从18世纪60年代开始开办江南制造局、福州船政局、安庆内军械所等近代军事工业。但是,洋务派在兴办军事工业的过程中,遇到了难以解决的问题,最主要的就是资金、原料、燃料和交通运输等方面的困难。

因此,洋务派在"富国"的口号下,从19世纪70年代起采取官办、官督商办和官商合办等方式,开办轮船招商局、开平矿务局、天津电报局、唐山胥各庄铁路、上海机器织布局、兰州织呢局等民用企业。与此同时,洋务派还开始筹划海防,在1884年,初步建立起南洋、北洋和福建海军。在洋务派控制了海军衙门以后,又进一步扩建北洋舰队,修建旅顺船坞和威海卫军港。

洋务派所经营的近代工业企业,是以不改变封建生产关系为前提的。所办企业,具有很强的对外依赖性、封建性和一定程度的垄断性。于是,洋务派要在中国兴办近代工业企业和筹办海防,都不得不在工业技术、资本乃至管理上受帝国主义的左右和牵制。因而，也就加深了帝国主义对中国政治、军事和经济的控制，洋务派也加速了自身的买办化。这样的企业，不仅无法避免自身遭到破产的命运，而且严重地阻碍和压制了中国近代民族工业的发展。办"洋务"30年间，中国被迫开辟的通商口岸，由1860年前的7个增加到1894年的34个，外国的进口额，也由1864年的5100余万两，激增为1894年的1亿6千余万两。在进口货物中，18世纪80年代前鸦片占首位，18世纪80年代后棉织品跃居第一，鸦片退居第二，但绝对数仍一直上升。出口的货物，18世纪80年代前主要是茶和丝，18世纪80年代后棉花和大豆逐步增长。中国被迫加速了卷入世界资本主义的漩涡，成为它们的商品销售市场和廉价原料产地。

中国近代民族资本主义工业和洋务运动是在同一个过程中艰难地成长起来的，这主要是受中国近代经济规律制约的结果，对洋务派来说是事与愿违的。随着近代工业的兴建，引进了资本主义国家的一些近代生产技术，一批近代产业工人在中国社会出现了，在洋务派创办的新式学堂里，也造就了一批掌握自然科学的知识分子和工程技术人员。同时，创办企业可获得利润，还吸引了一些官僚、地主、商人投资于近代工业，客观上对中国资本主义发展起了积极作用。

从表面上来看，自强运动搞得轰轰烈烈，"庙堂之上清议颇有正风"，而且财政收支又出现了盈余，好似一间东倒西歪屋，经过补漏裱糊之后，又"焕然一新，俨然华居矣"！同治中兴的政局反映到北京城区，就是连内城、外城都产生了畸形繁荣。在太平天国起义的战争中，清廷财政紧张，王公、官员一度只发半俸，八旗兵丁的钱粮也颇为紧缺。再加上物价飞涨，故街市萧条。太平天国起义失败，清廷的财政收支出现了盈余后，北京城中上起王公大臣，下至八旗兵丁，又重振寄生城市的享乐颓风。茶馆、酒楼、饭庄、戏园、妓院、宝局（赌场）比比皆是，灯红酒绿，纸醉金迷，吹拉弹唱，彻夜不息，呈现出末代的繁荣与豪华。

3. 英年早逝，荣辱成败归空

在对母亲的无奈、对列强的痛恨中，同治皇帝撒手人寰。他的去世，终于让最高权力集中到了他母亲的手中，慈禧太后也就可以随心所欲地呼风唤雨了，而历史留给爱新觉罗家族的时间已经不多了。

同治帝生性喜闹好动，自控力极差，独居乾清宫以后，离开阿鲁特氏的他，就像失去母亲的孩童，中途辍学的学生，过去的许多恶习又死灰复燃，而且变本加厉，同治帝在个人生活上逐渐走向了堕落的深渊。

综观中国历史上的皇帝，尤其是清朝的皇帝，在中国历史上是最勤于政事的，也是最累的。皇帝微服私访，体察民情，在民间时有所闻。同治帝冲龄践祚，热衷微服出行，不是像他的祖宗那样为了国家和百姓，而是单纯为了享乐和猎奇。

起初，同治帝常去的地方是琉璃厂。同治帝经常微服出行到这里，买一些自己喜欢的书画珍玩。这在常人看来，在宫中太单调了，出来走走也未尝不可，感觉一下外面的世界，再选一些自己喜欢的字画也纯属正常。

微服出宫虽然影响皇帝的名声，对皇帝的身体没有造成太大的伤害，但后来事情的发展就出格了。独居乾清宫以后，同治帝微服出宫的次数越来越频繁，而且在两个人的诱导下，私游的场所发生了根本性的变化，从而使同治帝走向堕落的深渊,这两个人就是:恭亲王奕䜣之子载澄和翰林院王庆祺。

在载澄和王庆祺等人的引导和怂恿下,同治帝不仅在宫内恣意取乐,而且微服出宫,到烟花柳巷去渔猎女色。在载澄等人的唆使下,同治帝微服私游,一到南城那些烟花柳巷,便大开眼界。只见梨颊娇姿,招摇过市;红肥绿瘦,眼花缭乱;打情骂俏,此起彼伏;淫声浪笑,不绝于耳;胭脂气息,十里飘香;王公大臣,你来我往;富商巨贾,熙熙攘攘。真可谓万紫千红,热闹非凡。再与枯燥沉闷、拘于礼法的宫中相比,简直有天壤之别。从此以后,私游兴致大增,三天两头溜出宫来,直奔南城,享受男欢女爱。

同治帝从小生活在宫中大院,风不着,雨不着,皮肤自然白净,好似奶油小生,并且在出宫时,往往穿黑色衣服,越发衬托得神采奕奕,英姿勃勃,而且出手大方,因而所到之处,很受妓馆老鸨和妓女们的欢迎。同治帝只是想以妓馆声色来填充他内心的极度空虚和压抑,并不想在温柔乡里沉溺太深。但有的事情,并不是自己想控制就控制得了的,况且是这种事情。由于他几乎夜夜销魂,日子长了,再有鹿肉补着也吃不消,因此,早已被掏空了身子,四肢无力,气血双亏。同治十三年春天,他去西山扫墓踏青时,在路旁数以万计跪迎的官吏、百姓面前,竟直不起腰来。与此同时,王公大臣在养心殿上看到的,已不再是大婚初始那个相貌英俊、精神焕发的青年天子,俨然成了一个面黄肌瘦、言语迟缓的小老头了。

同治十三年九月,太监在给同治洗澡时,发现他肩背等处有很多斑疹,同治当即宣太医李德立。李德立心里一惊,根据他的经验,这斑疹可能是梅毒疹,但这种事涉及帝德清名,他无论如何也不敢说。于是,他草草开了一副清热解毒的药,同治喝了之后果然有效,红斑慢慢消退了。

十月二十一日,同治去了一趟西苑,回来就感冒了,从此一病不起。三十日,同治的脸上突然出现了红疹,下午,太医李德立和御医庄守和前

第十章 同治 傀儡皇帝 因病早亡

来诊脉，两宫皇太后也来了，只见同治两颊潮红，瘦如骷髅。

两名御医轮流给同治切脉，过了一会儿，李德立禀告太后："皇上脉息浮数而细，系风瘟闭索，阴气不足，不能外透之症。"接着，写下了脉案，脉案中并未说明同治患的是天花，只是含糊地写下"发热头眩，皮肤发出疹形未透，有时气堵作绝"等，这样一来，既可以说是天花，也可以说是麻疹，总之未能做出最后诊断。他还开了一副由小生地、元参、牛蒡子、葛根、荆芥、麦冬、金银花、连翘、枳壳、甘草、川郁金等十一味药配制而成，以五把芦根作为药引的方剂"益阳清解饮"，同时，让同治避风调理。

第二天，同治果然全身发出了花疹，尤其是头部和脖子，全是密密麻麻的紫色疮疹。下午，两位御医在脉案中明确写出："病症系天花二朝之喜"。十一月初二日，朝廷正式发布这个消息。

不久，同治病情恶化，最后用药无效，结束了十九年的短暂人生，将一个烂摊子留给了后人。民间对同治的死因有不同看法，一说同治死于梅毒，这都已经不重要了，重要的是同治的死，终于让慈禧重新执掌了权力。

4. 病危之际，母亲夺权

父死子继，这种封建皇权观念深入人心。然而，同治英年早逝，没有留下子嗣。最高权力的归属就成了一个疑问，对最高权力一直虎视眈眈的慈禧太后，自然不会错过这样的良机。在同治帝弥留之际，慈禧小动手腕，就让儿子中了自己的圈套。在权力面前，母子之情也成了或有或无的东西。

同治帝患病不起，不能上朝处理政事，国家大事怎么办呢？同治皇帝为了不被别人利用，随即谕令军机大臣兼帝师李鸿章代自己批答奏章。李鸿章一向忠心耿耿，深受同治帝倚重，他代皇上处理朝政，丝毫不敢独断专行，每天向同治帝早请示晚汇报。

但是，李鸿章毕竟是汉臣，无论从大清祖宗家法还是从民族心理上说，李鸿章批阅满文奏章都是不合体的。过了五天，同治帝诏命恭亲王奕訢代为批答满文折件。恭亲王奕訢既有资历又有能力，是满族亲贵群臣中最理想的人选，同治帝对此极为满意。然而，慈禧太后却不甘寂寞，她惟恐同治帝一旦驾崩后，权力就会落入恭亲王之手。她明白，这对她是极为不利的，因为她与奕訢有说不清的纠葛和恩怨。于是，她积极策划重新夺权的活动。

十一月初八日，慈禧太后召军机大臣、御前大臣和帝师们前往养心殿东暖阁探视同治帝。同治帝听到屋内有许多人走动,便有气无力地问道:"什么人前来觐见?"众位大臣急忙给皇上叩头请安。令大臣们预料不到的是,他们的皇帝竟是这样的一种状况:满脸密布着颗粒饱满的紫红斑疹,连脖子、手臂上也出了许多,简直惨不忍睹。奄奄一息的同治帝,连眼睛也不能完全睁开,只露出一丝微弱的光。诸位大臣心中顿感不安,因而只说了一些安慰宽心静养的话,就告退下。

很快,慈禧太后又宣群臣上殿。诸位大臣都不明白慈禧葫芦里卖的什么药。慈禧见众臣都已到齐,很严肃地说:"叹政事的裁决、奏折的批阅,没有皇上亲自处理,朝政日渐荒废,哀家这些日子为此吃不好饭,睡不好觉,不能总是这样,总得想出个好办法来。为了国家社稷,不知众位大臣有什么好办法?"

大臣们听到这番话,明白了慈禧的意图。她刚才召集大家看望皇上,无非是想让大家都知道皇上的病情,不能正常处理奏折。不是皇帝已安排好了吗?而且也没出现大的问题,为何又提出要别寻良策?答案是明摆着的:慈禧太后想自己专权了。

看见众位臣僚各怀心思,慈禧就加强攻势,步步进逼。她说,皇上患病的原因,就在于经常微服私游,寻欢作乐,身体患了重病,想必各位大臣早有耳闻,可是为何不加谏阻?皇上亲政以来,规定每日去弘德殿读书,帝师们应对他多加约束,为何皇上在外私游,无故旷课,你们也不早禀报?慈禧这一席话,把大臣们给镇住了。实际上大家心里都清楚得很,不过鉴于慈禧淫威,不敢明说罢了。

慈禧见众位大臣没提出什么反对意见,更加嚣张起来。她故伎重演,拿起了女人的看家本领。在众臣面前,一边哭泣,一边诉说,说这些天来自己怎样日夜侍候皇上,怎样为皇上病情忧心如焚,怎样为大清的江山社稷劳心费神。总之,她极力向大家表白,只有她自己,才能担当起皇上的托付,代为批答奏上。奕䜣等朝廷重臣在与慈禧的几次较量中,已经吃尽了苦头，所以，面对慈禧淋漓尽致的表演，他们只能俯首帖耳，言听计从，当即一致提出"请两宫皇太后权时训谕"。

慈禧太后见预谋得逞，正准备请众臣拟写奏折，转念一想，同治帝毕竟在名义上仍是大清皇帝，没有皇上的明谕，她的垂帘听政就是不合法的。姜还是老的辣。于是，还没等奕訢等人退出，她就召回他们说："此事重大，应先征得皇上同意。明天你们可将奏折面呈皇上。"做好了诸位大臣的工作，并不等于就可以垂帘听政了，还必须取得同治帝的同意，发布明谕告示天下才行。

为了能够得到同治帝的同意，使自己名正言顺地垂帘听政，当晚，慈禧以探望病情为名来到养心殿东暖阁，对同治帝做了一番思想工作。她提起了恭亲王力阻修园一事，劝同治帝不可对奕訢过分信赖。同治帝一则年轻幼稚，二来有病在身，在慈禧的百般挑拨下，疏远了奕訢，但让他万万想不到的是，他进了比奕訢更为阴险狡诈的圈套。

第二天，当恭亲王把奏请太后训政的折子递上去时，同治帝当下批准了。他对众臣说："朕说话吃力，行动不便，不能亲理国政。朕愧对爱新觉罗的列祖列宗。然而，天下事不可一日松懈，故拟请太后代阅奏折。等过了百日之喜，病情稍缓，朕再出来办事。望诸臣勤政廉明，不要辜负了朕的隆恩。"此时的同治皇帝还没有明白其中的奥妙，真是幼稚啊！

十一月十日，同治帝发布上谕，明令内外陈奏事件，一律由皇太后批阅裁断。从此，慈禧又一次堂而皇之地执掌起了大清的权柄，为再次垂帘奠定了基础。

在载淳死去的当天，慈禧即偕慈安召集皇亲贵戚于养心殿西暖阁举行会议，议立嗣君。御前会议上，慈禧宣布："奕譞长子，今四岁矣，且至亲，予欲使之继统。"

王公大臣们十分清楚，慈禧置祖宗家法于不顾，力排众议将奕譞长子载湉立为嗣君是有很深的用意的。首先，载湉是一个四岁的吃奶孩子，他能做些什么？这样一来，嗜权如命的慈禧极易控制小皇帝，从而为慈禧再次垂帘、揽政制造了借口。

其次，载湉与慈禧有双重血缘关系，将来也是干预朝政的一个理由。一方面，载湉是咸丰帝的亲侄子，同治帝的叔伯兄弟，在宗室谱系上同属道光帝一脉，自然在继统人选中占据优势。另一方面，载湉的母亲是慈禧的胞妹，这样，载湉不仅是慈禧的内侄，又是慈禧的外甥，亲上加亲，非比寻常。

此外，载湉的父亲奕譞在辛酉政变中，为慈禧剪除政敌立下了大功，为人又谨慎保守，对慈禧言听计从，不像恭亲王奕訢，总是跟慈禧作对。

皇子定好了，后面的事情只是走走形式而已。当天晚上，四岁的载湉被太监们迎入宫中，继承大清皇帝之位，并按照慈禧的旨意，定年号为"光绪"，取光大统绪之意。

第十一章　光绪 维新为兴国，慈禧手中囚

　　载湉是醇亲王的儿子，慈禧太后的内侄。登基时仅有四岁，两宫太后慈禧、慈安"垂帘听政"。至光绪16岁，慈禧"归政"，但仍实掌大权。作为一个年轻奋发的君主，光绪皇帝以社稷为重，推行变法，不轻易退缩妥协，以求自保。而且在危急时刻，为了变法信念，置生死安危于度外。变法虽然失败了，但对当时社会发展起了积极作用。打破了封建专制主义的思想禁锢，启开了中国思想解放的先河；在经济上，光绪接受了维新派发展民族资本主义的主张，为中国民族资本主义的发展扫清了道路；在文化教育方面，开办学堂，改革科举制度，派人出国留学、游历等，这就使知识分子扩大了眼界，给长久封闭的国家带来了一些西方的先进思想、理论和技术。光绪皇帝不愧为近代中国第一个效仿西方来变革中国的开明皇帝。

1. 年幼进宫，在痛苦中成长

为了不让自己的权力受到威胁，慈禧选择了一个年幼的孩子，作为爱新觉罗家族新的名义上的掌门人。为了让这位年幼的皇帝永远听自己的话，慈禧对他的教育严格而苛刻，而这样培养起来的接班人，是无法承担扭转乾坤的重任的。

爱新觉罗·载湉在慈禧太后的安排下成为大清国的皇帝，为了使立载湉为帝的安排合法化，慈禧依照封建王朝新皇帝即位必须履行的程序，在太和殿为载湉举行了一个登基典礼，并颁谕布告天下。就这样，年幼的载湉走出了无忧无虑的王府，置身于变幻莫测的紫禁城。作为清王朝入关以来的第九代皇帝，登上了历史舞台。

眼见大局已定，慈禧太后再也没有任何顾忌，她以光绪帝的名义发布上谕，再次恢复了由东、西两宫皇太后共同实行"垂帘听政"的统治局面。光绪皇帝就这样还在年幼无知的时候，在一种特定的历史条件下，被推上了皇帝的宝座，成为慈禧的一个政治工具，并在位长达三十四年之久。

光绪虽然年仅四岁就当了皇帝，已是至尊至贵，可他并不像一般富贵人家子弟那样娇惯任性，自由自在。慈禧太后为了使大清江山千秋万代永远流传下去，就要培养造就一个称职的皇帝来管理国家。当然，为了自己今生今世能一直掌权，她也要制造出一个驯服的皇帝来做自己的工具。为了达到这双重目的，她对光绪的管教是极为严格的。除了从小派人教导他各种礼仪和处理政务的方法外，还让他读很多书籍，以掌握足够的知识来驾驭百官，统治人民。

翁同龢是一位十分称职的老师，他不仅学识渊博，造诣精深，而且道德文章也足为师表。他从来不以帝师的身份向光绪提什么要求，有时光绪主动升赏他，他还常常极力辞谢。翁同龢很会调动学生的学习积极性。当时，一般老先生往往是在学生小有一些成绩之后，例如，背会了一段书，或写了几页字，就称赞几句，以示鼓励；但过不了很长时间，就必须找点差错来批评一下，据说是怕小孩子受了表扬会骄傲起来，因此不再努力学习了。可翁同龢并不这样。光绪真有成绩，就表扬；而有了缺点则不直接批评，而是婉言劝告使他不觉得难堪，容易接受。这种方法可能是由于这个学生的特殊身份——是至尊的皇帝——使翁先生苦心琢磨出来的，但对一般儿童也是适用的。小孩子也有自尊心、上进心，鼓励往往比批评更有推动作用。而对光绪来说，这个方法就有更深的意义。光绪从小离开亲生父母，到宫里后，慈禧对他非常严厉，从别人身上也很少得到关怀和温暖。老师的亲切勉励和循循善诱在他的心灵上留下了深刻的印象，所以，他长大以后对翁同龢依然有着特别的好感和信任。很多同别人不能讲的话，只有跟这位老师讲；有些委屈无处表白，也只能在老师面前哭诉，翁同龢则能想办法给以排解和安慰。

一个六七岁的小孩子，整天读书、写字、练习骑射，自由玩耍的时间实在是太少了。师傅还要常常指点他的言行举止，一定要符合宫廷礼仪，不能随便嬉笑打闹，那样会有失天子身份。小皇帝被弄得毫无乐趣，经常发脾气。有时不肯去念书，翁同龢只好哄他，说是有图书看。那时候，没有今天如此丰富多彩的小人书、画册之类，只有翁同龢自己画的一些图画，什么天人交战图、农耕图、流民图之类，这也就非常难得了。翁同龢给他照图画进行一些讲解，借机进行勤政爱民的教导，从而调动小皇上的学习兴趣。

当然，光靠图书还不能完全吸引住光绪好玩的童心，有时也不得不用强制的方法来约束，这就要让太后来执行了。皇上每天读书的时间、内容、写的文章、对的对子都要详细记录，交太后阅览。出了差错，老佛爷是不客气的，师傅要负责任，小皇上也要遭斥责。因为有这一层，光绪学习还是比较努力的，一般的古书都读过。他人也很聪明，掌握的知识很丰富，古诗写得也不错。

光绪的兴趣很广泛，他也学过英文。据在宫廷工作过的德龄说，光绪学得非常好。光绪天资颖悟，记忆力超强，很快就能阅读短篇故事。他的英文书法十分出色，只是发音不是很清楚。德龄是在欧洲居住过的，精通英文，她的评价是有权威性的。光绪的音乐天赋也很出色，他能弹奏一些钢琴曲子。但在慈禧太后的淫威下，是不允许他在这些方面有更多发展的。因此，少年光绪帝虽然"颖悟好学"，但由于受到慈禧太后的限制，不能得到充分的发展。

在塑造光绪小皇帝的过程中，慈禧首先是确立她与载湉之间的人身依附关系，以便日后对光绪进行长期的控制。为此，当载湉被接入宫中以后，慈禧太后不顾人伦之情，骨肉之亲，强行切断了小载湉与其亲生父母的日常联系。

正是这种潜移默化的办法，慈禧逐渐地确立起她与光绪之间的"母子"关系，接着，再以封建的"孝道"伦理，从思想方面把光绪帝拢住。事实上，这是西太后为了把光绪小皇帝一步一步地塑造成为其所用的政治工具，所采取的一种控制措施。

之后，在光绪小皇帝稍微懂点事的时候，慈禧太后又规定光绪帝必须每天向她和东太后问安一次，并将此作为一条不可违犯的条规。这条家规成为慈禧太后在精神上"以威钳制"光绪帝的又一种手段。通过这些条条框框的限制和驯化,光绪帝渐渐养成了对慈禧太后的权威俯首帖耳的习惯。

同时,慈禧太后特别注重对光绪帝进行封建"孝道"的教育,其目的就是使光绪帝从小树立起对她绝对服从的观念。为了让光绪帝在将来长大成人后仍能够"孝敬她",慈禧太后在光绪帝学习期间,特地再三教人去传谕翁同龢,要他格外侧重于孝的教育,除启蒙时所读的"二十四孝"不断地继续讲解之外,《孝经》那一部书,也是最重要的。翁同龢在教授光绪帝时也注重"以圣孝为本"。这样,传统文化中的"孝道"也就成为慈禧太后用来驯育光绪帝的工具。

如前所述,光绪帝每天都按照慈禧的规定去给她请安,慈禧不让他起身他就不敢起。如果光绪的做法稍微不合慈禧的心意,就被罚令长跪。甚至在慈禧太后乘舆外出的时候,光绪帝也要随扈左右,无论狂风烈日,迅雷暴雨也不敢要求休息。随着光绪皇帝年龄逐渐增长,慈禧太后为了树立自己的威严,对光绪帝的要求越来越严厉,甚至到了虐待的地步。这使得光绪帝更加畏惧慈禧太后,也就不可避免地产生了逆反心理。

即使翁同龢也试图为这个日益没落的王朝培养出一个能扭转颓势的圣明天子,他的精心授教和开导也的确对光绪帝的思想发展产生了很深的影响,但是翁同龢的影响与慈禧的禁锢相比只是小巫见大巫,在慈禧太后布下的精神控制网中显得毫无分量。小载湉在慈禧的一手安排下登上了皇帝的宝座,从此也就完全置于西太后的掌心之中了。

2. 皇帝行大婚，还政起风波

小皇帝总有长大的那一天，而年龄的增长带来的是权力的纷争，毕竟他才是爱新觉罗氏的正统掌门人。家族内部的权力斗争又开始了，作为权力斗争的老手，年幼的光绪自然不是慈禧的对手。

光绪皇帝一天天长大，转眼到了十六七岁，该考虑皇帝的婚事了。清朝皇帝的后妃，分为如下几等：皇后之下，皇贵妃一人，贵妃二人，妃四人、嫔六人，"常在""答应"没有确数。实际上，除皇后只能一人外，其他嫔妃人数并无太严格的限制。皇后统率六宫，母仪天下，所以皇后的人选，历来是举朝注目的大事。

为光绪帝立后，对于慈禧来说，更具特殊意义。光绪虽然从四岁入宫，在慈禧的严厉管束下成长，但终究不是她的亲生儿子。结婚，就意味着他已长大成人，"垂帘听政"也面临着即将结束。之后，皇帝能否完全听命于太后，谁也说不准。将驾驭全国的大权交出去，对于慈禧来说是一件很痛苦的事。她虽然迫于舆论的压力，声称皇帝大婚之后就将退出政坛，但内心却在千方百计地打算如何继续操纵朝政，让皇帝只是一个傀儡。要使皇帝以后老老实实听从于自己，就要有人监督他的一举一动，使他不敢越雷池一步。如果未来的皇后能完全站在自己一边，那定会是监督皇帝的最好人选。

于是，慈禧决定立自己的亲侄女叶赫那拉氏为后。立后是件大事，须从八旗秀女中一再筛选。经过几轮淘汰，最后剩下八名大家闺秀，其中，自然包括太后的侄女。慈禧吩咐，要这八名秀女暂时留在宫内，进一步仔细考察。

这八名秀女分住各宫，太后的侄女自然就住在姑母的宫中，因此，皇帝每天到太后处请安、禀事，就可以经常看到这位表姐。那七位姑娘虽然住在宫中，却没有机会接近皇帝。事情是明摆着的：慈禧给自己的侄女找了一个先接触皇帝的机会，自然是希望"近水楼台先得月"。

慈禧的侄女，比皇帝大两岁，姿色一般，性格颠顸，怎么看也看不出有皇后的仪容。光绪天性聪明，对于"老佛爷"的这种意愿，心里一清二楚。在慈禧的淫威下，光绪根本就没有选择，他被迫选择了他不想选的表姐为皇后，而为自己的婚姻生活带来的悲剧，也使光绪对慈禧更加不满。

随着光绪大婚完毕，另一件让慈禧头疼的事也随之来了，那就是还政的问题。自光绪十二年"训政"至光绪十四年的二年中，慈禧大权在握，与垂帘听政别无二样。但是，光绪的年龄也随着时光的流逝而增加，他已是一个18岁的男子汉了。就一般情况而言，皇帝年已十八，该举行大婚了。本来皇帝举行大婚，做慈母的应该为之高兴，但是光绪的大婚反而使慈禧感到不安。有人要问：光绪的大婚不是慈禧一手操办的吗？甚至连妻子都是慈禧选定的。是的，决定选后之事也是慈禧精心策划的，她要用她的侄女将光绪笼络住。但是，究竟什么时间大婚，这可大有学问。因为皇帝大婚不仅意味着皇帝成年，而且涉及亲政与否的大问题。因此，她希望光绪大婚越往后推越好，最好是在她死后大婚才好呢！

愿望只是愿望，眼前的事实是光绪的年龄已经很大了，总不完婚，会遭非议。因此，慈禧决定给光绪完婚，然后，再在"归政"问题上做一些文章。

在归政的前期，慈禧大批封赏了一批人来笼络人心。在归政后，慈禧并未真正放权休身，度其晚年，而是积极活动，继续揽权主政。正如时人所说："皇上亲政后，遇除授尚书、侍郎、将军、督抚各缺，仍恭请皇太后懿旨简用，盖由圣德谦冲，于用人行政诸大端犹复秉承慈训，以示不敢独断。"可见，慈禧把用人的大权牢牢地抓在自己手里。

这样实际上就形成了台前慈禧归政光绪，台后光绪归政慈禧的局面，慈禧在颐和园这个世外桃源里，仍然掌管大政，统治天下，归政便是一场政治骗局。

3. 革新挽败局，失败困瀛台

大清国面临的问题表明，老的方法和制度已经不合时宜了，如果想找到出路，走出困境，只有进行改革。而改革，必然要引来维护旧制度势力的反抗。光绪的改革，面对的是扶他上台的慈禧及其所代表的势力，这让二者之间的矛盾更加激化。这一次，老谋深算的慈禧又取得了胜利，而斗争的失败，让光绪这位名义上权力的代表者彻底退出了权力的舞台，在囚禁中度过了最后的人生。

年少的光绪不甘受人摆布，他想成为一个有所作为的皇帝。光绪二十年，大清帝国在风雨飘摇中迅速地走向衰亡。这一年，中日甲午战争的爆发和《马关条约》的签订，更让光绪痛苦不安，对慈禧更加不满，同时，也使光绪认识到了肩上的责任，此后的光绪和以前的光绪判若两人。此时的光绪，急于要采用一切维新的政策，使国家早日强大起来，从而使类似的耻辱不再发生。

维新运动，开始于1895年于北京发生的公车上书。当时，齐集在北京参与科举会试的十八省举人，收到《马关条约》中中国割去台湾及辽东，并向日本赔款白银二万万两的消息后，一时间群情激动。4月，康有为、梁启超做成上皇帝的万言书，提出拒和、迁都及变法的主张，得到一千多人联合署名。5月2日，康、梁二人，十八省举人及数千市民，集合在都察院门前要求代奏。由于外省举人到京是由朝廷的公车接送，该事件亦被称为"公车上书"。虽然公车上书在当时没有得到直接的实质的结果，但却形成了国民问政的风气，之后，亦催生了各式各样不同的议政团体。当中由康、梁二人发起的强学会最为声势浩大，更曾一度得到帝师翁同龢、南洋大臣张之洞等清朝高级官员的支持。

1897年末，山东发生曹州教案，两名德意志帝国传教士被杀。德国乘机侵占胶州湾（今青岛），同时，俄国侵占旅顺、大连，法国侵占广州湾（今广东湛江），英国侵占山东威海，并要求拓展九龙新界。列强意图瓜分刚败于日本的中国，在朝廷中再次敲响了警钟。

光绪帝虽然于1887年（17岁时）已在名义上亲政，但实权仍然掌握在慈禧太后的手里。面对列强瓜分的危险，1898年（戊戌年），慈禧太后同意光绪帝进行朝政的改革。6月11日，光绪帝颁布《定国是诏》，表明变更体制的决心，这亦是百日维新的开始。之后，光绪帝召见康有为，调任他为京章行走，作为变法的智囊。其后又用谭嗣同、杨锐、林旭、刘光第等人，协助维新。

新政内容主要有：裁汰冗员、废八股、开学堂、练新军、满汉平等，涵盖教育、军事等多方面的政策和体制。其最终目标，是推行君主立宪制。康有为向光绪帝赠送自己的著作《日本变政考》和《俄罗斯大彼得变政记》，还有李提摩太的《西新史揽要》译本和其他有关各国改革的书。

新政一开始，便遭到保守派各大臣的抵制。特别是北洋大臣、直隶总督荣禄，更是保守派的头目。9月16日，光绪帝在颐和园召见统率北洋新军的直隶按察使袁世凯，面谈后升任他为侍郎候补。当时，直隶总督荣禄以英俄开战为由，催袁急回天津。据袁世凯的日记，之后，谭嗣同于9月18日夜访袁世凯住处，透露皇上希望袁世凯可以起兵勤王，诛杀荣禄及包围慈禧太后住处颐和园。两日后（9月20日），袁世凯回到天津，将谭嗣同的计划向荣禄报告。9月19日，慈禧太后回宫，9月21日即临朝，宣布戒严，火车停驶；并即幽禁光绪帝，废除新政，搜捕维新党人。时为戊戌政变，结束了仅有一百零三天的维新。维新党人中，康有为早离开北京，梁启超逃入日本使馆。其他数十人被捕，包括称为"戊戌六君子"的谭嗣同、杨锐、林旭、刘光第、杨深秀、康广仁，六人于9月28日被斩于菜市口。徐致靖被处以永远监禁，张荫桓则被发放新疆。所有新政，除京师大学堂外，一律都被废止。

变法失败后，光绪被迫颁布了吁恳慈禧训政的诏书，慈禧再度垂帘，而他却成了瀛台的囚徒，一直到他逝世。

4. 奋起宣战，太后用新政

慈禧打倒光绪之后，对外一味忍让，但列强的贪欲没有止境，她的统治地位受到了严重的威胁，迫使她进而反抗。同时，她也试着开始进行制度上的改革，以期延续爱新觉罗氏的统治。可惜，这一切都已经太迟了，老天留给她的时日已经不多了，在掌握大清帝国近半个世纪后，慈禧迎来了生命中最后的日子。随着她的去世，一个新的时代开始到来，而这个时代不再属于爱新觉罗家族。

自垂帘听政以来，慈禧对洋人采取了妥协与求和的态度，以此来换取可怜的"安定"。但侵略者并不怜悯软弱者，而是欺凌有加。由于侵略者的步步紧逼，利权不断丧失，大清王朝日趋衰亡，慈禧的统治地位也受到了空前严重的威胁。这就使得慈禧无法照旧统治下去，便想寻找机会对洋人进行反击。就在这个时候，义和团起而仇洋，客观上提供了反击的时机。慈禧对义和团抱有非常大的期望，因此，她一语道出了数年来一直想说的话："予四十年来，忍辱含垢，卧薪尝胆，以谋报复，如越王勾践之心，未尝一日忘之。予待洋人，不可谓不宽大，从前我不是请公使夫人到西苑游玩吗？现在全国一心，同仇敌忾，必能战胜无疑矣。"基于这种认识，慈禧对义和团的态度发生了根本改变，只有这样义和团才有可能"奉旨"灭洋。

义和团源自义和拳、梅花拳和大刀会等民间秘密结社。最初，以设坛练拳为形式，以"保卫身家、防御盗贼"为口号。光绪二十三年（1897年），冠县梨园屯村民在阎书勤的领导下拆毁教堂，义和团开始了与教会的冲突。很快，梅花拳首领赵三多也设厂练拳，次年，赵三多在冠县蒋家屯亮起"助清灭洋"旗帜。慈禧为了报复洋人，确有利用义和团的打算，但又怕偷鸡不成反蚀米，于是，她就派人前往山东等地调查详情，之后再作决定。道行喇嘛就是朝廷派出的一个特使。

道行喇嘛深得慈禧信赖，这不仅是因为慈禧崇拜佛教，还由于她更认为道行是个高僧，派他去调查，义和团的真伪便会一清二楚。但是她没有想到，端庄二王已和李莲英通了气。在道行出宫之际，李莲英特地找到了道行，向他传达端庄二王的意思，道行喇嘛一一记在心里。

道行喇嘛到达山东义和团本营以后，当即受到热情的接待。因为山东义和团首领李来中等早已与端王载漪、庄王载勋挂上了钩。道行未至，消息已先至。于是，李来中便在盛宴招待后，天天奉陪着特使道行，今天去看练操，明天去看练武，奉若上宾。

数日之后，道行喇嘛离开山东回京，一方面他既得李莲英嘱托，另一方面又受到山东义和团厚待，于是，回京后把义和团锦上添花地说得格外声势非凡，仿佛真像神兵天将一样了。慈禧听到报告后大喜，用义和团之心益增。

但是，用义和团抗击洋人毕竟非同等闲，慈禧还算慎重，于是，她在义和团发展到直隶以后，第二次派人前往涿州（今河北涿州一带）去调查，这次派出的人是刚毅和赵舒翘。两次调查的答案基本一致，慈禧决定招抚义和团。由于朝廷政策的转变，义和团迅猛发展，很快发展到京津一带。义和团发展之速、势力之大，使满朝文武也很震惊。大学士徐桐给慈禧出了一个主意："利用反对洋人的义和团，给洋人压力，以收两败俱伤之效。"慈禧非常欣赏这一建议，传令召义和团入京。

义和团发展迅速，很快控制了京津地区。义和团势力的膨胀，吓坏了侵华的各国帝国主义。他们先向清政府提出抗议，要求清政府全力剿杀义和团，继而又组织八国联军，由德将西摩尔率领亲自剿杀义和团。为此，清廷召开了四次御前会议商定对策，最后，决定向八国宣战。但是，义和团并未取得彻底胜利。一方面由于他们"刀枪不入"的神咒不能避开洋枪洋炮，他们在使馆区前与西什库教堂门前留下了大批尸首，加之义和团进入京津之后纪律松弛，烧杀抢掠之事时有发生，有失士民之望；另一方面，统治者越来越不信任义和团。慈禧曾毫不隐讳地说道："后来接着攻打使馆，攻打教堂，甚至烧了正阳门，杀的、抢的，我瞧着不像个事，心下早明白，他们是不中用，靠不住的。"

荣禄暗揣慈禧转变之意，也为了留一条后路，他阴通敌人，暗加助之。慈禧在这个问题上，虽未明确表示支持荣禄，但却事事默许，而对积极参战的董福祥甚至公开表示反对，这些事实，充分证明慈禧的态度有所转变，由积极支持义和团逐渐转为阴阻义和团。这样，义和团的行动受到限制，与洋人作战受到了像荣禄一类人的破坏，而就在此时，八国联军增兵派将，再次进犯北京，终于打败了义和团，北京成了八国联军横行霸道、掳掠抢劫的地方。

光绪二十六年的夏末，八国联军逼近北京，清王朝的统治者冒着酷暑仓皇出逃。慈禧一行仓皇逃到了西安。慈禧西行之时，就积极谋求与八国联军和议。还在逃跑的路途中，七月二十六日便电谕李鸿章与徐桐、荣禄、崇绮立刻与八国议和。为了议和，也为了保持她的权势地位，她宣布的第一批替罪羊有载漪、载勋、刚毅、赵舒翘等。他们死的死，流放的流放，撤职的撤职，降级的降级，处罚是极为严厉的。

经过多方交涉，加之慈禧等也按帝国主义列强提出的条件而行，接受了他们提出的要求，处死或严处了同帝国主义作对的官吏，最后，和议总算达成了。光绪二十八年八月二十六日，丧权辱国的《辛丑条约》签订。

第十一章 光绪 维新为兴国，慈禧手中囚

和八国达成议和之后，慈禧一行便从西安分批返回北京。

经过义和团运动和八国联军之役，不只全国被剥削、被压迫的下层百姓感到不能依然生活下去，就连统治者和剥削者也感到不能照旧统治下去了。在戊戌政变中，慈禧夺取了光绪帝的权力，拔除了变法维新的旗帜，而到了此时此刻，她也必须实行新政，重新踏上了光绪帝走过的老路。

慈禧新政内容涉及较广，"举凡朝中国政，吏治民生，学校科举，军政财制"诸方面均有。综其要者，大致有如下几方面内容。

第一，兴学堂，改科举。学堂是培养人才的地方，欲振兴中国，挽救危局，人才是急需的。因此，对兴办学堂，慈禧给予了高度重视。她认为"人才为政事之本"，"兴学育才，实为当今急务"。在此思想指引下，她又积极地颁令实办。

为了堵住科举选仕之路，慈禧又下令："自明年（光绪二十九年，1903年）会试开始，凡一甲之授职修撰编修，二三甲之改庶吉士，用部属中书者，皆令入京师大学堂，分门肄业，其在堂肄业之一甲进士庶吉士，必须领有毕业文凭，始咨送翰林院散馆，并将堂课分数，于引见排单内注明，以备酌量录用。"这样一来，仕官之途不再是科举，而是由学堂肄业。到此为止，自隋朝以来一千余年的科举制被正式废除了。

第二，改兵制练士兵，举办武备学堂。在同列强的战争与镇压农民革命中，充分显露了八旗、绿营兵的腐败与兵制的落后，故不改兵制不足以振武，不练士兵不足以御敌。在这种情况下，清政府便开始较前更为积极地改制练兵。在兵制方面，清政府制定了许多营规法规，确定军制以镇为经常编制，镇设统制统领，下辖二协，协置协统统帅；协辖二标，标有标统指挥；标下设三营，营以管带为长；营辖四队，设队官；队辖三排，排辖三班。在练兵方面，清政府令旨迭出，号令全国认真训练。光绪二十九年（1903年），京师成立了练兵处，责成其统筹诸地练兵事宜。在地方上，责令各省成立督练公所，负责本省的练兵事宜。通过一段时间的训练

后，取得了一定效果。

在改兵制、练士兵的同时，为了更有效地提高军队素质与指挥水平，清政府于光绪二十七年（1901年），下令停止武科举，改由设置武备学堂造就军事人才。清廷旨令颁发，全国各地陆续设立武备学堂，武备学堂的设立并以严格的制度练习训练，培养了人才，可以说，武备学堂代替武科举是一大进步。

第三，游学西方，考察西方政治。从中国的挨打受奴役，尤其是对八国联军之战败逃西安的惨痛历史中的反省，慈禧方知中国政弱之源，知道中国欲抵御列强，必须"师夷之长技"，向西方学习。因此，慈禧传出懿旨："饬令各省选派学生出洋游学，以资造就。"慈禧又旨令屡下，加以对不实办此事官吏的惩处，使游学西方诸国之人增加不少。这些人，对未来中国的建设发挥了重要作用。

面对中国挨打受欺、任人宰割的现状，作为最高权力主宰者的慈禧，必须考虑中国致弱之因。千思百虑，她感到中国的政治制度似乎有弊病。因此，她认为应对西方诸国的政治进行考察，力求吸取其有益于中国的东西，对中国政治有所好处，故特设政务处。并且于光绪三十一年（1905年）十月，派出了端方等五人考察团，"出洋考察各国政治"。与此同时，又设立了考察政治馆，目的是"延揽通才，悉心研究，择各国政治与中国相宜者，斟酌损益，纂订成书，随时进呈，候旨裁定"。

尽管慈禧并非真心改革中国政治，但她从现实状况中追索政治腐败的原因，并力求向西方学习，损益中国政治，她所迈出的这一小步，也是难能可贵的！

慈禧新政在经济方面的重要表现，就是兴办商务、矿务。商务、矿务是政府财政收入的主要来源之一，在清政府财力匮乏的情况下，兴办商务、矿务极为重要。因此，慈禧对此较为重视。在责令各地兴办商务、矿务的同时，又于光绪二十九年（1903年），成立商部，加强对商务、矿务的督导。随后，又由商部陆续制订颁发了许多有关商务的章程，使商务、矿务有了很大程度发展。

与此同时，在各方的压力下，慈禧开始进行其准备立宪的工作，但是，直到她病死，也没有颁布宪法，召开议会。各地官绅要求立宪，是要推进中国近代民主化的历程，发展资本主义经济，提高资产阶级的政治地位。而慈禧的预备立宪则是为了巩固清政府的统治，把军政大权愈加集中在以她为首的满族权贵手中，制止革命党人的革命活动。慈禧的预备立宪加剧了满汉矛盾，加剧了清政府与人民群众的矛盾，起到了加快清政府灭亡的作用。这是她所始料未及的。

第十二章 溥仪 末代皇帝 普通公民

爱新觉罗·溥仪（1906—1967年），字浩然。在位时间仅3年（1908—1911年），道光皇帝曾孙，醇亲王载沣长子。光绪死后继位，中国历史上的末代皇帝。他在位期间，一心想恢复祖宗基业，夺回属于他的天下，不惜与虎谋皮，最后，沦落为日本帝国主义控制的傀儡。中华人民共和国成立后，他经过改造成为新人，后患肾癌而死，终年62岁。

1. 顽童登大宝，祖宗基业堪忧

在爱新觉罗家族的历史上，年幼登基的康熙取得了彪炳千秋的成绩。而在爱新觉罗家族统治的末年，又出现了一个幼年登基的皇帝，可惜，他没有祖宗那样的能力。让这样一个孩子去承担挽救整个家族和国家的命运，是不现实的。然而，内忧外患却不能改变传统的继承制度，改变不了那些死抱着祖宗家法不放的人的思维定式。

光绪三十四年（1908年）十月，慈禧太后和光绪同时生了重病。在光绪皇帝临死前一天，慈禧太后也行将不起，由于光绪皇帝无后，慈禧太后在中南海召见军机大臣，商量立储人选，军机大臣认为内忧外患之际，当立年长之人。慈禧太后听后勃然大怒，最后议定立三岁的溥仪为帝，并让溥仪的亲生父亲载沣监国。大臣将此事告知光绪皇帝后，由于溥仪是自己的亲侄子，又让自己的亲弟弟监国，光绪皇帝十分满意。接着，光绪、慈禧在两天中相继死去。半个月后，溥仪在太和殿即位，由光绪的皇后隆裕和载沣摄政。第二年改年号为"宣统"，就这样溥仪登上了大清王朝末代皇帝的宝座。

载湉的父亲醇亲王奕譞有七个儿子，载沣是他的第五子。载沣的嫡福晋瓜尔佳氏是慈禧亲自指定的，是其心腹大臣荣禄之女，同时，也是慈禧的养女。荣禄,满洲正白旗人。他先被赏为主事,后升为户部管银库员外郎,因为贪污罪,差点被肃顺处斩。侥幸逃生后,他花银买了个直隶候补道的官位。咸丰逃难承德时,荣禄是巡防处的"总其事",这成为他日后发迹的起点。从此他官路顺畅,一帆风顺。同治初,设神机营,荣禄充翼长,后来,又兼任总管内务府大臣。

同治帝驾崩无后,荣禄便向慈禧太后进言,等嗣皇帝光绪有子,可承继同治为嗣,兼承光绪之桃。这样就捋顺了同治、光绪及光绪儿子三者之间难以处理的复杂关系,深得慈禧的欢喜。这样到光绪元年,荣禄兼步军统领,又从左都御史升至工部尚书。光绪二十年,授步军统领,并上疏建议由袁世凯负责统筹操练新军。随后,荣禄授兵部尚书、协办大学士。四年后,荣禄晋大学士,任直隶总督,又为军机大臣。尤其是在戊戌政变中,荣禄更是慈禧的智囊,他从袁世凯处获得机密情报,火速奏报慈禧太后,导致帝党失败。事后,又受懿旨捉拿康有为、谭嗣同等"戊戌六君子"。八国联军侵入北京,荣禄作为慈禧的心腹留守京城,任办事大臣。慈禧太后回銮后,给荣禄加太子太保、转文华殿大学士。此时,荣禄更是身兼将相、权倾朝野。

慈禧爱屋及乌,经常召荣禄之女入宫陪伴。慈禧十分喜爱她,最终认其为养女,并将她指配给载沣,以"敦两家之睦谊"。当时,载沣的庶母,也就是老亲王的世福晋刘佳氏,已经为载沣定了亲。但是,当他们将此事奏告给慈禧太后时,慈禧却一意孤行,坚持为载沣指婚,刘佳氏只有忍痛将其子已磕头之未婚福晋退掉。

光绪二十八年(1902年),载沣与荣禄之女完婚,溥仪就是他们的长子。在处理慈禧与光绪的关系上更是小心谨慎,不要说对太后和皇帝,就是对荣禄与翁同龢,这些太后、皇帝身边的近臣,也都小心相处。然而,无论载沣如何超脱,他的命运注定随着溥仪的入宫而改变,他势必要卷入政治,成为一个写入历史的人物。

溥仪登基后，载沣就成了名副其实的临国摄政王，担负起处理朝政的重担。而此时的溥仪还是一个喜欢玩耍的顽童。慈禧这样安排的本意在于，有光绪亲兄弟兼国，有自己的亲侄女裁决"重大事件"，大清王朝江山就会万无一失了，但是，她所选择的这些人缺乏力挽狂澜的能力，一个屁事不懂的小孩加才能平庸的摄政王，在列强虎视、内忧外患中，如何能保住祖宗的基业？所以，在慈禧去世没多久，这个东方古老帝国，终于走到了生命的最后。

第十二章 溥仪 末代皇帝 普通公民

2. 袁世凯弄权，溥仪被迫退位

在残酷的斗争中，爱新觉罗家族的统治终于走到了尽头，曾经统治东方的巨人倒在了历史的车轮中。随着退位诏书的颁布，爱新觉罗氏彻底退出了历史的舞台，新的时代来临了。

溥仪从继位到退位，从三岁长到六岁，只有短短三年的时间。在这个幼皇的身后，是执掌朝廷政务的摄政王载沣和隆裕太后。三年的时间虽短，但朝廷上下，宫廷内外，还是发生了不少大事要事。

载沣摄政之后，虽然没有主持大政、统驭群臣的才华，但尚能牢记国恨与家仇，一心图治。荣禄死后，袁世凯接替他成了直隶总督，后又成为北洋大臣，练兵会办大臣。他还在军机处拉拢了徐世昌作为暗线，随时掌握王公亲贵间的风吹草动。袁世凯掌握实权后，继续扩充自己势力的动作，引起了清室王公们的警惕。袁世凯和清室亲贵们的斗争呈现白热化的态势。

到溥仪即位时，袁世凯已处于军机大臣要位，又收买了早已失去皇族的信任却手握重权的奕劻。袁世凯还把自己的亲信，提拔成京畿陆军将领和几省的督抚重臣。他们相互勾结，实力庞大。而载沣只是单枪匹马，孤家寡人。但是，纵然回天乏力，载沣还是尽力承担摄政王的责任，绝不坐以自娱。

眼见袁世凯党羽成群，为防止他起兵造反，不可收拾，载沣让他回籍养病，终致放虎归山，留下后患。虽然袁世凯已经被罢黜，但他的党羽依旧支持他。溥仪登基未满三年，武昌起义就爆发了。很快，革命风暴席卷全国，清廷的统治危在旦夕。清室满族陆军，在陆军大臣荫昌的统率下，奉命出征讨伐，却屡战屡败，告急的文书纷至沓来，满清贵族却想不出一点办法。这就给袁世凯提供了机会，载沣被迫再度起用袁世凯。

袁世凯再度掌权之后，出兵打败了革命军。不久，南北议和，袁世凯左右逢源，他依靠北方的势力与南方国民军接洽，又利用南方的势力威胁清廷。他在控制清廷的同时，收买南方国民军的要人成为自己的朋友。他到了完全可以左右双方的程度。立宪党人也把立宪的希望寄托在袁世凯的身上，就连外国公使团也表示支持袁世凯，天下大势全在袁世凯的掌握中。于是，国民军方面做出了一个决议："只要袁世凯赞成共和，就可以请袁世凯做第一任大总统。"这正符合袁世凯的意愿。

袁世凯早就有野心称霸中国，以前假意效忠清廷不过是欺世盗名的伎俩罢了。如今，随着局势的变化，他的狐狸尾巴终于露出来了。一方面，他授意驻俄公使陆征祥联合各驻外公使致电清室，要求清帝退位；另一方面，又向太后施压说："除了实行共和，再没有别的选择了……"

听到袁世凯这些恐吓的言语，隆裕太后自然失了主张。此时，载沣已经被逼让位，太后只能向徐世昌询问事情的真假。徐世昌本是袁世凯的心腹军师，自然和袁世凯沆瀣一气，说这一切都是真的。后来，袁世凯自造的假报纸上又说南方国民军已在大沽口登陆，京城人心惶惶。足不出宫的隆裕太后再次向徐世昌问明情况。徐世昌一言不发，只是一边痛哭流涕，一边不断地叩头。隆裕太后见这情景更加急切，不断追问，徐世昌仍是"臣不敢言""臣不忍言"那一套。被问急了，他才表明："国家危难至此，臣不得不言。现在救亡的唯一办法就是顺从民意，赞成共和，下诏逊位。"隆裕一下失了主张，应声说："既然再没有救亡的良策，你就速去草拟逊位诏书来。"徐世昌又说:"京城早已岌岌可危,请赐纸笔,臣就在太后面前拟稿。"诏书写好后,隆裕太后仔细看过,在上面盖上了御印,立即公布。至此,袁世凯的阴谋大功告成。

1912年12月,隆裕太后被迫代溥仪颁布了《退位诏书》,溥仪退居紫禁城中的养心殿,宣告了清王朝的灭亡,延续了两千多年的封建帝制终于结束。

3. 皇帝梦成空，身陷牢笼成阶下囚

　　作为曾经的皇帝，爱新觉罗氏是不甘心将天下交出去的。为了祖宗的基业，溥仪不惜充当日本人的走狗，但那一统四海的大梦，已到了该醒的时候了。

　　尽管清朝已经灭亡，溥仪也已经退位，但根据《优待条约》，溥仪和隆裕仍然居住紫禁城内。尽管紫禁城外的世界已是风云变幻，但紫禁城这个小天地里仍然看似平静地维持着清朝的礼仪。溥仪也在这个小天地中，仍享受着皇帝之尊，慢慢地长大。

　　溥仪退位那年已经6岁了。同清朝以往的皇帝一样，钦天监为溥仪选好良辰吉日，开始读书了。溥仪的师傅既有教汉文的，也有教英文的。在师傅的着力培育下，溥仪随着年龄的增长，逐渐懂得了自己的身份和地位。他知道了天下原本都是他的，只是因为可恨的袁世凯和可怕的孙文，他才变成了紫禁城里的"皇帝"，把整个天下都"让"给了民国。在溥仪心目中，天下依然是他的，他要做"真正的皇帝"。

　　在他12岁那年，还真的出现了这样一次机会，在仍旧忠于他的张勋的支持下，溥仪又一次登上了皇帝之位。

　　张勋原是清朝的江南提督，统帅江防营驻扎南京。辛亥革命爆发后，革命军进攻南京，张勋负隅顽抗，战败后率溃兵据守徐州、兖州一带，

继续与革命军为敌。民国成立后，他和他的队伍顽固地留着发辫，表示仍然效忠于清廷，人们称这个怪模怪样的军阀为"辫帅"，他的队伍被称为"辫军"。1913年，张勋因参与镇压孙中山发起的"二次革命"有"功"，被袁世凯提拔为长江巡阅使。从此，他拥兵徐州，成为一个声势赫赫的地方军阀。

1916年，北洋军阀头子袁世凯称帝失败，黎元洪当上大总统，实权掌握在国务院总理段祺瑞手中。不久，黎元洪和段祺瑞在所谓"参战"问题上发生矛盾，段祺瑞主张对德宣战，黎元洪和国会则坚决反对。张勋因德国支持他的复辟主张，而反对对德宣战，但同时又蔑视黎元洪。因此，黎、段争相拉拢张勋，此时，张勋却另有打算。他伪装成黎、段之间的调解人，企图坐收渔利，同时积累实力，积极为复辟作准备。1917年5月下旬，当黎、段因解散国会问题争执不下时，段祺瑞策划武力推翻黎元洪并解散国会，黎元洪得到消息，先下令免去段祺瑞的国务院总理职务。张勋乘机提出"非复辟不可"的主张，于6月7日率"辫军"北上。黎元洪被迫下令解散国会，14日张勋到达北京。

经过一阵紧张的策划，张勋于6月30日潜入清宫，决定当晚发动复辟。1917年7月1日凌晨1时，张勋穿上蓝纱袍、黄马褂，戴上红顶花翎，率领刘廷琛、康有为、沈曾植、王士珍、江朝宗及几位辫子军统领共50余人，乘车进宫。

3时许，溥仪在养心殿召见张勋。张率领诸人，对溥仪行三拜九叩礼。接着，由张奏请复辟说："隆裕皇太后不忍为了一姓尊荣，让百姓遭殃，才下诏办了共和，谁知办得民不聊生。共和不合咱的国情，只有皇上复位，万民才能得救。"溥仪说："我年龄太小，无才无德，当不了如此大任。"张说："皇上睿圣，天下皆知，过去圣祖皇帝也是冲龄践祚。"12岁的溥仪说："既然如此，我就勉为其难吧！"同日，溥仪发布"即位诏"，称"共和解体，补救已穷"，宣告亲临朝政，收回大权。他公布九项施政方针，一连下了八道"上谕"，大举封官授爵，恢复清朝旧制。参加复辟的重要分子，均被授予尚书、阁丞、侍郎等要职，康有为任弼德院副院长，张勋为政务部长兼议政大臣，并被封为忠勇新王。张勋还通电各省，宣布已"奏请皇上复辟"，要求各省应即"遵用正朔，悬挂龙旗"。

复辟消息传出后，立即遭到全国人民的反对。孙中山在上海发表《讨逆宣言》，段祺瑞在日本帝国主义的支持下，组成讨逆军，防守的"辫军"一触即溃，张勋在德国人保护下逃入荷兰使馆。复辟丑剧，仅仅上演了12天，就在万人唾骂声中收场了。

1924年11月5日，参加第二次直奉战争的冯玉祥发动"北京政变"，将清朝小朝廷赶出了紫禁城。至此，溥仪结束了他十五年的"大清皇帝"的生活。溥仪被逐出宫后，先在他父亲载沣的北府住了一段时间，接着，又在天津的张园度过了八年的时间。在这段时间里，溥仪随着年龄的增长，再由于服侍左右的清朝遗老的影响，他开始慢慢滋长了对国民政府的刻骨仇恨，时刻梦想着复辟大清王朝。

"九一八"事变后，日本帝国主义阴谋在中国东北建立伪政权。他们派时任关东军参谋之职的土肥原到天津面见溥仪，请他到沈阳去"亲自领导"一个"独立自主"的新国家。溥仪以为这正是自己"恢复祖业"的大好时机。于是，他登上日本人为他们准备好的汽艇，开始了他去实现"重登大宝"迷梦的旅途。1931年11月13日晨，溥仪在营口登陆。稍后，日本人没有按约带他去沈阳，而是以确保"宣统帝安全"为理由，不分昼夜地由日本军警"保护"起来，不得出居处半步。经过三个月时间的多方慎重磋商，日本军政各界最终统一了认识，决定在东北建立"满洲国"，由溥仪出任"执政"。

1932年3月9日，在日本帝国主义的精心策划下，溥仪正式出任伪满洲国执政。在出任"执政"期间，溥仪签署了日本人为他准备好的《日满议定书》，出卖了大量国家主权。并按照日本人的要求，向国联调查团表明了他"是由于满洲民众的推戴才来到满洲的"，他的国家"完全是自愿自主的"。对此，日本人感到非常满意。

1934年3月1日，溥仪似乎如愿以偿了。这一天，是他第三次登基，当上了"满洲国皇帝"，定年号为"康德"。溥仪第三次登基称帝后，享有了日本人需要他享有的"尊荣"，同时，也遭受了日本人给他带来的屈辱、痛苦和灾难。

溥仪在认识到自己的真实地位和所处境遇后，便由为了"恢复祖业"不惜一切代价，一变而为忍辱卑屈只求保全性命了。自1937年"七七事变"前后始，他一面继续听从关东军的命令，"裁可"签发大量出卖民族权益，支持日本帝国主义"圣战"的"满洲国"政令和军令；一面战战兢兢地看关东军给他派来的"帝室御用挂"吉冈安直的眼色行事。从1940年起，溥仪便不敢再公开祭祀自己的祖先，而是迎请日本天皇的祖先"天照大神"到长春，作为祖宗供奉起来。此时的溥仪，从肉体到精神，已经全面崩溃了。

1945年8月15日，日本宣布投降，溥仪也最终结束了他痛苦的傀儡皇帝生涯。16日，他在随关东军准备乘飞机逃往日本时做了苏联红军的俘虏。第二天，作为第二次世界大战的重要战犯，溥仪被押往苏联。

4. 昨日皇帝，今日公民

天下分久必合，大乱必大治，大清帝国成了历史的记忆，爱新觉罗家族也随着那个时代的离去而离开了人们的视线。作为曾经的皇帝，溥仪经历了两个时代，由皇帝到公民，时间改变了一切。

1950年7月，苏联政府将溥仪及其他伪满战犯全部移交给了中国政府。从此，溥仪开始了为时九年脱胎换骨的改造。"皇帝"战犯的脱胎换骨与常人有所不同，溥仪在9年的改造过程中，经历了一个比普通伪满战犯更为艰苦复杂的过程。

被引渡回国之初，溥仪只想到死。从在苏联听到回国的消息起，他就认为这次必死无疑，共产党决不会轻饶了他这个"皇帝"加头号战犯。然而，自从他到了中国土地上后，溥仪所经历的一切都令他大感不解：政府没有当即处死他，而是把他送到抚顺战犯管理所。同别的战犯一样，战犯管理所安排他洗了澡，换了衣服，发给他一些生活必需品，甚至还配给了香烟。朝鲜战争爆发时，中国政府出兵援朝抗美，伪满战犯们几乎一致认为美国人会打进来，共产党会像历代王朝一样，在关键时候要先处理掉所有关押的重大犯人，结果，美国人没打进来，共产党更未把他们处理掉。

经过长达两三年之久的默默观察，到抗美援朝战争胜利又回到抚顺时，溥仪已经意识到他不会被处死，可以和其他人一样活下来了。"真龙天子"和常人原本也没有什么两样,溥仪从此开始考虑如何度过以后的时光。

死的问题解决了,对其他伪满战犯来说,已不再有过不去的关口,绝大部分人都不再怀疑共产党的政策,开始努力学习,积极改造,争取得到政府宽大处理。可是对"皇帝"战犯来说,情况就大不相同了。

溥仪前半生虽然在政治上三起三落,特别是伪满14年,无异任人摆布的木偶。但在个人生活方面,他却始终是按照皇帝标准,拿着皇帝的架子,即使是在前苏联的5年间,也从不曾自己穿过衣服、叠过被子,甚至连脚都没自己洗过。成为战俘前,自然有人服侍,成了战俘后,他的弟弟溥杰、侄子小秀、小固、小瑞以及岳父荣源,都曾自觉自愿地以臣仆的身份为他端饭,铺床叠被,穿衣洗脚。在家族中,溥仪依然是"皇上",所不同的,只是这些人不再明着称他"皇上",而是悄悄地叫他"上边"了。因此,当战犯管理所为了使溥仪获得改造,把他与家族成员分开,安排其他伪满战犯和他住在一起时,这位"皇帝"战犯便遇到了有生以来未曾遇到的"难题":他不但要自己端饭、整理床铺、穿脱衣服、洗脚、洗衣服,而且还要和别人一样轮流做值日,打扫房间卫生,甚至还要提马桶!起初,溥仪觉得这是管理所故意要他难堪,因为这些事他从未做过,也不会做,以致早晨起床时,他还没穿好衣服,别人已经跑操去了,他未洗漱完,别人又开始吃饭了。每当溥仪感到自己无能,为自己事事落后于人而痛苦时,战犯管理所的同志就来帮助、开导他,同时也循循善诱地引导他认识过去,反复讲明共产党和人民政府的政策,鼓励他好好改造自己,争取做个新人。

自1955年起,战犯管理所一方面带着溥仪一行伪满战犯到东北各地参观工厂、矿山、农村、学校,请各方面的人诉说日本帝国主义和伪满政权的种种罪行;一面在加强思想教育的同时,允许战犯们的亲属写信和前来探望,促使他们认识自己的过去,看到光明的前途。溥仪同其他人一样,在这一过程中，他亲眼看到了新中国的成就，亲耳听见了那些伪满时期受尽非人折磨的人们的诉说。慢慢地，溥仪有了正常人的感情，开始认识自己的过去，并暗中盘算自己是否也能在什么时候过上一个正常人的生活。

1957年，溥仪与七叔载涛的会见，终于燃起了他重新生活的希望之火。时年69岁的载涛，是溥仪嫡亲长辈中仅存的一人。他告诉十几年未见面的侄儿"皇上"：爱新觉罗家族的老人，新中国成立后都各尽所长，生活得很幸福，青年一代更是朝气蓬勃，为建设新中国积极贡献力量，他这个"皇叔"已当选为全国人民代表大会的代表和全国政协委员，多次见到毛泽东、刘少奇、周恩来等党和国家领导人，毛泽东主席要他来看看"皇上"……从此以后，溥仪真的变了。

1959年，中华人民共和国建国10周年前夕，根据中国共产党中央委员会的建议，中华人民共和国主席刘少奇发布了特赦令。时年12月4日，溥仪被特赦释放。1959年12月9日，离开出生地整整35年的溥仪，终于回到北京，从此，一个新颖、奇特，但又充满幻想的公民生活，开始展现在这位中国末代皇帝的面前。

溥仪真诚而坦率地告诉亲人们说，他想见见周恩来，也想见见毛泽东，他要把获得特赦的喜悦心情告诉两位恩人。但他知道这事恐怕实现不了，国家领导人日理万机，哪有工夫见他这样的普通公民？何况又是历史罪人。

当天晚上，溥仪辗转于床，思绪万千，久久不能入眠。第二天上午，溥仪由住在同院的同族六弟溥俭陪同来到公安派出所办理户籍手续，他终于成为在北京市有正式户口的普通市民了，下午，溥仪让五妹韫馨陪着上街，溥俭也一块儿去了。他们先来到民族文化宫，在高高的塔楼前照了一张相。溥仪说："我这个满族人，曾给国家造成灾难，只有人民政府才能给少数民族带来幸福生活，这样宏伟的民族文化宫正是一个象征。"他们又来到天安门广场，在背衬天安门城楼西侧标语"中华人民共和国万岁"

的金水桥边又照了一张相。

自1960年3月起，溥仪开始了自食其力的新生活。他先在中国科学院植物研究所北京植物园半日学习，半日做些力所能及的工作，主要是熟悉新的生活环境。一年后，他到了全国政协文史资料研究委员会任专员，负责清理清末和北洋政府时代的文史资料，但仍坚持每周到植物园去劳动一两天，工作闲暇，撰写自传《我的前半生》。在人民政府和各方面人士的共同关心帮助下，1962年4月29日，溥仪与北京关厢医院的一名普通女护士李淑贤，重新建立起幸福美满的小家庭。

正当溥仪沉浸在新生活的幸福和欢乐之中时，可怕的病魔悄悄向他袭来。实际上，溥仪前半生长期的非正常人生活早已毁坏了他的身体。1962年新婚后不久，溥仪就不时溺血，经名医诊治，暂时抑制了病情的发展，加之新生活的愉快，冲淡了疾病折磨的痛苦，表面看上去，身体一直很健康。1964年底，溥仪病情开始恶化，尽管在周恩来总理的直接关怀和特别保护下，专家为他进行特殊的精心治疗，使他减少了一些痛苦，也基本避开了随后刮起的"文化大革命"旋风的袭击，但肾癌这一恶魔，终于在1967年10月17日凌晨，吞噬了他的生命。